Internes und externes Rating
Aktuelle Entwicklungen
im Recht der Kreditsicherheiten –
national und international

Bankrechtstag 2004

BrV 24

Schriftenreihe der Bankrechtlichen Vereinigung

herausgegeben von

Walther Hadding, Mainz
Klaus J. Hopt, Hamburg
Herbert Schimansky, Karlsruhe

Band 24

De Gruyter Recht · Berlin

Internes und externes Rating
Aktuelle Entwicklungen im Recht der Kreditsicherheiten – national und international

Bankrechtstag 2004

RECHT

De Gruyter Recht · Berlin

♾ Gedruckt auf säurefreiem Papier, das die US-ANSI-Norm über Haltbarkeit erfüllt.

ISBN 3-89949-185-8

Bibliografische Information Der Deutschen Bibliothek

Die Deutsche Bibliothek verzeichnet diese Publikation in der Deutschen Nationalbibliografie; detaillierte bibliografische Daten sind im Internet über http://dnb.ddb.de abrufbar.

Printed in Germany
Druck und buchbinderische Verarbeitung: Druckhaus Köthen GmbH, Köthen
Umschlaggestaltung: Angela Dobrick, Hamburg

Vorwort

Der Bankrechtstag 2004 der Bankrechtlichen Vereinigung – Wissenschaftliche Gesellschaft für Bankrecht e.V. fand am 25. Juni in Berlin statt. Diskutiert wurden von den fast 250 Teilnehmern wieder zwei aktuelle Themen von besonderer kreditwirtschaftlicher Bedeutung: „Internes und externes Rating" und „Aktuelle Entwicklungen im Recht der Kreditsicherheiten – national und international".

In der ersten Abteilung bildeten das externe und das interne Rating den Schwerpunkt. Das externe und das interne Rating werden derzeit insbesondere vor dem Hintergrund der Verabschiedung des neuen Eigenkapitalakkords Basel II, die am 25. Juni 2004 erfolgte, und der hiermit eng zusammenhängenden Problematik bonitätsorientierter Zinsanpassungsklauseln erörtert. Diesem Problemkreis waren die Vorträge von *L. Krämer, A. Pfingsten* und *K. Langenbucher* gewidmet, die sich mit den in diesem Zusammenhang ergebenden Fragen sowohl aus rechtlicher als auch aus ökonomischer Sicht befassten. Die zweite Abteilung des diesjährigen Bankrechtstags beschäftigte sich mit den aktuellen Entwicklungen im Recht der Kreditsicherheiten. Im Mittelpunkt stand dabei der Einfluss der Rechtsprechung auf die Kreditsicherungspraxis, insbesondere im Bereich der Haftung des Bürgen sowie der anfänglichen und nachträglichen Übersicherung von Krediten. Vor dem Hintergrund der zunehmenden Internationalisierung des Handels wurden daneben aber auch die Regelungsaktivitäten der EU, von UNIDROIT, UNCITRAL sowie der Haager Konferenz für Internationales Privatrecht erörtert, die das Ziel verfolgen, einheitliche Regeln für die Bestellung und die Insolvenzfestigkeit von Kreditsicherheiten im europäischen und internationalen Rechtsverkehr zu schaffen. Die Vorträge zu diesem Themenkomplex hielten *H. Wassermann, H.-J. Lwowski* und *H. Eidenmüller*.

Über den Bankrechtstag 2004 ist in Literatur und Presse wieder ausführlich berichtet worden. Besonders hingewiesen sei auf die umfangreichen Berichte von *P. Balzer*, ZBB 2004, 329-341 und *M. Voges/M. Rehberg*, WM 2004, 1605-1616.

Die Druckvorbereitung dieses Bandes haben dankenswerterweise Herr wiss. Ass. Dr. *Hans-Philipp Rühland* und Frau *Ingeborg Stahl*, beide Max-Planck-Institut für ausländisches und internationales Privatrecht, Hamburg, vorgenommen.

Allen, die zum Gelingen des Bankrechtstag 2004 beigetragen haben, vor allem auch Frau *W. Preis* vom Sekretariat der BRV in Frankfurt, sei von den Herausgebern herzlich gedankt.

Mainz, Hamburg, Marxell
im Dezember 2004

Hadding, Hopt, Schimansky

Inhaltsverzeichnis

1. Abteilung:
Internes und externes Rating

Leitung: *Professor Dr. Wolfgang Wiegand*,
Institut für Bankrecht, Universität Bern

Aktuelle Rechtsfragen des externen Ratings

Dr. Lutz Krämer, Rechtsanwalt, Frankfurt a.M.

I. Bedeutung und Konsequenzen des externen Ratings

Das Rating von Unternehmen und Anleihen hat in den vergangenen Jahren erheblich an Bedeutung gewonnen. Ursache hierfür ist die fortschreitende Globalisierung und die damit einhergehende immer engere Verzahnung der

Finanzmärkte. Global agierende Unternehmen haben den Anspruch, ihre Emissionen bei institutionellen Investoren zu platzieren und sehen sich in diesem Zusammenhang Forderungen der Kapitalmärkte nach Vergleichbarkeit und Transparenz ausgesetzt. Zur Erfüllung dieser Anforderungen sind Unternehmen gezwungen, sich einer Bewertung durch internationale Ratingagenturen zu stellen, um bevorstehende Anleiheemissionen erfolgreich zu platzieren und eine fortwährende Transparenz der Unternehmensbonität zu gewährleisten. Statute zahlreicher großer institutioneller Anleger sehen vor, dass nur in Anleihen investiert werden darf, die von zumindest einer der den Markt beherrschenden Ratingagenturen, Standard & Poor's oder Moody's, in jüngerer Zeit alternativ auch von Fitch, bewertet wurden.[1] Während die Mehrzahl der Fonds nur in Anleihen mit Investment Grade-Rating investieren dürfen und im Falle eines Absinkens dieser Ratings in den Bereich BB+ und schlechter innerhalb definierter Zeiträume verkaufen müssen, spezialisieren sich High Yield Fonds gerade auf den sog. Non Investment Grade-Bereich. Die folgende Tabelle zeigt die Ratingsymbole der marktführenden Ratingagenturen im Überblick:

	Standard & Poor's		Fitch		Moody's	
	short-term	long-term	short-term	long-term	short-term	long-term
		AAA		AAA		Aaa
		AA+		AA+		Aa1
	A-1+	AA	F1+	AA		Aa2
Investment Grade		AA-		AA-	Prime-1	Aa3
		A+		A+		A1
	A-1	A	F1	A		A2
		A-		A-		A3
	A-2	BBB+	F2	BBB+	Prime-2	Baa1
		BBB		BBB		Baa2
	A-3	BBB-	F3	BBB-	Prime-3	Baa3
	B	BB+	B	BB+		Ba1
		BB		BB		Ba2
		BB-		BB-		Ba3
Non-Investment Grade		B+		B+		B1
		B		B	Not Prime	B2
		B-		B-		B3
	C	CCC	C	CCC		Caa
		CC		CC		Ca
		C		C		C
		D		D		

1 Vgl. hierzu *Jürgen Berblinger* (ehemaliger Leiter von Moody's in Deutschland) in der Börsen-Zeitung vom 16.9.2003: „Die Marktakzeptanz bei den Investoren ist wichtigster Erfolgsfaktor für die Ratingagenturen. Letztlich bringen die Investoren die Emittenten dazu, sich von einer bestimmten Ratingagentur be-

Dieses Interesse an einem branchen- und länderübergreifenden Vergleich ist angesichts historischer Insolvenzraten einerseits und entsprechend belegbarer historischer Ausfallraten andererseits nur allzu verständlich. Das zunehmende Vertrauen in die Aussagekraft der Ratings und ihre stetig steigende Bedeutung als Auswahl- und Anlagekriterium auch und gerade für institutionelle Anleger ist insbesondere darauf zurückzuführen, dass zwischen den vergebenen Ratings und der tatsächlichen finanziellen Situation der Unternehmen eine statistisch belegbare starke Korrelation besteht. So zeigt eine statistische Erhebung der Agentur Moody's für den Zeitraum 1920 bis 1999, dass Unternehmen, die von der Agentur mit der Bestnote „Aaa" bewertet worden, in den ersten fünf Jahren eine Insolvenzrate von unter 1% und auf einen Zeitraum von 20 Jahren betrachtet von lediglich ca. 2% aufweisen.

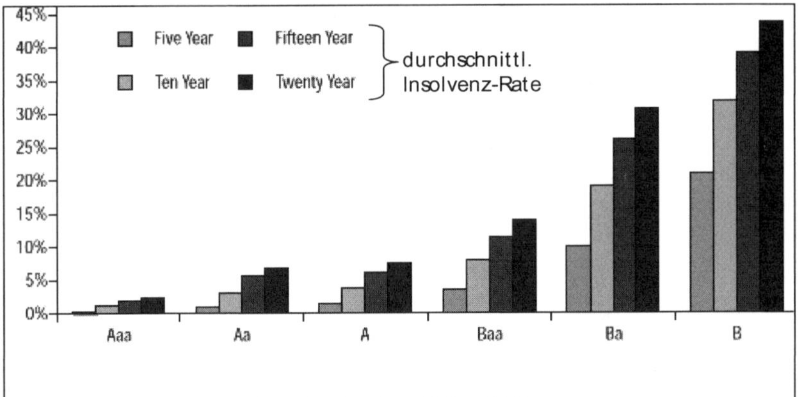

Quelle: Moody's 1920 - 1999

Überdies sorgt der sog. informationelle Netzwerkeffekt, d.h. die Vergleichbarkeit von Unternehmensbonitäten über Branchen- und Ländergrenzen hinweg durch eine Vielzahl von Ratings in den einzelnen Branchen, für einen Ausgleich der Informationsasymmetrie zwischen Emittenten und Investoren durch Markttransparenz. Diese Markttransparenz erfordert allerdings zwin-

bewerten zu lassen". Dabei sind zwei Ratings von international anerkannten Ratingagenturen (Moody's, Standard & Poor's oder Fitch) für internationale Anleihen erforderlich, während für Fremdkapitalaufnahmen im jeweiligen Heimatmarkt zumeist ein externes Rating ausreicht.

gend eine Mindestanzahl von Ratings pro Branche und Land, woraus sich für kleinere Ratingagenturen zumindest partiell die Notwendigkeit von aufgedrängten Ratings erklärt.[2]

Die folgende Übersicht zeigt die Wirkungsweise des informationellen Netzwerkeffekts aufgrund branchen- und grenzüberschreitender (Rating-) Vergleichsmöglichkeiten:

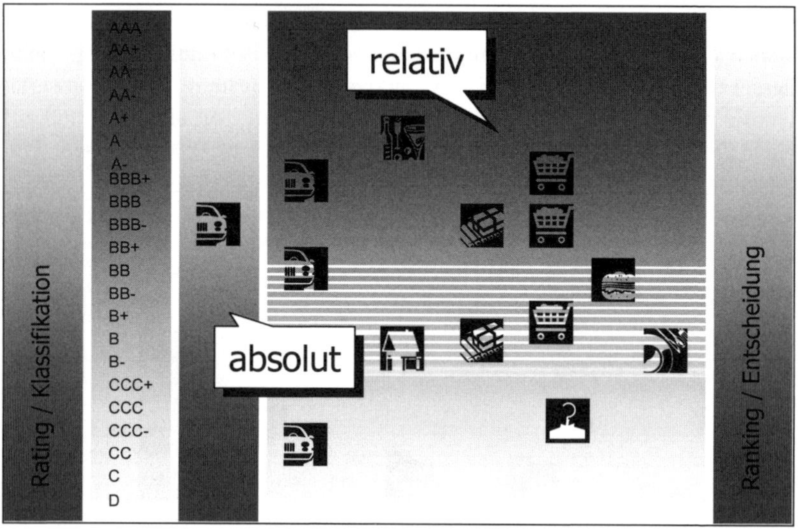

Die Bedeutung des externen Ratings für Emittenten besteht darin, dass es erhebliche Auswirkungen auf die zukünftige Verschuldungsmöglichkeiten und Fremdkapitalkosten eines Unternehmens haben kann. So erschwert ein sog. „Non-Investment" Grade Rating die Aufnahme ungesicherter Verbind-

2 Während Moody's und Standard & Poor's aufgrund ihrer Marktanteile von jeweils ca. 40% praktisch keine aufgedrängten Ratings mehr vergeben (Ausnahme: Versicherungsgesellschaft, die in der weltweit AM Best führend ist), ist Fitch als dritter Wettbewerber hierzu nach eigener Aussage in einigen Bereichen und Branchen noch gezwungen. Fitch nennt diese Ratings „investor initiated", wenn sie von den betreffenden Unternehmen nicht in Auftrag gegeben worden sind.

lichkeiten und treibt die Kapitalbeschaffungskosten in die Höhe.[3] Für Unternehmen im sog. „cross over"-Bereich zwischen BB+ und BBB- ist es deshalb von großer Bedeutung, zu welchem Zeitpunkt sie ein Erstrating beantragen und bei der Planung beachten, dass ein externes Rating grundsätzlich auf einen Zeitraum von zwei bis drei Jahren (*through the circle*) ausgelegt ist.[4] Es kann sich bei entsprechender Marktgeltung und Größe für Unternehmen im Cross Over-Bereich sogar empfehlen, ohne ein Rating an den Markt zu gehen und sich für den Fall eines schlechteren Ratings als BBB- binnen eines definierten Zeitraums von 12-24 Monaten einer vereinbarten Zinserhöhung sowie restriktiver(er) financial covenants zu unterwerfen.

Des Weiteren hat das Rating beträchtliche Auswirkungen auf die Dokumentationsstandards bei Börsenzulassungs- und Verkaufsprospekten. So steigt der Umfang des Prospektes und die Tiefe der Due Diligence bei sog. High Yield Bonds, also einem Rating der Anleihe von BB+ und schlechter, dramatisch an. Auf der anderen Seite zeigen sich die Banken in der Praxis i.d.R. entspannter bei der Festlegung des Umfangs und der Durchführung einer Due Diligence, wenn eine positive Bewertung des Emittenten durch international anerkannte Ratingagenturen vorliegt (z.B. A+, aber auch noch bei BBB). Insbesondere unter Berücksichtigung der „Bond"-Entscheidung des BGH[5] sollte die Veröffentlichung externer Ratings sowie ihrer Einordnung in die Ratingskalen im Verkaufs- bzw. Börsenzulassungsprospekt zur Regel werden, um auch insoweit eine vollständige Transparenz für potentielle Investoren zu gewährleisten. Dies gilt um so mehr, als nach der Neuregelung des § 15 WpHG durch das Anlegerschutzverbesserungsgesetz nunmehr zumindest fraglich ist, ob auch die Erteilung externer Ratings und ihre spätere Herauf- und Herabstufung grundsätzlich als Ad hoc-Mitteilung zu veröffentlichen ist.[6]

---

3 So kostete die Thyssen Krupp AG die Herabstufung um zwei Stufen durch Standard & Poor's am 21.2.2003 von „BBB-„ auf „BB+" jährlich ca. € 20 Mio. an Finanzierungskosten. Vgl. hierzu den Bericht in der Börsen-Zeitung vom 15.2. 2003 „Für Thyssen Krupp hat Investment Grade höchste Priorität".

4 Hierzu unterscheiden sich externe Ratings stark von internen Ratings der Banken; letztere berücksichtigen konjunkturelle Phasen stärker und ziehen auch Art und Höhe gestellter Sicherheiten in die Bewertung ein.

5 BGHZ 123, 126 ff.

6 Zur früheren Rechtslage *Assmann/Schneider*, Wertpapierhandelsgesetz, 3. Auflage 2003, § 15 Rz. 49, wonach es bisher bezüglich der Ad hoc-Relevanz an

Inzwischen ist das Rating eines Unternehmens in der Kautelarpraxis bei zahlreichen Transaktionen Gegenstand vertraglicher Regelungen, die verschiedene – z.T. drastische – Konsequenzen an die Veränderung der Bewertung knüpfen. So ist bei syndizierten Krediten die Zinsmarge in der Regel an das Rating des Kreditnehmers gekoppelt. Im Falle eines Downgradings steigen die Zinsen, während sie bei einem Upgrading sinken. Auch in den sog. „Covenant Packages“ bei der Emission von High Yield Bonds wird die Anwendbarkeit zahlreicher Covenants mit dem Rating des Emittenten verknüpft, die bei einer entsprechenden Bewertung ausgesetzt werden oder ganz wegfallen können. Erhebliche Bedeutung kommt dem Rating in jüngster Zeit auch bei Aktienplatzierungen zu. So wird den Banken in der Regel durch sog. „material adverse change“- bzw. „force majeure“-Klauseln ein Rücktrittsrecht für den Fall eingeräumt, dass der Emittent zwischen Vertragsschluss und Abschluss der Platzierung ein Downgrading erleidet.[7]

---

dem Tatbestandsmerkmal „im Tätigkeitsbereich des Emittenten eingetreten“ fehlte. Dagegen erwähnt die Gesetzesbegründung zu § 15 WpHG n.F. ausdrücklich externe Ratings, BT-Drucksache 15/3174, S. 35, Ratingabstufung als von „außen“ kommende, aber das Unternehmen dennoch „unmittelbar“ i.S.v. § 15 WpHG n.F. betreffende Information. Es bleibt allerdings abzuwarten, ob nicht die BaFin in ihrem Leitfaden zur Ad hoc-Publizität u.U. eine restriktivere Auslegung des Begriffs „unmittelbar“ vornehmen wird. Im Entwurf des Emittentenleitfadens (S. 35) vom 22. November 2004 hat sich die BaFin in Übereinstimmung mit dem CESR-Vorschlag vom Dezember 2002 und entgegen der Gesetzesbegründung gegen eine Ad hoc-Publizitätspflicht externer Ratings ausgesprochen.

7 Hierbei ist zumeist heftig umstritten, ob ein solches Downgrading oder gar nur ein „credit watch negative“ von einer oder von zwei Ratingagenturen ausgesprochen oder angekündigt sein muss. Zu weitgehend in Bezug auf die von ihm als „Ratingvorbehalte“ bezeichneten Ratingklauseln *Habersack* (Rechtsfragen des Emittentenratings ZHR (169) 2005, bei I.3 b), *Habersack* ist für eine generelle Offenlegung dieser Klauseln in Emissionsprospekten und will unter Hinweis auf § 317 BGB einem „offenbar unbilligen“ Rating die Rechtswirksamkeit hinsichtlich der privatautonom vereinbarten Rechtsfolgen versagen. Da am Kapitalmarkt die Reaktion der Investoren entscheidend ist, würde dies zu einer unsachgerechten Risikoallokation führen.

II. Ratingprozess und Ratingsymbole

Das Ratingverfahren wird i.d.R. vom Emittenten selbst initiiert. Motivation hierfür ist in der Regel eine bevorstehende Anleiheemission. Steht eine Emission bevor, beauftragt der Emittent eine Ratingagentur mit der Erstellung eines Ratings. Die Vorlaufzeit bis zur geplanten Platzierung beträgt je nach Professionalität des Rechnungswesens und Organisation des Emissionsprozesses bei Erstratings zwischen acht und zwölf Wochen. Die Ratingagentur stellt daraufhin ein Analystenteam zusammen, das zunächst den eigenen Datenbestand und öffentlich zugängliche Informationen in Bezug auf den Emittenten auswertet, um anschließend einen Fragenkatalog mit noch offenen Punkten an den Emittenten zu übermitteln. Zur Beantwortung dieser Fragen verpflichten sich die Emittenten in den Standardverträgen der Agenturen.[8] Zudem wird bei allen größeren Anleiheemissionen mit Erstrating von den Konsortialführern bzw. deren Rating Advisory-Einheit ein umfangreiches Ratinghandbuch erstellt, das die wesentlichen Unternehmensdaten und insbesondere auch die Verschuldung beschreibt. Nachdem der Emittent die erwünschten Informationen zusammengestellt hat, werden in einem gemeinsamen Meeting mit den Analysten die noch ausstehenden Fragen diskutiert.[9] Anschließend erstellen die Spezialisten der Ratingagentur den Analyse- bzw. Ratingberichtsentwurf, der alle wesentlichen Beurteilungsaspekte umfasst. Vor der Veröffentlichung des Ratings wird dem Emittenten Gelegenheit gegeben, sich zu der indikativen Bewertung der Agentur zu äußern, um möglichen Fehleinschätzungen vorzubeugen. Am Ende des Ratingprozesses steht die Veröffentlichung des Ratings. Bisher veröffentlichten die Ratingagenturen ihre Ergebnisse durch Pressemitteilungen oder über elektronische Medien sowie in ihren wöchentlichen bzw. monatlichen Investoren-Abonnements. Künftig werden börsennotierte Emittenten Erstratings oder Up- und Downgradings vermutlich durch Ad hoc-Mitteilungen vor den Pressemitteilungen

---

8 Vgl. hierzu exemplarisch die Klausel im von Moody's verwendeten Vertrag „The undersigned will promptly furnish to Moody's all pertinent financial reports and other information and data required by Moody's in order that Moody's may appraise the applicant".

9 Ausführlich zum Ratingprozess auch *Vetter*, Rechtsprobleme des externen Ratings, WM 2004, S. 1701 ff.

der Agenturen veröffentlichen (müssen), wobei auch bisher schon die Ratings zusammen mit den Details der Transaktion ad hoc veröffentlicht worden sind.[10]

Die folgende Darstellung skizziert den Ablauf eines (Erst-)Ratingprozesses:

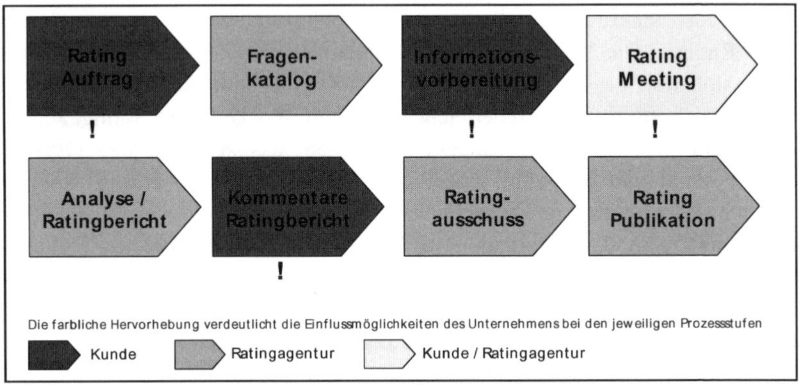

Die Ratingurteile der Agenturen werden in komprimierter Form als eine Art Note dargestellt, die aus einer Kombination von Buchstaben, Ziffern und Zeichen besteht. Jedem Symbol ist eine Definition zugeordnet, die aber aufgrund der interpretationsbedürftigen Erläuterungen nur im Zusammenspiel mit den anderen Definitionen eine gute Einschätzung der Bonität des Emittenten liefern.[11] Des Weiteren werden die Emittenten als „investment grade" oder „speculative grade" eingestuft. So verleiht Moody's das Prädikat „investment grade" dann, wenn ein Rating zwischen „Aaa" und „Baa3" erfolgt, Standard & Poor's und Fitch, wenn ein Rating zwischen „AAA" und „BBB-" vergeben wird.[12]

10 Vgl. zur künftigen Praxis auch Fn. 6.

11 Der Ratingkategorie „A" von Moody's entspricht folgende Definition: „A geratete langfristige Schuldverschreibungen weisen viele günstige Anlageeigenschaften auf und sollten als Wertpapiere der oberen Mittelklasse angesehen werden. Kriterien, die Zins- und Kapitalrückzahlung sichern sollen, werden als angemessen betrachtet. Gleichwohl können Faktoren vorliegen, die eine Anfälligkeit für Verschlechterungen in der Zukunft erkennen lassen".

12 Die Bewertung als „investment grade" ist für die Emittenten von erheblicher Bedeutung, da gemäß den Investitionsrichtlinien zahlreicher institutioneller Anleger nur Investments mit diesem Prädikat gestattet sind.

III. Vertragsabschluss und anwendbares Recht

Bei einem Rating deutscher Unternehmen durch internationale Ratingagenturen stellt sich zunächst die Frage nach der Anwendbarkeit deutschen Vertragsrechts auf die Vereinbarung mit den Ratingagenturen. Die zum Teil lediglich als „Fee Letter" bzw. „Application for Rating" bezeichneten einseitigen Dokumentationen einiger Ratingagenturen schweigen sich hierzu in aller Regel aus. Indessen besagt die Generalklausel des Art. 28 Abs. 1 Satz 1 EGBGB, dass im Falle fehlender Rechtswahlklausel das Recht desjenigen Staates Anwendung findet, zu dem die engste Verbindung besteht. Eine Vermutung spricht nach Art. 28 Abs. 2 Satz 1 EGBGB dafür, dass der Vertrag die engsten Verbindungen mit dem Staat aufweist, in dem die Partei, welche die charakteristische Leistung zu erbringen hat, im Zeitpunkt des Vertragsschlusses ihren gewöhnlichen Aufenthalt hat. Die charakteristische, d.h. die vertragstypische Leistung ist die Erstellung des Ratings, so dass an den gewöhnlichen Aufenthalt der Ratingagenturen anzuknüpfen wäre. Da die Erstellung des Ratings jedoch zur Ausübung der beruflichen und gewerblichen Tätigkeit der Agenturen gehört, findet gemäß Art. 28 Abs. 2 Satz 2 EGBGB das Recht des Staates Anwendung, in dem die handelnde Niederlassung der Ratingagentur ihren Sitz hat. Unter einer Niederlassung versteht man den Mittelpunkt geschäftlicher Tätigkeit [...], „der auf Dauer als Außenstelle des Stammhauses hervortritt [...] und sachlich so ausgestattet ist, dass Vertragspartner sich nicht unmittelbar an das Stammhaus zu wenden braucht, wenn Geschäfte abgeschlossen werden".[13] Da die Ratingagenturen ihre vertragstypischen Leistungen aus der Sicht ihrer deutschen Vertragspartner durch ihre deutschen Tochtergesellschaften in Deutschland erbringen, weil sowohl der Erstkontakt als auch die Führung der Kundenbeziehung in aller Regel über die deutsche Tochtergesellschaft läuft, ist im Ergebnis auch im Falle fehlender Rechtswahl- und Gerichtsstandsklausel von der Anwendbarkeit deutschen Rechts auszugehen.[14] In jüngster Zeit ist darüber hinaus die

---

13 Vgl. hierzu Münchener Kommentar/*Martiny*, Band 10, 3. Auflage 1998, Art. 28 EGBGB, Rz. 46.

14 So haben die drei führenden Agenturen Moody's, Standard & Poor's und Fitch jeweils Tochtergesellschaften in der Rechtsform einer GmbH mit Sitz in Frankfurt am Main. Zur Entwicklung des Ratingwesens in Deutschland siehe: *Witte/Hrubesch*, ZIP 2004, 1346 (1347).

Tendenz zu beobachten, dass Vertragsentwürfe der Ratingagenturen mit Gerichtsstandsklauseln unter ausdrücklicher Wahl deutschen Rechts zur Anwendung kommen.

IV. Rechte und Pflichten der Vertragsparteien eines Ratingvertrages

1. Qualifikation des Ratingvertrages

Um die Rechte und Pflichten der Vertragsparteien eines Ratingvertrages näher bestimmen zu können, ist zunächst die Qualifizierung der vertraglichen Beziehungen zwischen dem Emittenten und der Ratingagentur erforderlich. Von den durch das Gesetz zur Verfügung gestellten Vertragstypen kommt entweder ein Werkvertrag i.S.d. §§ 631 ff. BGB oder ein Dienstvertrag gemäß §§ 611 ff. BGB in Betracht. Ein Auftragsverhältnis nach § 662 BGB scheidet hingegen aus, da der Emittent sich regelmäßig zur Zahlung einer Ratinggebühr verpflichtet und es damit an der Unentgeltlichkeit der Gegenleistung fehlt.

Ob ein Dienst- oder Werkvertrag vorliegt, richtet sich nach dem Schwerpunkt der vertraglich vereinbarten Leistungen. Beim Rating wird die Erbringung einer Bewertungsleistung geschuldet, was die Anwendung von Werkvertragsrecht nahe legt.[15] Hiergegen wird teilweise vorgebracht, bei einem Ratingvertrag fehle es an der für einen Werkvertrag typischen Abnahme, da der von den Ratingagenturen erstellte Bericht nicht körperlich übergeben wird, sondern das Ergebnis dieses Berichts in Form des Ratings von der Agentur publiziert wird.[16] Kernelement der Abnahme i.S.d. § 640 BGB ist jedoch nicht die körperliche Entgegennahme des Werkes, sondern die Anerkennung des Werkes als vertraglich geschuldete Leistung.[17] Einer derartigen Anerkennung bedarf es aber auch beim Ratingvertrag, die in der Regel konkludent durch die Zahlung der Ratinggebühr erteilt wird,[18] zumal die – verbesserten – Ratingprozesse der Agenturen inzwischen die Übersendung

15 *Peters*, Die Haftung und die Regulierung von Ratingagenturen, 2001, S. 77.
16 *Ebenroth/Daum*, WM 1992, Sonderbeilage Nr. 5, 2 (7).
17 BGHZ 125, 111; Palandt/*Heinrichs*, 63. Auflage 2004, § 640 BGB, Rz. 3.
18 Vgl. hierzu BGH NJW 1970, 421 (422).

eines Analyseentwurfs und dessen eingehende Erörterung vor Platzierung des Ratings vorsehen.

Allerdings entsprechen nicht alle Bestimmungen des Ratingvertrages den vertragstypischen Pflichten eines Werkvertrages. Nach den Standardverträgen darf zum Beispiel die Agentur frei über eine weitere Verwertung des Ratings entscheiden. Aus dieser Publizierungsfreiheit der Agentur wird teilweise abgeleitet, dass ein Ratingvertrag keinen typischen Werkvertrag darstelle, sondern eher einem atypischen Vertragsverhältnis i.S.d. § 311 BGB entspreche; denn bei einem Werkvertrag müsse der Besteller frei über die Verwertung des auf seinen Antrag erstellten Werkes entscheiden können und nicht umgekehrt der Hersteller.[19] Aus dem Gesetzeswortlaut ergeben sich jedoch keine Anhaltspunkte für eine solche Einschränkung der Weiterverwendung unkörperlicher Werke als typisches Merkmal eines Werkvertrages. Außerdem liegt es bei einem Erstrating im Ermessen des Emittenten, ob sein Rating publiziert werden soll.[20]

Die Qualifizierung des Ratingvertrages als Werkvertrag i.S.d. §§ 631 ff. BGB liegt somit trotz einiger Besonderheiten des Pflichtengefüges nahe.[21] Selbst wenn man von einem Vertrag sui generis ausgeht, bestimmen sich die Rechtsfolgen danach, welcher Vertragsart der Schwerpunkt der Leistungen des Ratingvertrages am nächsten kommt. Aufgrund der Erfolgsbezogenheit der Leistungsverpflichtung der Ratingagenturen ist danach auch nach dieser Ansicht überwiegend Werkvertragsrecht anzuwenden.

2. *Inhalts- und Leistungsbestimmung*

Die Leistungspflichten der Vertragsparteien richten sich nach den dem Werkvertrag zugrundeliegenden gesetzlichen Vorschriften der §§ 631 ff. BGB. Danach ist der Emittent nach § 631 BGB dazu verpflichtet, das vereinbarte Ratinghonorar zu zahlen. Des weiteren hat er der Agentur diejenigen

---

19 *Peters* (oben Fn. 15), S. 78; *Ebenroth/Daum*, WM 1992, Sonderbeilage Nr. 5, 2 (8).

20 Dies betrifft allerdings nur die grundsätzliche Frage des „Ob“ einer Publizierung anstelle der weiteren Verwendung als sog. „Schattenrating“. Nicht selten ist die Emission einer Anleihe zumindest faktisch auch von dem Erreichen eines Mindestratings abhängig.

21 So auch *Habersack* (oben Fn. 7) III 2 a) und *Vetter* (oben Fn. 9) S. 1705.

Informationen und das erforderliche Datenmaterial bereitzustellen, die diese zur Anfertigung des Analyseberichtes und zur Erstellung des Ratings benötigt.[22] Darüber hinaus ist er gemäß § 242 BGB verpflichtet, der Agentur jederzeit ergänzende Informationen zur Verfügung zu stellen, wenn diese es verlangt.

Die Hauptpflicht der Ratingagentur besteht gemäß § 631 BGB in der Herstellung des versprochenen Werkes, d.h. in der Erstellung des Ratings für den Emittenten. Diese Hauptpflicht der Ratingagentur aus § 631 BGB wird in § 633 Abs. 1 BGB konkretisiert. Danach ist die Ratingagentur nicht nur allgemein zur Erstellung des versprochenen Ratings verpflichtet, sondern darüber hinaus zur mangelfreien Herstellung. Ein Sachmangel liegt nach § 633 Abs. 2 BGB vor, wenn das Werk nicht die vereinbarte Beschaffenheit hat. Entscheidend für die Bestimmung des Pflichtenumfangs der Ratingagentur sind somit die vertraglichen Absprachen mit dem Emittenten. Diesem ist in erster Linie daran gelegen, dass sein Unternehmen „richtig" bewertet wird, es also im Verhältnis zu Wettbewerbern und Drittunternehmen jedenfalls nicht (zu) schlecht bewertet wird. Wie bei allen Entscheidungen des täglichen Lebens im Zusammenhang mit Benotungen oder Bewertungen, fließt jedoch auch in das Endergebnis eines jeden Ratingprozesses immer eine subjektive Komponente ein, die losgelöst ist von objektiven Kriterien wie Struktur der Verbindlichkeiten, Marktposition, Managementqualitäten, Bilanzierungspraxis, Rentabilität etc. Dieses ist auch den Vertragsparteien bekannt, so dass das – anerkennenswerte - Interesse des Emittenten nicht darin bestehen kann, ein „richtiges" anstelle eines als „falsch" empfundenen Ratings zu erhalten. Das rechtserhebliche Interesse der Emittenten besteht darin, fair bewertet zu werden und keiner Willkür oder sachwidrigen Kriterien ausgesetzt zu sein.[23] Demnach kann auch die Hauptpflicht der Ratingagentur nicht dahingehend qualifiziert werden, sie habe ein „richtiges" Rating zu erstellen. Dementsprechend formulieren einige Ratingagenturen im Hinblick auf die vertraglich vereinbarte Soll-Beschaffenheit in Form einer Negativumschreibung der zu erbringenden Leistung: Richtigkeit des Ratings wird nicht garantiert.[24]

---

22 Siehe hierzu Fn. 8.

23 Siehe hierzu *Gres* in FAZ vom 16.3.2003, S. 43: „Die Noten sind subjektiv".

24 Dazu exemplarisch die von Moody's Investors Service verwandten Vertragsbedingungen „Application and Agreement for Moody's Commercial Paper

Die Ratingagentur ist aufgrund des Ratingvertrages gemäß § 633 Abs. 1 BGB jedoch dazu verpflichtet, das Ratingverfahren dahingehend abzusichern, dass es anhand festgelegter wissenschaftlich fundierter und objektiver Bewertungsmaßstäbe durchgeführt wird, um die Bedeutung subjektiver Elemente für das Rating soweit wie möglich zu reduzieren und dadurch Verfahrensgerechtigkeit für den jeweiligen Emittenten zu gewährleisten. Als Maßstab für diese Verfahrensgerechtigkeit kann die „Warentest"-Rechtsprechung des BGH als Mindestanforderung herangezogen werden.[25] Aufgrund der ähnlichen Schutzrichtung erscheint des Weiteren die entsprechende Anwendung des Sorgfaltsmaßstabs des § 34 b WpHG für Wertpapieranalysten erwägenswert. Die Agentur muss hiernach vor der Bewertung alle hierfür relevanten Tatsachen ermitteln und diese neutral und ohne sachfremde Erwägungen sachkundig auswerten. Sie muss sich eines wirtschaftswissenschaftlich begründbaren und nachvollziehbaren Verfahrens bedienen. Die Erstellung des Ratings muss von dafür qualifizierten Mitarbeitern durchgeführt werden, die sich gewissenhaft um die Genauigkeit der Prognose bemühen. Dabei ist der branchenübliche Sorgfaltsmaßstab unter Berücksichtigung von Sonderwissen heranzuziehen. Sind danach die Kriterien der Neutralität, der Objektivität, der Transparenz und der Sachkunde erfüllt, so handelt es sich bei dem erstellten Rating um ein mangelfreies Werk i.S.d. § 633 Abs. 1 BGB und die Ratingagentur hat ihre Hauptleistungspflicht erfüllt.

Da das Ratingverfahren keine stichtagsbezogene Beurteilung einer Neuemission anstrebt, sondern darauf abzielt, zumindest für die ersten zwei Jahre eine aktuelle und möglichst konstante Bonitätseinstufung zu gewährleisten,[26] sehen die Standardverträge der Ratingagenturen vor, dass die Agentur das Recht auf eine beständige Überprüfung des Ratings hat, für die ebenfalls die erörterten Verfahrenskriterien gelten. Des weiteren trifft die Agenturen eine

---

Rating": „Moody's does not guarantee the correctness of any information, rating or communication relating to the undersigned issuer".

25 BGHZ 65, 325, 333 ff. Im Unterschied zur Stiftung Warentest sind die Ratingagenturen allerdings erwerbswirtschaftlich tätig, weshalb zusätzlich zu diesen Mindestanforderungen erhöhte Transparenz des Prozesses und ein Recht zur „Gegenvorstellung" vor Veröffentlichung des Ratings zu verlangen ist.

26 Dies hebt das Rating von der Bonitätsprüfung durch Banken ab, die den Emittenten bzw. eine Emission grundsätzlich nur im Emissionszeitpunkt analysieren und lediglich durch Aktienanalysen ein fortlaufendes Research für marktbreitere börsennotierte Unternehmen bereitstellen.

Pflicht zur „Richtigstellung“ bzw. Anpassung der von ihnen publizierten Ratings. Grundsätzlich zu bejahen ist eine solche Verpflichtung im Rahmen des Zumutbaren jedenfalls im Falle von Veröffentlichungen von Beurteilungen, die sich als von Anfang an unvertretbar herausstellen, etwa weil sie auf der Grundlage unkorrekter Daten erstellt oder im Rahmen des Veröffentlichungsvorgangs versehentlich fehlerhaft publiziert wurden. Eine solche Verpflichtung besteht aus Treu und Glauben gemäß § 242 BGB und aufgrund des allgemeinen Rechtsgedankens der Pflicht zur Schadensvermeidung aus Ingerenz.[27] Das laufende Überwachungsverfahren des Ratings kann auch ohne vertragliche Vereinbarung und letztlich sogar gegen den Willen des Emittenten durchgeführt werden.[28]

Den Agenturen steht neben dem Anspruch auf das vereinbarte Entgelt das Recht zu, das ermittelte Rating sowie ggf. einen mit eingehenderen Daten des Emittenten versehenden Bericht („long form report“) zu veröffentlichen bzw. ihren Kunden bekannt zu machen.[29] Da es dem Emittenten in der Regel gerade auf das Bekanntwerden der Bonitätsbewertung und die entsprechenden Reaktionen der Marktteilnehmer ankommt, liegt hierin gleichermaßen eine Pflicht der Agentur.[30]

3. *Vertragliche oder gesetzliche Neben- und Schutzpflichten*

Neben den Hauptleistungspflichten können die Vertragsparteien verschiedene Schutz- und Nebenpflichten treffen. Diese werden schon durch die Aufnahme von Vertragsverhandlungen begründet und bestehen auch nach Vertragsschluss während der ganzen Zeit der Vertragsdurchführung fort.[31] Bei diesen Schutz- und Nebenpflichten geht es nicht um die geschuldete Leistung, sondern darum, die Rechte und sonstigen Rechtsgüter der Gegenpartei zu schützen. Ihr Schutzgegenstand ist das Integritätsinteresse des anderen Teils, d.h.

---

27 Vgl. *Canaris,* in: Großkommentar HGB, Bd. III/2, § 357, Rz. 46.

28 *Ebenroth/Daum*, WM 1992, Sonderbeilage Nr. 5, 2 (4).

29 Dies gilt selbstverständlich auch in den Fällen, in denen die Bewertung für den Emittenten ungünstig ausgefallen ist.

30 So auch *Peters* (oben Fn. 15), S. 79.

31 Münchener Kommentar/*Emmerich*, 3. Auflage 1994, Band 2, Vor § 275 BGB, Rz. 403.

sein personen- und vermögensrechtlicher Status Quo.[32] Diese Schutz- und Nebenpflichten sind auch nach der am 1. Januar 2002 in Kraft getretenen Schuldrechtsreform nicht im Gesetz legaldefiniert. So wird in § 241 Abs. 2 BGB lediglich festgestellt, dass das Schuldverhältnis nach seinem Inhalt jeden Teil zur Rücksicht auf die Rechte, Rechtsgüter und Interessen des anderen Teils verpflichten kann. Dieser Pflichtenkanon hat jedoch durch die Rechtsprechung des BGH im Laufe der Jahre eine Konkretisierung durch die Herausarbeitung verschiedener Fallgruppen erfahren. So sind die Leistungstreuepflicht[33], die Schutz- und Sorgfaltspflicht[34], die Auskunfts- und Aufklärungspflicht[35] sowie die Mitwirkungspflicht[36] heute allgemein anerkannte Fallgruppen der sich aus einem Vertrag ergebenden Nebenpflichten, deren Verletzung Ansprüche aus positiver Vertragsverletzung[37] nach sich ziehen kann.

Eine Ausprägung der Leistungstreue- sowie der Schutz- und Sorgfaltspflicht ist die Verpflichtung der Ratingagenturen zur strikten Geheimhaltung der ihnen zur Kenntnis gelangten, zum Teil sehr vertraulichen Informationen, was für Insiderinformationen ohnehin bereits aus § 14 Abs. 1 Nr. 2 WpHG folgt, da die mit der Erstellung eines Ratings beauftragten Agenturen als Insider anzusehen sind.[38] Eine Aufklärungs- bzw. Warnpflicht kann die Agentur gegenüber dem Emittenten dann treffen, wenn etwaige Veränderungen des Ratings für diesen tiefgreifende Folgen haben. Zu denken ist hier insbesondere an eine unverzügliche Informationspflicht, wenn entscheidende Kriterien während des Ratingprozesses repriorisiert werden oder neu hinzukommen. Eine solche Informationspflicht zur Vermeidung unbilliger Über-

---

32 Siehe Palandt/*Heinrichs*, 63. Auflage 2004, § 241 BGB, Rz. 6.

33 BGHZ 90, 302 (308); 11, 86.

34 BGH VersR 1976, 166; NJW 1983, 113.

35 BGHZ 36, 328; 64, 49.

36 BGHZ 11, 89; 50, 179.

37 Nach der Schuldrechtsreform seit dem 1. Januar 2002 ergibt sich der Anspruch aus §§ 280 Abs. 1, 241 Abs. 2, 249 ff. BGB.

38 Unter welchen Voraussetzungen Insiderinformationen unter Geltung des Anlegerschutzverbesserungsgesetzes an Ratingagenturen weitergegeben werden können, wird zur Zeit bei der BaFin erörtert. In jeden Fall wird eine den Anforderungen des § 15 Abs. 1 Satz 3 WpHG entsprechende Vertraulichkeitserklärung zu fordern sein.

raschungen der Emittenten ergibt sich im übrigen aus der seit der Schuldrechtreform explizit im § 241 BGB kodifizierten Rücksichtnahmepflicht.[39]

Des weiteren ist die Ratingagentur verpflichtet, sich vor der Verwertung sog. Marktgerüchte durch Nachfrage beim Emittenten über deren Wahrheitsgehalt zu informieren. In solchen Fällen ergibt sich aus den Grundsätzen von Treu und Glauben, dass der Emittent vor der Veröffentlichung des Ratings informiert und ihm die Möglichkeit zur Stellungnahme gegeben wird, um den Ratingprozess insgesamt transparenter zu machen. Die Vielzahl möglicher Fallgestaltungen bringt es allerdings mit sich, dass zugunsten der Ratingagenturen jeweils die Zumutbarkeit hinsichtlich der Form, des Zeitpunkts und des Zeitrahmens von Information und Aufklärung zu prüfen ist.

Sachgerechtes Kriterium einer solchen Zumutbarkeitsprüfung ist zum Beispiel ein branchenspezifisches Risiko, bei dem eine Ratingagentur zwanzig oder mehr Gesellschaften aufgrund eines plötzlich eingetretenen Katastrophenfalls in Form eines standardisierten Fragenkatalogs mit einer kurzen Vorfrist vor einem Ratingupdate befragt. Im Gegensatz stehen z.B. unternehmensspezifische Risiken, die je nach Ursache unter Umständen eine mehrwöchige Analyse, gegebenenfalls nach entsprechendem „Watchlist-Status“, ermöglichen. Zumutbarkeitserwägungen ganz anderer Art stellen sich börsennotierten Unternehmen, wenn sie Ratingagenturen vor der Emission großvolumiger Anleihen oder vor umfangreichen „(Bezugs-)Kapitalerhöhungen mit vertraulichen Informationen versorgen“ müssen, ohne den Zeitpunkt der Veröffentlichung des Ratingurteils rechtsverbindlich vereinbaren zu können. Während man die Veröffentlichung auch marktpreissensitiver Informationen an Ratingagenturen vor der Emission von Kapitalmarktinstrumenten aufgrund des notwendigen Vorlaufs für die Ratinganalyse als befugte Weitergabe im Sinne von § 14 Nr. 2 WpHG qualifizieren können wird, waren fehlende Vertraulichkeitsvereinbarungen sowie unverbindliche (Erst-)Veröffentlichungszeitpunkte aus Unternehmersicht nach altem Recht unbefriedigend. Gleichwohl war hier bereits eine Verbesserung in der Abstimmung des Ratingprozesses zu konstatieren, so dass die früher nicht

---

39 Der in jüngster Zeit bekannte Streit um die Repriorisierung von Ratingkriterien hat sich um die Bewertung von Pensionsrückstellungen als Verbindlichkeiten unter Anwendung verschiedener bisher nur für „normale“ Verbindlichkeiten angewandte ratios entzündet. Börsen-Zeitung vom 14. März 2003: „Für ThyssenKrupp hat Investment Grade höchste Priorität“.

unüblichen Ratingurteile bzw. Updates „zur Unzeit" im Jahre 2004 kaum noch zu beobachten waren. Unter Geltung des Anlegerschutzverbesserungsgesetzes dürften künftig die Erstveröffentlichungen durch den Emittenten gemäß § 15 WpHG n.F. zur Regel werden, da externe auftragsgebundene Ratings jedenfalls nach der Regierungsbegründung ad hoc-pflichtig sind und sich deshalb eine vorherige Publikation durch die Ratingagentur verbietet. Zudem wird man unter Geltung des neuen § 15 Abs. 1 Satz 3 WpHG eine Weitergabe von Insiderinformationen nur noch bei Vorliegen einer Vertraulichkeitsvereinbarung für zulässig erachten können.

V. Haftung der Ratingagentur beim beantragten Rating

1. Haftung aus Vertrag

Verletzt die Agentur eine ihrer Hauptpflichten aus dem Ratingvertrag, so kann der Emittent gemäß §§ 634, 633, 631 BGB Nacherfüllung verlangen, vom Vertrag zurücktreten oder die Vergütung mindern und Schadensersatz verlangen. Die sonst bei Werkverträgen zusätzlich bestehende Möglichkeit der Mängelbeseitigung durch den Besteller selbst mit dem Folgeanspruch auf Ersatz der dabei entstandenen Aufwendungen ist beim Rating aus der Natur der Sache heraus nicht möglich.

Eine Hauptpflichtverletzung, die zu den oben genannten Ansprüchen führen kann, ist in vielen Konstellationen denkbar: Die Agentur erstellt das vereinbarte Rating nicht oder nicht rechtzeitig; das Rating wird unter Verstoß gegen die geltenden Sorgfaltsmaßstäbe erstellt, die Agentur korrigiert ein veröffentlichtes Rating pflichtwidrig nicht; die Überprüfung des Ursprungsratings erfolgt unter Verstoß gegen die geltenden Sorgfaltsmaßstäbe etc. Die häufigste wie auch juristisch problematischte[40] Konstellation ist die einer nicht ordnungsgemäßen Ratingerstellung mit einem zu schlechten Rating als möglicher Folge; sie steht daher im Zentrum der folgenden Überlegungen:

---

40 I.d.S. schon *Ebenroth/Koos*, Juristische Aspekte des Rating, in: Büschgen/Everling, Handbuch Rating, 1996, S. 488 ff.; *Fleischer*, Empfiehlt es sich, im Interesse des Anlegerschutzes und zur Förderung des Finanzplatzes Deutschland das Kapitalmarkt- und Börsenrecht neu zu regeln?, Gutachten zum 64. Deutschen Juristentag, 2002, S. 138 und 139.

In der Regel wird es dem Emittenten in einem solchen Fall nicht um den Rücktritt vom Vertrag gehen. Er möchte den Ratingprozess nicht noch einmal mit einer neuen Agentur durchlaufen und deren ursprünglichen Zeitplan für die (Anleihe-)Emission um möglichst wenige Tage verschieben. Daher wird er zuerst nach § 635 BGB Nacherfüllung in Form der Korrektur des Ratings und ggf. Schadensersatz verlangen. Schäden aus einer Verteuerung der Fremdmittelaufnahme[41], der Verteuerung von Akquisitionen durch Kapitalerhöhungen wegen eines Kursrückgangs der Aktien etc. sind als Mangelfolgeschaden zu qualifizieren.[42] Sie entstehen außerhalb des Werkes an anderen Rechtsgütern des Emittenten und können allein durch Erstellung eines neuen mangelfreien Ratings bzw. einer Nacherfüllung nicht beseitigt werden. Der Anspruch richtet sich nach Schadenseintritt daher über die Verweisung des § 634 Nr. 4 BGB gemäß §§ 280, 282, 241 Abs. 2 BGB dem Grunde nach auf Schadensersatz.

Wichtigste Voraussetzung für einen etwaigen Schadensersatzanspruch ist die Pflichtverletzung der Agentur i.S. einer nicht ordnungsgemäßen Erstellung des Ratings. Den Emittenten trifft als Anspruchsgläubiger für das Vorliegen eines solchen Pflichtverstoßes die Beweislast.[43] Die Agentur muss dagegen gemäß § 280 Abs. 1 Satz 2 BGB beweisen, dass sie diese Pflichtverletzung nicht zu vertreten hat, ihr also – nach der gesetzlichen Regelung – weder Vorsatz noch einfache oder grobe Fahrlässigkeit zur Last fällt. Der Anspruch verjährt gemäß § 634 a Abs. 1 Nr. 3 BGB in Verbindung mit § 195 BGB in drei Jahren.

Die Standardverträge der großen Ratingagenturen versuchen durch Haftungsfreizeichnungsklauseln die Voraussetzungen für eine Inanspruchnahme zu erschweren. Bei einigen in der Praxis anzutreffenden Haftungsbeschränkungen ist die AGB-rechtliche Wirksamkeit sehr fraglich: Ein Haftungsausschluss für Vorsatz ist gemäß § 276 Abs. 3 BGB unzulässig. Praxisrelevant ist daher allein die Wirksamkeit von Klauseln, die eine Haftung für Fahrlässigkeit ausschließen. Dabei ist zu beachten, dass die Emittenten Unternehmer im Sinne von § 14 BGB sind und deshalb wesentliche Inhaltskontrollbestimmungen gemäß § 310 BGB keine Anwendung finden. Die

41 Vgl. hierzu Fn. 2.

42 Vgl. allgemein zum Mangelfolgeschaden Staudinger/*Peters*, 13. Bearbeitung 1994, § 635 BGB, Rz. 55 ff.

43 Palandt/*Sprau*, 63. Auflage 2004, § 634 BGB Rz. 12.

Kontrolle des Inhalts der Haftungsfreizeichnungsklauseln unterliegt deshalb einem weniger strengen Maßstab als dies bei AGBs gegenüber Verbrauchern der Fall ist.

Klauseln, die eine Haftung wegen leichter oder sogar grober Fahrlässigkeit bei sog. „Kernpflichten" ausschließen, benachteiligen nach überwiegender Meinung im Schrifttum gleichwohl auch Unternehmen und damit die Emittenten unangemessen.[44] Die Besonderheit des Ratings als Prognose bedingt zwar, dass die Parteien nur vereinbaren wollen, dass sich die Agentur bei der Erstellung der Analyse sorgfältig und gewissenhaft um eine Genauigkeit der Prognose bemüht.[45] Könnte die Agentur jedoch eine Haftung für jegliches fahrlässiges Handeln bei der sachgerechten Erstellung – und nicht nur bezüglich des Ratingergebnisses – ausschließen, so liefe dies dem Vertragszweck, eine sorgfältige Bonitätseinschätzung zu erstellen, zuwider. Die Ratingagenturen beanspruchen eine besondere Vertrauensstellung als Experten, so dass sie nach dem Vertragszweck diesem Vertrauen auch gerecht werden müssen. Deshalb ist eine generelle Haftungsfreizeichnung für jegliches fahrlässiges Handeln gemäß § 307 Abs. 2 Nr. 2 BGB wohl als unzulässig anzusehen, da dies gerade die Hauptleistungspflicht erodieren würde. Diese Sorgfaltsanforderungen gelten auch dann, wenn die Agentur das Ursprungsrating völlig sachgemäß erstellt hat und zum Beispiel erst bei der Ratingüberprüfung ein Downgrading vornimmt, welches nicht ordnungsgemäß zustande gekommen ist. Bei der Bestimmung des Sorgfaltsmaßstabs kann allerdings ein etwaiger Zeitdruck bei der Erstellung des Ratingupdates – etwa wegen eines wichtigen branchenbezogenen Ereignisses – mildernd berücksichtigt werden.

2. *Deliktische Ansprüche*

Fraglich ist, ob dem Emittenten neben vertraglichen Ansprüchen gegen die Ratingagenturen auch deliktische Ansprüche zustehen können. Ist dem Emittenten ein Schaden in Form höherer Kapitalbeschaffungskosten durch ein fehlerhaft zu niedriges Rating entstanden, so ist zunächst an einen An-

---

44 So Palandt/*Heinrichs*, 62. Auflage 2003, § 307 BGB, Rz. 35.

45 Prognosen müssen dabei „ausreichend durch Tatsachen gestützt und kaufmännisch vertretbar sein" (BGH WM 1982, 862 (865)).

spruch des Emittenten aus § 823 Abs. 1 BGB zu denken. Als verletztes Rechtsgut kommt in diesem Fall das Recht am eingerichteten und ausgeübten Gewerbebetrieb in Betracht.[46] Nach der Rechtsprechung des BGH wird der Schutz des § 823 Abs. 1 BGB gegen jede Beeinträchtigung des Rechts am eingerichteten und ausgeübten Gewerbebetrieb gewährt, wenn sie einen unmittelbaren Eingriff in den gewerblichen Tätigkeitskreis darstellt, wozu Bestand, Erscheinungsform, Tätigkeitskreis und Kundenstamm zu rechnen sind.[47] Der Eingriff muss betriebsbezogen sein, also nicht vom Gewerbebetrieb ohne weiteres ablösbare Rechtsgüter betreffen.[48] Ein zu niedriges Rating wirkt sich negativ auf das Emissionsstanding aus und beeinträchtigt aufgrund höherer Zinskosten die Erwerbsaussichten.[49] Mithin ist das Recht des Emittenten am eingerichteten und ausgeübten Gewerbebetrieb zumindest berührt.[50]

Auch im Falle der Bejahung eines Eingriffs in den eingerichteten und ausgeübten Gewerbebetrieb wird aufgrund des schwer abgrenzbaren Tatbestands die Rechtswidrigkeit einer Handlung jedoch nach allgemeiner Ansicht nicht bereits durch die Tatbestandsmäßigkeit, also den Eingriff, indiziert.[51] Vielmehr liegt eine Rechtsgutsverletzung erst vor, wenn eine umfassende Güter- und Interessenabwägung ergibt, dass die Interessen des Emittenten gegenüber denen der Ratingagentur überwiegen. Im Rahmen dieser Abwägung kommt dem Grundrecht auf freie Meinungsäußerung des Art. 5 Abs. 1 GG zu Gunsten der Ratingagenturen besonderes Gewicht zu. Als Anhaltspunkt für die Gewichtung der jeweiligen Interessen kann die Rechtsprechung des BGH zu Warentests herangezogen werden.[52] Die Lage bei Warentests ist derjenigen beim Rating durchaus vergleichbar. Hier wie dort wird eine Bewertung nach wissenschaftlich fundierten, objektiven Kriterien erteilt, die nicht den Bewerteten, sondern hauptsächlich der Information der Öffentlichkeit zugedacht ist. Gemeinsam ist der Ratingerteilung und den

46 Vgl. hierzu BGHZ 45, 296 (297).
47 BGHZ 3, 270; 8, 142; 8, 387.
48 BGHZ 29, 65 (74).
49 *Peters* (oben Fn. 15), S. 58.
50 *Ebenroth/Daum*, WM 1992, Sonderbeilage Nr. 5, 2 (9).
51 BGHZ 24, 72 (80); 74, 9 (14).
52 BGH GRUR 1966, 386 (Warentest I); BGHZ 65, 325 (Warentest II); BGH WM 1986, 373 (Warentest III); GRUR 1987, 468 (Warentest IV). Hierzu auch *Habersack* (oben Fn. 7) III. 1.

Warentests das Bemühen um eine als Markttransparenz verstandene Anleger- bzw. Verbraucheraufklärung nicht nur zum Nutzen der Leser, sondern der gesamten Volkswirtschaft.[53] Hier wie dort wird eine Informationsasymmetrie durch veröffentlichte Bewertungen – zumindest partiell – beseitigt.

In seiner Rechtsprechung stellt der BGH klar, dass sich jeder Marktteilnehmer einem Vergleich und der Kritik stellen muss.[54] Im publizistischen Bereich lässt zudem Art. 5 Abs. 1 GG einen sehr weiten Spielraum zu.[55] Auf dieser Basis wird die Rechtswidrigkeit von Testveröffentlichungen erst dann angenommen, wenn es sich um Schmähkritik handelt, also um eine Produktbeurteilung, die in erster Linie auf die Verunglimpfung der Waren des Herstellers abzielt.[56] Zwar ist eine vollständige Übertragung der Warentest-Rechtsprechung aufgrund des größeren Einflusses der Ratingagenturen, der Qualifikationen der Unternehmensbonität anstelle eines einzelnen Produkts und insbesondere der Gremienorientierung der Ratingagenturen nicht zwingend; auch die Veröffentlichung eines Ratings ist jedoch erst dann rechtswidrig, wenn die Agentur bei der Beurteilung der Bonität und die bereits erwähnten Kriterien der Neutralität, Objektivität, Transparenz und Sachkunde außer acht gelassen oder zumindest (grob) fahrlässig anerkannte Beurteilungsstandards missachtet hat.[57] Da diese Kriterien von den internationalen Ratinagenturen in der Regel eingehalten werden, wird eine auf § 823 Abs. 1 BGB gestützte Schadensersatzklage in den wenigsten Fällen Erfolg haben.

Als weitere mögliche Anspruchsgrundlage im deliktischen Bereich kommt § 823 Abs. 2 BGB in Betracht. Voraussetzung für einen Schadensersatzanspruch ist insoweit, dass die Ratingagentur ein Schutzgesetz i.S.d. § 823 Abs. 2 BGB verletzt hat. Hierbei ist zunächst an § 34 b Abs. 1 Satz 1 WpHG zu denken, der Wertpapieranalysten dazu verpflichtet bei der Wertpapieranalyse mit der erforderlichen Sachkenntnis, Sorgfalt und Gewissenhaftigkeit zu handeln. Die überwiegende Meinung bejaht die Qualität des

53 Vgl. BGHZ 65, 325 (331) zu Warentests.

54 BGH GRUR 1957, 360 (362).

55 BGHZ 65, 325 (331): „Handelt es sich um einen Beitrag zum geistigen Meinungskampf in einer die Öffentlichkeit wesentlich berührenden Frage, so streitet die Vermutung für die Zulässigkeit der freien Rede“. Auch den Ratinganalysen wird hierbei grundsätzlich der Schutz für Presseerzeugnisse zuteil.

56 OLG Düsseldorf DB 1980, 253.

57 Siehe hierzu oben IV. 2.

§ 34 b WpHG in der Fassung vor Geltung des Anlegerschutzverbesserungsgesetzes als Schutzgesetz, weil die Vorschrift neben der Allgemeinheit auch den Einzelnen schützen will.[58] § 34 b WpHG findet jedoch nur auf Wertpapierdienstleistungsunternehmen i.S.v. § 2 Abs. 3, Abs. 3a WpHG Anwendung. Ratingagenturen führen keine Anlageberatung durch und fallen damit nicht in den Anwendungsbereich des § 34 b WpHG.[59] Da weitere mögliche Schutzgesetze wie § 263 StGB bzw. § 264 a StGB (Betrug bzw. Kapitalanlagebetrug) eine vorsätzliche Täuschung des Emittenten voraussetzen, scheidet § 823 Abs. 2 BGB als Anspruchsgrundlage für eine Schadensersatzklage in der Praxis aus.

Ein Anspruch des Emittenten aus Kreditgefährdung gemäß § 824 BGB wird ebenfalls keine Aussicht auf Erfolg haben. Die Norm setzt voraus, dass der Anspruchsgegner der Wahrheit zuwider eine Tatsache behauptet hat. Tatsachen sind konkrete, nach Zeit und Raum bestimmte, der Vergangenheit oder Gegenwart angehörende Geschehnisse oder Zustände der Außenwelt.[60] Ratingurteile sind daher keine Tatsachen, sondern Werturteile, da sie mit der Fähigkeit zur Schuldentilgung zukünftige Entwicklungen einschätzen. Zwar basiert ein Rating auf Tatsachen; es stellt im Schwerpunkt aber eine Meinungsäußerung dar, in die eine Vielzahl sog. „soft factors" wie Corporate Governance, Beurteilung des Managements etc. einfließen, so dass die Agentur bei Veröffentlichung des Ratings keine Tatsachen i.S.d. § 824 BGB verbreitet.[61]

Ein Schadensersatzanspruch des Emittenten aus vorsätzlicher sittenwidriger Schädigung gemäß § 826 BGB wird in der Praxis höchst selten vorkommen, da dieser zumindest bedingten Vorsatz der Ratingagentur hinsichtlich der Schädigung des Emittenten voraussetzt. Des weiteren ist die erfolgreiche prozessuale Durchsetzung des Anspruchs für den Emittenten mit erheblichen Beweisschwierigkeiten verbunden.

---

58 So *Assmann/Schneider*, 3. Auflage 2003, § 34 b WpHG, Rz. 17; *Mülbert*, JZ 2002, 826 (836); *Spindler*, DStR 2002, 1576 (1581), jeweils zur früheren Fassung des § 34 b WpHG.

59 Dies gilt auch für § 34 b WpHG in der ab dem 1. November 2004 geltenden Fassung.

60 BGH NJW 1998, 1223.

61 Anders im Ergebnis zum Downgrading: *Ebenroth/Koos* (oben Fn. 40), S. 495.

VI. Haftung der Ratingagentur beim auftraglosen Rating

1. Unterschiedliche Firmenpolitik bezüglich „unsolicited/investor initiated" Ratings

Auch ohne Auftrag eines Emittenten führen Ratingagenturen zum Teil Ratingverfahren durch. In diesen Fällen besteht also keine vertragliche Übereinkunft zwischen der Ratingagentur und dem zu ratenden Unternehmen. Es kann also durchaus vorkommen, dass ein Unternehmen erst aus der Presse von einem erteilten Rating erfährt, wobei die führenden Ratingagenturen inzwischen den Unternehmen anbieten, die „aufgedrängten Ratings" vor Veröffentlichung zu diskutieren. Auf internationaler Ebene ist es z.B. grundsätzlich die Geschäftspolitik von Standard & Poor's, nur solche Emissionen unaufgefordert einem Rating zu unterziehen, bei denen der Emittent bereits frühere Emissionen raten ließ. Fitch hingegen ratet einige Blue Ship-Emittenten „unsolicited" bzw. als „investor initiated", um die für die Marktdurchdringung und (Branchen-)Vergleichbarkeit ausreichende Anzahl von Corporate Ratings zur Verfügung stellen zu können.

2. Motivation für aufgedrängtes Rating

Die Motivation der Ratingagenturen für aufgedrängte Ratings ist regelmäßig der sog. informationelle Netzwerkeffekt, der erzielt wird, wenn eine Agentur eine ausreichende Zahl von Unternehmen eines bestimmten Marktsegments geratet hat.[62] Wie bei jeder Bewertung steigt auch bei Ratings ihre Bedeutung als Grundlage für (Investitions-)Entscheidungen, je mehr Bewertungsobjekte eines Landes oder einer Branche miteinander verglichen werden. Über diese Motivation hinaus wird in den USA von Fällen berichtet, in denen Agenturen unbeauftragt Unternehmen geratet haben, um diese Unternehmen mit einem negativen Ergebnis zu einer künftigen Kooperation mit entsprechend verbesserten Rating zu nötigen. Die Agenturen würden auf diese Weise ihre Marktstellung durch sog. „unsolicited" Ratings gegenüber Unternehmen und ande-

62 Siehe zum informationellen Netzwerkeffekt näher die Übersicht auf S. 4.

ren Ratingagenturen ausbauen.[63] Unternehmen, die den internationalen Kapitalmarkt in Anspruch nehmen wollen, sehen sich einem engen Oligopol von Ratingagenturen ausgesetzt.[64] So haben die Marktführer Moody's und Standard & Poor's bei Neuemissionen im Fremdkapitalbereich einen Marktanteil von ca. 90%.

3. Interessen der Unternehmen an Ratingverschonung

Das Interesse der Unternehmen an einer Verschonung vor „unsolicited" Ratings ist – isoliert betrachtet – nachvollziehbar. Zum einen stellen die Ratings einen Eingriff in die selbstbestimmte Finanzpolitik eines jeden Unternehmens dar, da ein negatives Rating zu erheblich höheren Kapitalbeschaffungskosten führen kann. Insbesondere vor der Emission großvolumiger Anleihen oder vor umfangreichen Kapitalerhöhungen führen „unsolicited" Ratings, von dessen Erstellung und Veröffentlichung der Emittent erst kurzfristig Kenntnis erhält, zu einer erheblichen Transaktionsunsicherheit und können Emissionen sogar zum Scheitern bringen, wenn sie „zur Unzeit" publiziert werden. Des weiteren treten die „unsolicited" Ratings teilweise neben beantragte Ratings und weichen negativ von diesen ab. Dies ist insbesondere deshalb unerfreulich für den Emittenten, weil er beim beantragten Rating intensiv mit der Agentur zusammengearbeitet und dieser sämtliche Informationen zur Verfügung gestellt hat, während das „unsolicited" Rating lediglich auf öffentlich bekannte Informationen und entsprechende Ableitungen und Annahmen gestützt wird. Unabhängig von der näher zu analysierenden Zulässigkeit aufgedrängter Ratings ist daher eine fortwährende und transparente Darstellung der Ratingbasis als auftragsloses oder beantragtes Rating zu fordern.

---

63 Dass diese Machtkonzentration den Unternehmen ein Dorn im Auge ist, zeigt der Kommentar des Alcatel-Chefs *Serge Tchuruk* im Handelsblatt vom 3.2.2002: „(die Agenturen sind) Pyromanen, die sich als Feuerwehrmänner ausgeben".

64 Unlängst haben die Finanzchefs internationaler Unternehmen einen Verhaltenskodex für Ratingagenturen erarbeitet. Die Firmenmanager wollen die Ratingagenturen erklärtermaßen in die Pflicht nehmen; siehe hierzu Financial Times Deutschland vom 16.4.2004, S. 20, „Firmen preschen mit Regeln für Ratingagenturen vor".

4. Mögliche Ansprüche des Emittenten auf Schadensersatz und Unterlassung

Da bei auftragslosen Ratings keine vertraglichen Beziehungen zwischen dem Emittenten und der Agentur bestehen, richten sich mögliche Schadensersatzansprüche des Emittenten in erster Linie nach dem Deliktsrecht gemäß §§ 823 ff. BGB. In Betracht kommt ein Eingriff in das allgemeine Persönlichkeitsrecht des Emittenten gemäß Art. 1 Abs. 1 GG und Art. 2 Abs. 1 GG, da ein negatives Rating sein Standing beeinträchtigt. Die Schutzwirkung des Allgemeinen Persönlichkeitsrechts erstreckt sich auch auf juristische Personen und umfasst mithin die in der Regel als Kapitalgesellschaften auftretenden Emittenten von Schuldverschreibungen. Allerdings gilt dies nur insoweit, als sie als juristische Person eines solchen Rechtsschutzes bedürfen, was insbesondere der Fall ist, wenn sie in ihrem sozialen Geltungsbereich als Arbeitgeber oder Wirtschaftunternehmen betroffen sind.[65] Nach diesen Grundsätzen ist auch der Ehrenschutz auf Unternehmen übertragbar, soweit die juristische Person herabsetzender Kritik an ihr oder den Führungspersonen ausgesetzt ist. Eine solche negative Kritik stellt auch ein negatives Rating dar, das den Ruf und das (Kapitalmarkt-)Standing des Emittenten schädigen kann, so dass der Schutzbereich des Allgemeinen Persönlichkeitsrechts durch ein aufgedrängtes Rating tangiert wird. Schadensersatzansprüche werden sich hieraus für den Emittenten aufgrund der herausragenden Bedeutung des Art. 5 Abs. 1 GG aber in aller Regel nicht herleiten lassen, da auch bei einem aufgedrängten Rating die Veröffentlichung der Benotung grundsätzlich unter dem Schutz der durch Art. 5 Abs. 1 GG garantierten Meinungsäußerungsfreiheit der Ratingagentur steht.[66]

Wie im Rahmen des beantragten Ratings, fällt die Interessenabwägung in entsprechender Anwendung der „Warentest"-Rechtsprechung des BGH[67] nur dann zu Gunsten des Emittenten aus, wenn die Verfahrensvoraussetzungen der Neutralität, Objektivität und der Sachkunde verletzt wurden und daraufhin die aus den Untersuchungen gezogenen Schlüsse als nicht mehr vertretbar („diskutabel") erscheinen.

---

65 BGHZ NJW 1975, 1882 (1885); BGHZ 98, 94 (97); BGH NJW 1994, 1281 (1282).

66 Vgl. hierzu oben V. 2.

67 BGHZ 65, 325 (334).

Des Weiteren ist an einen durch § 823 Abs. 1 BGB geschützten Eingriff in den eingerichteten und ausgeübten Gewerbebetrieb zu denken. Ein Anspruch des Emittenten lässt sich hieraus aber nur herleiten, wenn im Rahmen der Abwägung zwischen den Interessen des Unternehmens und der Meinungsäußerungsfreiheit der Ratingagentur das Grundrecht aus Art. 5 Abs. 1 GG zurücktritt. Bei der notwendigen Abwägung kommt der Motivation für das Rating großes Gewicht zu: sollte das Rating einen „nötigenden" Effekt haben, so überwiegen die berechtigten Interessen des Emittenten die der Agentur. Aber auch, wenn die Agentur lediglich ohne Auftrag ratet, um einen informationellen Netzwerkeffekt zu erzielen, begibt sie sich auf unsicheres Terrain, denn für eine Rechtfertigung des Eingriffs in die Rechte des Emittenten müssten die Rechte der Agentur dessen Rechte überwiegen. Wie schon zum Rating auf Antrag des Emittenten ausgeführt, wird dieses nur der Fall sein, wenn das Rating entsprechend den branchentypischen Sorgfaltsmaßstäben erstellt wurde. Entscheidender Bestandteil eines sorgfältigen auftragsgebundenen Ratings sind unter anderem aber sensible Informationen des betroffenen Unternehmens. Des weiteren spielen Gespräche mit dem Management eine maßgebliche Rolle für die abschließende Bewertung, die bedeutsamen „soft factors" und eine etwaige Korrektur des Ratings vor der Veröffentlichung. Bei einem aufgedrängten Rating fehlt es gerade an diesen Gesprächen wie auch an öffentlich nicht zugänglichen, für eine sachgerechte Bonitätsprüfung jedoch bedeutsamen, Informationen. Wie auch von den Ratingagenturen betont wird, ist zwar das Grundgerüst eines Ratings quantitativ ausgelegt, eine qualitative Analyse ist aber für ein sorgfältiges Rating unumgänglich. Integraler Bestandteil einer qualitativen Analyse ist deshalb das Managementgespräch.

An den Sorgfaltsmaßstab bei der Erstellung eines aufgedrängten Ratings sind daher zumindest die gleichen Anforderungen zu stellen wie an ein vertragsgebundenes Rating, weil die Investoren die zugrundeliegende Informationsbasis und ihre Auswirkungen auf die veröffentlichte Ratingeinstufung nicht sicher abschätzen können. Daher bleibt es fraglich, wie eine Agentur das Fehlen an Informationen für ihre qualitative Analyse ausgleichen kann. Im Ergebnis erscheint es fraglich, ob eine Agentur ohne Mitwirkung des Managements eines Emittenten eine ähnlich sorgfältige und abgewogene Analyse erstellen kann, dass ihre Rechte aus Art. 5 Abs. 1 GG bei aufgedrängten Ratings die Rechte des betroffenen Emittenten überwiegen können. In der Praxis zeigt sich in den letzten Jahren demgemäß ein Trend, dass aufgedrängte Ratings nur in bestimmten Branchen gehäuft auftreten, in denen die Ratingagenturen die öffentlich zugänglichen Informationen als ausreichende Basis erachten.[68]

Wie bei einem beantragten Rating kommen weiterhin Schadensersatzansprüche des Emittenten aus § 824 BGB und § 826 BGB in Betracht. Ein Anspruch aus § 824 BGB ist jedoch zu verneinen, da ein Rating keine Tatsachenbehauptung, sondern im Ergebnis eine Meinungsäußerung darstellt und somit nicht in den Anwendungsbereich des § 824 BGB fällt. Auch die Voraussetzungen des § 826 BGB werden in der Praxis kaum erfüllt sein, da hierfür eine vorsätzliche Schädigung des Emittenten durch die Ratingagentur erforderlich wäre.

Des Weiteren ist an den kartellrechtlichen Schadensersatzanspruch gemäß § 33 Satz 1 GWB in Verbindung mit § 20 Abs. 4 Satz 1 GWB zu denken. Gemäß § 20 Abs. 4 Satz 1 GWB ist es Unternehmen mit gegenüber kleinen und mittleren Wettbewerbern überlegener Marktmacht untersagt, ihre Marktmacht dazu auszunutzen, solche Mitbewerber unmittelbar oder mittelbar zu behindern. Im Ratingmarkt besteht ein Oligopol der drei großen Agenturen Moody's, Standard & Poor's und Fitch, die einen Marktanteil von über 90% haben.[69] Unterhalb der drei globalen Agenturen gibt es schätzungsweise 100 bis 150 weitere Unternehmen, die fast alle lokal ausgerichtet und spezialisiert sind. Standard & Poor's und Moody's nutzen ihre Marktmacht, indem sie von ihren Kunden bei bestimmten Finanzierungsformen verlangen, dass diese auch andere Wertpapiere und künftige Emissionen von Standard & Poor's oder Moody's bewerten lassen. Ansonsten drohen sie mit einer Herabstufung. Es ist damit nicht fernliegend, die Ausnutzung einer marktbeherrschender Stellung der großen Agenturen i.S.d. § 20 Abs. 4 Satz 1 GWB anzunehmen.[70] Die Norm will aber die kleinen Wettbewerber im Ratingmarkt vor einer Behinderung durch die großen Anbieter schützen. Der Schadensersatz-

---

68 Die scheint z.B. für die Versicherungsbranche zu gelten, da hier der Anteil an aufgedrängten Ratings im Vergleich hoch ist.

69 Vgl. hierzu *Folker Dries* in der FAZ: „Der Einfluss, den die drei großen Ratingagenturen Standard & Poor's, Moody's Investors Service und Fitch Ratings inzwischen auf den gesamten Kapitalmarkt ausüben, ist vielen nicht mehr geheuer".

70 Zu denken ist etwa an das sog. Koppelungsverbot, dass im Einzelfall auch einmal ein Emittent bei extremen weitgefasstem „Ratinganspruch" für künftige Instrumente mag geltend machen können.

anspruch nach § 33 Satz 1 GWB stünde demnach allenfalls denjenigen zu, die diesen Schutz beanspruchen können. Dies sind nicht die Emittenten, sondern kleine Ratingagenturen. Ein Schadensersatzanspruch aus § 33 Satz 1 GWB in Verbindung mit § 20 Abs. 4 Satz 1 GWB steht den Emittenten folglich nicht zu.

VII. Haftung der Ratingagentur gegenüber Investoren

1. Bezugsvertrag zwischen Investor und Agentur

In erster Linie sind die Ratingagenturen Dienstleistungsunternehmen für Investoren. Bevor institutionelle Investoren, vor allem aber auch private Anleger ihre Investitionsentscheidung treffen, muss ihr Informationsbedürfnis in Bezug auf die Relation zwischen Risiko des Zahlungsausfalls und zu erzielender (Über-)Rendite der Anlage im Vergleich zu risikolosen AAA-Staatsanleihen befriedigt werden. Hierbei spielen die Ratingagenturen als Informationsintermediäre eine hilfreiche Rolle: die erteilten Ratings reduzieren die auf dem Kapitalmarkt zwischen Emittent und Anlegern bestehenden Informationsasymmetrien und tragen damit zu einer stärkeren Markttransparenz bei.[71] Die Investoren machen sich die in Publikationen zusammengefassten Erkenntnisse zunutze, indem sie Abonnementverträge zum Bezug dieser Veröffentlichungen mit den Agenturen abschließen. Das von einer Agentur erstellte Rating kann dadurch aber auch mitursächlich für Vermögensschäden der Anleger sein, wenn es als Grundlage für ihre Investitionsentscheidung gedient hat, sich die von der Agentur vorgenommene Bonitätseinschätzung aber letztlich als falsch herausstellt.

Als Haftungsgrundlage ist an den Bezugsvertrag zwischen dem Investor und der Ratingagentur zu denken. Um die Reichweite einer potentiellen vertraglichen Haftung zu bestimmen, ist zunächst die Rechtsnatur des Bezugsvertrages zu klären. Der Bezugsvertrag weist kaufvertragliche Elemente auf, da die Agentur zur Übereignung der Broschüre gegen Zahlung eines Entgelts durch den Investor verpflichtet ist. Ein Schadensersatzanspruch des Anlegers aus rein kaufvertraglichen Gesichtspunkten gemäß §§ 434 ff. BGB käme

71 Vgl. hierzu FAZ vom 16.3.2003, S. 43: „Anleger brauchen Ratingagenturen. Ihre Noten bringen die Qualität eines Staates oder einer Anleihe auf den Punkt“.

jedoch nur in Betracht, wenn das Druckerzeugnis selbst einen Schaden in der körperlichen Beschaffenheit aufwiese, wie z.B. Verschmutzung, mangelhafte Papierqualität, schlechte Druckqualität, unzureichende Bindung usw.[72] Die inhaltliche Unrichtigkeit ist dagegen kein Sachmangel, so dass die inhaltliche Richtigkeit von Zeitschriften und anderen Druckerzeugnissen nicht durch das Kaufvertragsrecht gewährleistet wird.[73]

Der BGH hat daher in der „Börsendienst-Entscheidung“[74] im Fall eines Börsendienstabonnements die kaufrechtliche Betrachtungsweise allein für nicht ausreichend erachtet. Insbesondere aufgrund des hohen Abonnementspreises bestehe eine Beratungspflicht des Börsendienstes gegenüber den Investoren.[75] Obwohl die Tätigkeit der Agenturen in Bezug auf die Erstellung der Ratings mit den Börsendiensten eine gewisse Verwandtschaft aufweist, kann eine Beratungspflicht der Agenturen nicht angenommen werden. Im Gegensatz zu den Börsendiensten geben die Agenturen keine Anlagetipps, sondern heben in ihren Standardverträgen gerade ausdrücklich hervor, dass sie mit ihren Ratings keine Empfehlungen für das Kaufen, Halten oder Verkaufen von Wertpapieren geben.[76] Der BGH hat die Annahme einer Beratungspflicht des Börsendienstes unter anderem darauf gestützt, dass der Investor ein vergleichsweise hohes Entgelt für die Leistung des Dienstes entrichtet, so dass die Hauptleistungspflicht des Börsendienstes nicht lediglich in der Übereignung der Zeitschrift bestehen könne. Dieses Argument findet auch auf die Abonnementsverträge zwischen den Agenturen und den Investoren Anwendung, so dass zwar keine Anlageberatung, jedoch eine *Auskunft* über die Prognose der Ausfallwahrscheinlichkeit im Hinblick auf die Zahlungsverpflichtungen des Emittenten in der Form der Ratings geschuldet wird.[77] Somit liegt der Schwerpunkt der Hauptleistungspflicht der Ratingagenturen in der Informationsversorgung bezüglich des Kriteriums „Ausfallwahrscheinlichkeit“ und nicht in der Übereignung der Broschüre.

---

72 BGH NJW 1978, 997.

73 *Ebenroth/Daum*, WM 1992, Sonderbeilage Nr. 5, 2 (12).

74 BGHZ 70, 356 ff.

75 BGHZ 70, 356 (358).

76 So wird in dem Standardvertrag von Fitch erklärt "You acknowledge that we are not your advisors". Gegen die Übertragbarkeit von Kriterien zur Börsendienst-Entscheidung daher nachdrücklich *Vetter* (oben Fn. 9) S. 1708.

77 So auch *Peters* (oben Fn. 15), S. 93.

Dem kann auch nicht entgegen gehalten werden, dass es an einem individuellen Bezug zwischen Investor und Ratingagentur fehle. Der Unterschied zwischen einer Beratung und einer Auskunft besteht gerade darin, dass im Gegensatz zur Beratung die durch die Auskunft zur Verfügung gestellte Information nicht individuell auf den Anleger zugeschnitten ist bzw. sein muss. Die Information zur Ausfallwahrscheinlichkeit variiert definitionsgemäß nicht in Abhängigkeit des Vertragspartners und ist stets gleichlautend. Die Standardisierung der Information durch die öffentliche Verbreitung der Ratings in Druckwerken spricht daher nicht gegen das Bestehen einer Auskunftspflicht gegenüber jedem einzelnen Vertragspartner.

Als Zwischenergebnis ist daher von einem gemischten Vertrag auszugehen, der auf der einen Seite durch die dienstvertragliche Hauptpflicht der Informationsversorgung und Auskunft bestimmt wird, andererseits kaufvertragliche Elemente in Bezug auf die Broschüre als Kaufgegenstand aufweist. Der Umfang der Rechte und Pflichten richtet sich nach den Vertragsvereinbarungen im Einzelfall. An einer ausdrücklichen Bestimmung in Bezug auf den Inhalt oder den Umfang der Auskunftspflicht wird es in der Regel fehlen. Diese sind daher durch Auslegung unter Berücksichtigung der beiderseitigen Parteiinteressen zu ermitteln.

Entscheidend für etwaige Investorenansprüche ist demnach, wie weit der Umfang der Auskunftspflicht reicht. Der zentrale Inhalt der Auskunft umfasst die Prognose der Agentur hinsichtlich der Bonität des gerateten Emittenten. Dabei ist die Verlässlichkeit der Information entscheidend für den Anleger. Insoweit bestehen auch dem Anleger gegenüber die gleichen Sorgfaltspflichten bei der Erstellung dieser Prognose wie gegenüber dem Emittenten. Auch gegenüber dem Anleger nimmt die Agentur besonderes Vertrauen in Anspruch. Allein dieses gesteigerte Vertrauen in das Know-how und die Sorgfalt der Agentur rechtfertigt den hohen Preis für die Broschüren. Es liegt nahe, hier auf den Pflichtenkatalog der Agentur aufgrund des Vertrages mit dem Emittenten abzustellen. Insoweit gilt das oben bereits Ausgeführte.[78] Zusammenfassend gilt, dass eine mindestens fahrlässige Pflichtverletzung bei der Erstellung des Ratings gegenüber dem Anleger grundsätzlich zu einer Verletzung der Auskunftspflicht durch die Weitergabe der unsorgfältig erstellten Benotung führen kann. Darüber hinaus kann auch eine nicht-recht-

78 Siehe hierzu oben IV. 2.

zeitige oder unsorgfältige Korrektur, zu der die Agentur gegenüber dem Anleger ebenso wie auch gegenüber dem Emittenten verpflichtet ist, gemäß § 242 BGB aus Treu und Glauben und dem Grundsatz der Ingerenz zu einer entsprechenden Pflichtverletzung führen. Allerdings dürfen, wie gegenüber dem Emittenten die Sorgfaltsanforderungen bei Upgrades und Downgradings wegen des häufig bestehenden Zeitdrucks und der – den Investoren bekannten – Vielzahl der gerateten Unternehmen nicht überspannt werden. Grundlage für einen Schadensersatzanspruch wegen Verletzung des Bezugsvertrages wären bei Vorliegen der weiteren Voraussetzungen die §§ 280 Abs. 1 und 3, 282, 241 Abs. 2 BGB.[79]

Ist ein Schadensersatzanspruch dem Grunde nach gegeben, bleibt die Prüfung der stets vereinbarten vertraglichen Haftungsausschlüsse. Auch gegenüber dem Anleger werden in der Regel Standard-Freizeichnungsklauseln verwendet, so dass diese als AGBs gemäß §§ 305 ff. BGB auf ihre Wirksamkeit zu prüfen sind. Da die Vertragspartner der Agenturen aufgrund der hohen Abonnementgebühr zumeist institutionelle Anleger sind, die gemäß § 14 BGB als Unternehmer gelten, können Haftungsbegrenzungsklauseln, die eine Haftung für fahrlässiges Handeln ausschließen sollen, gemäß § 310 Abs. 1 Satz 1 BGB nur eingeschränkt überprüft werden. Allerdings dürfte auch gegenüber institutionellen Anlegern eine vollumfängliche Freizeichnung von einer Haftung für jegliches fahrlässiges Handeln den Vertragszweck nach § 307 Abs. 2 Nr. 2 BGB gefährden, da eine sorgfältige Erstellung des Ratings zu den Kernpflichten der Agentur gehört. Es besteht daher ein nicht zu unterschätzendes Risiko, dass eine entsprechende Haftungsbeschränkung auch für nur fahrlässige Vertragspflichtverletzung dem Anleger gegenüber unwirksam ist.

2. Fehlende vertragliche Beziehung zwischen Ratingagentur und Investor

Auch bei fehlendem Bezugsvertrag kommt eine Haftung der Ratingagenturen gegenüber den Investoren in Betracht. Insoweit kann auf die von der Recht-

79 (Zu) weitgehend für die mögliche Haftung der Ratingagenturen aus einem Abonnement-Vertrag: *Habersack* (oben Fn. 7) III 2 b) „...läßt sich die Haftung für ein fehlerhaftes Rating unschwer aus dem Bezugsvertrag herleiten“.

sprechung des BGH entwickelten Grundsätze des Vertrags mit Schutzwirkung zugunsten Dritter zurückgegriffen werden.[80] Hierbei steht der Anspruch auf die vertraglich geschuldete Leistung allein dem Gläubiger zu; jedoch werden bestimmte Dritte in der Weise mit in die Sorgfalts- und Schutzpflichten des Vertrages einbezogen, dass sie bei deren Verletzung vertragliche Schadensersatzansprüche geltend machen können.[81] Da die Annahme eines Vertrags mit Schutzwirkung zugunsten Dritter eine Haftungserweiterung zulasten des Schuldners bedeutet, werden an die Einbeziehung des Dritten in den vertraglichen Schutzbereich allerdings strenge Anforderungen gestellt.

So muss zwar die Anzahl der Geschützten bei Vertragsschluss nicht bekannt sein; es müssen jedoch die Voraussetzungen der Leistungsnähe des Dritten, eine Fürsorgepflicht des Gläubigers gegenüber den Dritten, deren Erkennbarkeit und die Schutzbedürftigkeit der Dritten gegeben sein. Erste Voraussetzung ist die sog. Leistungsnähe, d.h. der Dritte muss bestimmungsgemäß mit der Leistung in Berührung kommen und den Gefahren von Schutzpflichtverletzungen ebenso ausgesetzt sein wie der Gläubiger selbst.[82] Sinn und Zweck des Ratings ist es, den Anlegern eine Einschätzung des Emittenten und der Emission zu ermöglichen. Diese sind folglich den Gefahren eines fehlerhaft erstellten Ratings in ähnlicher Weise ausgesetzt wie der Emittent, so dass eine Leistungsnähe bejaht werden kann. Die Einbeziehung der Dritten in den Schutzbereich des Vertrags steht und fällt jedoch mit der sog. Gläubigernähe, d.h. mit der Frage, ob der Gläubiger ein Interesse an der Einbeziehung des oder der Dritten hat. Die Rechtsprechung hat die Schutzwirkung zugunsten Dritter ursprünglich nur bejaht, wenn der Gläubiger für das „Wohl und Wehe" des Dritten mitverantwortlich ist.[83] Der Kreis der in den Vertragsschutz einbezogenen Dritten ist in den letzten Jahrzehnten jedoch beständig ausgedehnt worden. Danach besteht Drittschutz auch dann, wenn der Gläubiger an der Einbeziehung des Dritten in den Schutzbereich des Vertrags ein besonderes Interesse hat und der Vertrag dahingehend ausgelegt werden kann, dass der Vertragsschutz in Anerkennung dieses Inte-

80 BGHZ 49, 353; 70, 329; 129, 168.
81 Palandt/*Heinrichs*, 62. Auflage 2003, § 328 Rz. 13.
82 BGHZ 49, 354.
83 BGHZ 51, 96; 273.

resses auf den Dritten ausgedehnt werden soll.[84] Bei Gutachter- und ähnlichen Verträgen wird der Drittschutzwille immer dann angenommen, wenn das Gutachten erkennbar für einen Dritten bestimmt ist, der Gutachter besondere Sachkunde aufweist und in der Öffentlichkeit besonderes Vertrauen genießt.[85] Diese für die Erstellung von Gutachten aufgestellten Grundsätze erscheinen aufgrund einer ähnlichen Interessenlage auf Ratings übertragbar.

Der Hauptzweck der Erstellung des Ratings liegt in der Information der Kapitalmarktinvestoren. Sowohl der Emittent als auch die Agentur sind an einer möglichst weitreichenden Verbreitung des Ratings bei den Marktteilnehmern interessiert. Demnach ist das Rating erkennbar für Dritte bestimmt. Des Weiteren weisen die marktführenden Ratingagenturen eine besondere Sachkunde auf und genießen in der Öffentlichkeit besonderes Vertrauen, da Investoren ihre Investitionsentscheidungen zumindest auch an den von den Analysten vergebenen Noten ausrichten.

Die Einbeziehung der Investoren in den Schutzbereich des zwischen dem Emittenten und den Agenturen geschlossenen Ratingvertrags kann man daher mit guten Gründen bejahen. Bei fehlerhaft erstellten Ratings könnte den Investoren folglich grundsätzlich ein Schadensersatzanspruch aus §§ 280 Abs. 1, 282, 241 Abs. 2 BGB in Verbindung mit den Grundsätzen des Vertrags zugunsten Dritter zustehen.[86]

Bei fehlendem Bezugsvertrag erscheinen etwaige Haftungsbeschränkungen bzw. Einwendungen aus dem mit dem Emittenten geschlossenen Ratingvertrag den Investoren gegenüber jedoch vielversprechender. Die Rechtsprechung folgert aus dem Rechtsgedanken des § 334 BGB, dass der Dritte sich Einwendungen und Haftungsbeschränkungen, die aus dem Vertrag herrühren, grundsätzlich entgegenhalten lassen muss.[87] Dementsprechend könnte die Agentur Investoren nicht nur ein etwaiges Mitverschulden des Emittenten als Haftungsverkürzung, sondern vor allem die Freizeichnungsklausel als Haftungsausschluss entgegenhalten.

Es ist schwer zu prognostizieren, ob die Rechtsprechung die vom BGH grundsätzlich geforderte objektive Abgrenzbarkeit der zu schützenden Per-

---

84 BGHZ 127, 378; 128, 168.
85 BGH NJW 1987, 1758 (1760).
86 Für eine Haftung im Falle pflichtwidrig erstellter Ratings daher jüngst *Witte/ Hrubesch*, ZIP 2004, S. 1346 (1351).
87 BGHZ 33, 247 (250).

sonengruppe auch im Falle des Ratings bejahen wird. Jedenfalls wird ein möglicher Drittschutz nur die im Vertrauen auf ein Rating handelnden Ersterwerber der betreffenden Anleihen oder Wertpapiere umfassen, nicht jedoch nachfolgende Erwerber oder sonstige Gläubiger und Geschäftspartner des Emittenten. Dieses ist insbesondere in der Funktion der Ratings als „public good“ begründet. Die Agenturen sind nicht in der Lage, die weitere Verwendung der Ratings zu kontrollieren, da diese aufgrund der breiten Streuwirkung durch die Medien zumindest potentiell jedermann zur Verfügung stehen. Des Weiteren ist es bei fehlendem Bezugsvertrag schwierig, einen Kausalitätsnachweis zu führen, d.h. nachzuweisen, dass Beweggrund für die Kaufentscheidung eines Anlegers gerade das Rating der Anleihe war. Nicht zu verkennen ist, dass eine solche enorme Haftungsexposition an die Grenzen der Tragbarkeit und Versicherbarkeit der Ratingagenturen führen würde. Demgegenüber ist zwar zu berücksichtigen, dass die Ratingagenturen im Gegensatz zu anderen Sachverständigen von einer Verbreitung ihrer Ratingeinschätzung profitieren, da diese Verbreitung gerade zu der hohen Marktgeltung und daher zu den hohen Ratingvergütungen beitragen. Im Ergebnis dürfte jedoch die Wertung gegenüber dem Bestehen eines Bezugsvertrages und der Eigenschaft des externen Ratings als public good dafür streiten, bei fehlender vertraglicher Beziehung zur Ratingagentur Schadensersatzansprüche der Investoren zu verneinen.

VIII. Abwehransprüche gegen nicht ordnungsgemäß erstellte Ratings

Als weitere Rechtsschutzmöglichkeit des Emittenten gegen beantragte und aufgedrängte Ratings kommt der sog. quasi-negatorische Unterlassungsanspruch aus § 823 Abs. 1 BGB in Verbindung mit § 1004 BGB analog in Betracht. Voraussetzung hierfür ist, dass der Ratingprozess fehlerhaft durchgeführt wurde und eine Wiederholungsgefahr besteht. Allein die Tatsache, dass das Rating im Ergebnis schlechter ausgefallen ist als vom Emittenten erhofft, rechtfertigt keinen Unterlassungsanspruch, da eine solche enttäuschte Erwartung dem Ratingvertrag immanent ist. Selbst bei einem unsorgfältig erstellten Rating wird ein Unterlassungsanspruch aber in der Regel zu verneinen sein, da der durch Art. 5 Abs. 1 GG zugunsten der Ratingagenturen gewährleistete Schutz der Meinungsäußerungsfreiheit einem rechtswidrigen

Eingriff in den eingerichteten und ausgeübten Gewerbebetrieb des Emittenten entgegenstehen wird.

Auch ein Anspruch auf Widerruf des Ratings steht dem Emittenten gegen die Agentur in aller Regel nicht zu, weil das Ratingurteil keine Tatsachenbehauptung, sondern eine Meinungsäußerung ist.[88] In äußerst seltenen Fallgestaltungen wird dagegen gleichwohl ein Widerruf möglich sein, sofern die Fehlerhaftigkeit der Prognose evident ist und auf gravierenden Verfahrensfehlern beruht.

Der Emittent hat dagegen bei einem beantragten und fehlerhaft erstellten Rating die Möglichkeit, dessen Korrektur im Wege der Nacherfüllung von der Ratingagentur nach §§ 631, 633, 634 Nr. 1 BGB zu verlangen. Selbstverständlich gewährt die Nacherfüllung dem Emittenten keinen Rechtsschutz gegen ein „schlechtes“ Rating; es besteht lediglich ein Anspruch auf ein ordnungsgemäßes Ratingverfahren, nicht jedoch auf ein bestimmtes Endurteil. Die Geltendmachung des Nacherfüllungsanspruchs führt somit dazu, dass der Ratingprozess unter Berücksichtigung des Grundsatzes der Verfahrensgerechtigkeit erneut durchlaufen werden muss.

Im Ergebnis ist festzuhalten, dass die Rechtsschutzmöglichkeiten des Emittenten auf eine Korrektur des Ratings i.d.R. nicht zu einer besseren Bonitätseinschätzung durch die Agenturen führen werden. Eine durch Klagen hervorgerufene negative Öffentlichkeitswirkung wird sogar für die Bewertung des Emittenten am Kapitalmarkt häufig größere Nachteile mit sich bringen als ein möglicherweise zu negativ ausgefallenes Rating. Den Unternehmen ist daher zu raten, auch diese Auswirkungen bei der Entscheidung der klageweisen Geltendmachung von Ansprüchen gegen die Agenturen zu berücksichtigen und im Zweifelsfall eine Klage zu unterlassen.

IX. Wer ratet die Agenturen?

Die Ratingagenturen verfügen weltweit über eine erhebliche Marktmacht. Wer den internationalen Kapitalmarkt in Anspruch nehmen will, sieht sich einem engen Oligopol von Ratingagenturen ausgesetzt. Die unbestrittenen Marktführer Standard & Poor's und Moody's verfügen in Europa über einen Marktanteil bei Neuemissionen von ca. 90%. Des Weiteren dürfen viele

88 Vgl. hierzu ausführlich *Peters* (oben Fn. 15), S. 51 ff.

institutionelle Anleger nur Anleihen halten, die von Moody's, Standard & Poor's oder Fitch bewertet werden. Dieses führt zu einer starken Abhängigkeit der Emittenten von den Ratingagenturen. Wer z.B. nicht alle gewünschten Informationen liefert, riskiert eine schlechtere Bewertung,[89] ohne dass gegen den Informationsanspruch etwas unternommen werden könnte. Wer als Bank das Angebot einer Agentur ablehnt, geht – wie ein amerikanisches Beispiel zeigt – das Risiko ein, dass ein aufgedrängtes Rating erstellt wird, das i.d.R. schlechtere Bewertungen als ein auftragsbebundenes Rating enthält und dadurch eine geplante Emission erheblich beeinträchtigen kann.[90] Die großen Ratingagenturen sind sich ihrer Marktmacht bewusst. Da verfahrens- und materiellrechtliche Reaktionen der Emittenten begrenzte Wirkung haben, werden die Rufe nach einer Regulierung und Kontrolle der Agenturen durch staatliche Aufsichtsbehörden immer lauter.[91] Eine materiell-inhaltliche Aufsicht oder Kontrolle ist allerdings weder praktisch möglich noch sinnvoll.[92] Die Bewertung der Bonität eines Emittenten ist nichts anderes als eine Meinungsäußerung, bei der die Agenturen verschiedene Kriterien wie Liquidität, Cash-Flow und Verschuldungsgrad aufgrund verschiedener Analysemethoden unterschiedlich gewichten. Sog. „soft factors" wie Erfahrung und Unabhängigkeit des Managements, Corporate Governance etc. sind einer objektiven Überprüfung praktisch unzugänglich. Des Weiteren stellt die Reputation

89 *Kübler*, Bankrechtstag 1996, 115 (121 Fn. 21).

90 Siehe zum Fall des Jefferson County School District *Kübler*, Bankrechtstag 1996, 115 (116).

91 Vgl. hierzu *Däubler*, NJW 2003, 1096 f. „Die Ratingagenturen verfügen über die Macht eines absoluten Herrschers, den bislang weder ein Gericht noch der Markt wirklich kontrolliert. Innerhalb des irgendwie Vertretbaren können sie mit hervorragenden wie auch mit verheerenden Folgen für die Betroffenen den Daumen nach oben oder nach unten bewegen. Wir leben so mit einem Stück Absolutismus in unserer Mitte."; *Cünnen/Walter* im Handelsblatt vom 3.2.2003 „Die Kritik an den Ratingagenturen lässt nicht nach"; „Deutsche Industrie fordert Schiedsstelle für Streitfälle mit Ratingagenturen" in Börsen-Zeitung vom 12.8.2003. Weitere drastische Zitate bei *Habersack* (oben Fn. 7) I. 2.

92 So auch *Paul Taylor* (Managing Director der Ratingagentur Fitch) in der FAZ: „Ich weiß nicht, welche Rolle eine Aufsichtsbehörde spielen sollte"; *Torsten Hinrichs* (Standard & Poor's Deutschland-Chef) in Die Welt vom 29.8.2003: „Eine staatliche Ratingaufsicht wäre doch absurd. Dann droht die analystisch saubere Arbeit einem formalisierten Prozess ohne die nötige Detailtiefe zu weichen".

der Ratingagenturen ihr wichtigstes und einziges Kapital dar, so dass es in ihrem ureigensten Interesse liegt, Leistungen von hoher Qualität zu erbringen und jedwede Art sachfremden Einflusses auf ihre Tätigkeit auszuschließen. Auch der Einfluss einzelner Emittenten auf die Agenturen ist als äußerst gering einzustufen, da die großen Agenturen nicht über einige Großkunden verfügen, sondern eine breite Masse von Unternehmen abdecken, so dass weder Abhängigkeiten noch daraus resultierende Gefälligkeitsnoten drohen.[93] Die Vergabe von Gefälligkeitsnoten steht mit der daraus resultierenden Gefährdung des Renommees daher in keinem Verhältnis zu dem potentiellen Nutzen für die jeweilige Ratingagentur.

Anstelle einer materiellen Aufsicht ist deshalb allenfalls die Einführung einer formalen Mindestaufsicht und die Schaffung einheitlicher Standards wie die der IOSCO erwägenswert.[94] Einheitliche Verfahrensregeln, die sich an den Kardinaltugenden des § 31 Abs. 1 Nr. 1 WpHG (Sachkenntnis, Sorgfalt, Objektivität und Unabhängigkeit) orientieren, sollten im Rahmen eines weltweit akzeptierten Kodexes für Ratingagenturen gelten. Des Weiteren könnten die Ratingagenturen zur transparenten Erläuterung ihrer Analysemethoden verpflichtet werden. Dies umfasst auch die Angabe, ob es sich um ein beantragtes oder ein aufgedrängtes Rating handelt, da der Kapitalmarkt wissen muss, ob ein Rating auf der Grundlage nur öffentlicher Informationen oder eines umfassenden Ratingprozesses erstellt worden ist. Auch die Vermeidung von Interessenkonflikten durch Verfahrensstandards sollte zum Kernbestand eines solchen Kodexes gehören.[95] Ob diese Vorgehensweise die Qualität der Ratings verbessert, ist jedoch fraglich, da die Ratingagenturen

---

93 So beurteilt eine Agentur wie Standard & Poor's 37.000 Schuldner. Keiner der Emittenten steht bei einer einzelnen der großen Ratingagenturen mit seinen gesamten Emissionen für mehr als 1% des Umsatzes.

94 Vgl. IOSCO, Statement of principles regarding the activities of credit rating agencies vom 25.9.2003, abrufbar unter <www.iosco.org/pubdocs/pdf/IOSCOPD151.pdf>. Nunmehr als Verhaltenskodex weiterentwickelt als "Code of Conduct Fundamentals for Credit Rating Agencies", abrufbar unter <www.iosco.org> vom Dezember 2004.

95 Vgl. hierzu die entsprechende Regelung für Wertpapierdienstleistungsunternehmen gemäß § 31 Abs. 1 Nr. 2 WpHG. Zum Grundsatz der „fair presentation" im Sinne erhöhter Transparenz auch *Habersack* (oben Fn. 7) III. 2., der überdies eine Verbindlichkeit nach dem Vorbild der Anerkennungserklärung des § 161 AktG vorschlägt.

die geforderten Standards in der Regel jetzt schon einhalten, um ihren guten Ruf bei den Investoren nicht zu verlieren.

Die Einbeziehung von Ratings in rechtliche Normen in Form von gleitenden Verweisen zur Erzielung von Effizienzgewinnen und Rechtsangleichungsvorteilen im Wege einer „aktuellen ratingakzessorischen Bank- oder Kapitalmarktaufsicht" ist im Ergebnis zu verneinen, da die legislatorische Indienstnahme von Ratings wegen der damit verbundenen Grundrechtseingriffe in Art. 12 GG und Art. 14 GG bei den Unternehmen gerade eine umfassende materielle Aufsicht der Ratingagenturen voraussetzen würde, was jedoch – wie gezeigt – von den Aufsichtsbehörden nicht geleistet werden kann.

X. Thesen

Das externe Rating wird auch in Zukunft aufgrund der weiter voran schreitenden Vernetzung der Kapitalmärkte an Bedeutung gewinnen. Nicht zu vermeiden sind in diesem Zusammenhang Konflikte zwischen den Emittenten und den Ratingagenturen, wenn unterschiedliche Auffassungen bezüglich der „Richtigkeit" der vergebenen Note bestehen. Um diesen Differenzen vorzubeugen, ist eine möglichst frühzeitige Kommunikation und Dokumentation der „Prozesserwartungen" des Emittenten erforderlich. Dieser sollte sich gegenüber der Agentur vertraglich weitgehende Mitwirkungsrechte einräumen lassen, um auf das Verfahren Einfluss nehmen zu können. Aus Sicht des Emittenten ist es daher empfehlenswert, im Engagement Letter ein Zustimmungserfordernis bezüglich der (Erst-)Ratingerteilung und -veröffentlichung zu vereinbaren. Im Rahmen des beantragten Ratings sind die Chancen des Emittenten, die Agenturen in die Haftung zu nehmen als eher gering einzuschätzen. Aufgrund des als werkvertragsähnlich einzustufenden Ratingvertrages hat der Emittent keinen Anspruch auf ein „richtiges" Rating. Die „Richtigkeit" der Bewertung ist aufgrund des Einfließens subjektiver Wertungen in die Endnote praktisch kaum justitiabel. Der Emittent hat allerdings in Anlehnung an die „Warentest"-Rechtsprechung des BGH einen Anspruch auf ein gerechtes Verfahren, das sich an den Kriterien der Neutralität, der Objektivität, der Sachkunde und an dem Bemühen um „Richtigkeit" zu orientieren hat.

Schadensersatz- und Unterlassungsansprüche sind bei auftragslosen Ratings nicht von vornherein chancenlos, insbesondere bei deren „aggressiver Kommunikation“ durch die Ratingagenturen. Rechtschutzmöglichkeiten kommen in erster Linie in Betracht nach unmittelbar zuvor abgebrochenen Ratingverhandlungen und im Falle einer Veröffentlichung der Bewertung zur „Unzeit“, d.h. unmittelbar vor oder während einer großvolumigen Kapitalmarkttransaktion ohne entsprechende Vorwarnung. Neben Ansprüchen des Emittenten besteht auch ein Haftungsrisiko der Agenturen gegenüber den Investoren; eine solche Gefährdungslage besteht jedoch in erster Linie bei Vorliegen eines Bezugsvertrages. Außerhalb eines Bezugsvertrages ist allenfalls eine Haftung gegenüber den Ersterwerbern eines Wertpapiers nach den Grundsätzen des Vertrags mit Schutzwirkung zu Gunsten Dritter erwägenswert, die aufgrund des Charakters des Ratings als „public good“ aber jedenfalls für nachfolgende Erwerber im Ergebnis abzulehnen ist. Die besseren Argumente dürften bei Fehlen eines Bezugsvertrages wohl darüber hinaus auch gegen Ansprüche der Ersterwerber streiten; insofern bietet der Bezugsvertrag als differenzierendes Kriterium die wohl beste Grundlage für etwaige Schadensersatzansprüche gegen die Ratingagenturen.

Die dargestellten Rechtsfragen sind im deutschen Recht juristisches Neuland. Ob der deutsche oder europäische Gesetzgeber auf Stimmen für eine Regulierung der Ratingagenturen reagieren wird, ist zur Zeit offen. Rechtspolitisch erscheint eine Mindestregulierung der Ratingagenturen ähnlich dem § 34 b WpHG für Wertpapieranalysten – mindestens auf EU-Ebene, vorzugsweise auf IOSCO-Ebene – wünschenswert. Eine materielle Kontrolle der Ratingurteile ist hingegen mangels offenkundiger Fehlentwicklungen aufsichtsrechtlich weder erforderlich noch durch eine Aufsicht realistischerweise erreichbar.

Bonitätsorientierte Kreditzinsanpassung aus Sicht der Bankbetriebslehre

Professor Dr. rer. pol. Andreas Pfingsten,
Westfälische Wilhelms-Universität, Münster

I. Überblick

Bereits seit mehreren Jahren wird in der betriebswirtschaftlichen wie in der juristischen Literatur intensiv über zwischenzeitliche Zinsanpassungen bei langfristig laufenden Verträgen diskutiert. Im Vordergrund der Betrachtung steht dabei zumeist das Kreditgeschäft.[1] Dabei hat sich in der Zwischenzeit

---

1 Vgl. etwa *Rösler/Thiel/Schneider*, Differenzierungsstrategien im Transaction Banking, Die Bank 2003, S. 32 als zusammenfassende Übersicht sowie die Beiträge von *P. Derleder,* Transparenz und Äquivalenz bei bankvertragsrechtlicher Zinsanpassung, WM 2001, S. 2029-2041; *Habersack,* Zinsänderungsklauseln im Lichte des AGBG und des VerbrKrG, WM 2001, S. 753-762; *Rolfes,* Kalkulatorische Aspekte der laufenden Anpassung variabler Kreditkonditionen, WM 2001, S. 762-767; *Schimansky,* Zinsanpassungsklauseln in AGB, WM 2001, S. 1169-1176; *Bruchner*, Zinsanpassung aus der Sicht der Kreditwirtschaft, in: Hadding/Hopt/Schimansky (Hrsg.), Entgeltklauseln in der Kreditwirtschaft und E-Commerce von Kreditinstituten, Berlin und New York

ein neues Feld aufgetan; denn auf Basis ihrer differenzierter werdenden Bonitätsbeurteilungen denken Kreditinstitute vermehrt darüber nach, Bonitätsunterschiede stärker in Preisunterschiede, d.h. differenzierte Zinssätze, umzusetzen. Folgerichtig wird ebenso überlegt, während der Laufzeit nicht nur Zinsveränderungen am Kapitalmarkt, sondern auch Bonitätsveränderungen des Kunden als Grundlage für Zinsanpassungen zu nehmen. Vor diesem Hintergrund versucht der vorliegende Beitrag einige Grundtatbestände aus der bankbetrieblichen Betrachtung von bonitätsorientierten Zinsanpassungen beizusteuern. Zinsanpassungen aufgrund von allgemeinen Marktzinsänderungen bleiben demgegenüber außen vor.

In einem ersten Schritt wird dargelegt, welche Elemente im Zuge der Preiskalkulation für Kredite von Bedeutung sind und speziell welche Rolle die Bonität des Kreditnehmers dabei spielt (II.). Im zweiten Abschnitt wird davon ausgegangen, dass die Kundenbonität mittels eines wie auch immer gearteten Rating-Verfahrens beurteilt wird. Rating-Veränderungen eines Kredites im Zeitablauf werden auf ihre Ursachen hin untersucht. Dabei wird auf wichtige Unterschiede zwischen sogenannten internen und externen Ratings hingewiesen. Die Abbildung von Rating-Veränderungen mittels sogenannter Übergangsmatrizen wird etwas tiefergehend diskutiert, da insbesondere die diesem Modell zugrunde liegenden Annahmen kritisch zu hinterfragen sind (III). In einem dritten Schritt kann dann herausgearbeitet werden, welche Konsequenzen sich aus den vorherigen Beobachtungen für die Festlegung von Risikoaufschlägen im Zeitablauf ergeben (IV). Konsequenzen einer Untersagung von Anpassungen dieser Risikoaufschläge sind Gegenstand des vierten Abschnitts. Bei diesen Überlegungen wird nicht allein eine Bank isoliert betrachtet, sondern es werden außerdem mögliche Konsequenzen für die Art der am Markt angebotenen Kreditverträge sowie für die Wettbewerbssituation beleuchtet (V.). In einem fünften Schritt wird deutlich gemacht, welche Anreizeffekte bei der Verwendung von Rating-Verfahren und der Festlegung von bonitätsabhängigen Zinsaufschlägen zu beachten sind und was das für gesetzlichen Regelungsbedarf bedeutet (VI.).

2002, S. 93-141; *Hey*, Änderung der Darlehensverzinsung wegen verschlechterter Bonität des Darlehensnehmers, ZBB 2004, S. 219-227 und *Mülbert*, Bonitätsgestufte Zinsabreden in Festzinskrediten als eine Antwort auf Basel II, WM 2004, S. 1205-1212.

Abschließend werden in Abschnitt VII. die wesentlichen Botschaften noch einmal knapp zusammengefasst.

II. Zinsbestandteile und primäre Einflussfaktoren

Ein Kreditzinssatz ist letztlich nichts anderes als der *Preis* für die Überlassung von Fremdkapital in einer bestimmten vertraglichen Form. Als Preis ergibt er sich im Wesentlichen aus dem Zusammenspiel von Angebot und Nachfrage. Insofern sind die für die zur Verfügungstellung von Kapital anfallenden *Kosten* zunächst nicht direkt für den Preis relevant; denn ein Anbieter wird Zahlungsbereitschaften der Marktgegenseite, die seine Kosten übersteigen, natürlich gerne ausnutzen, sofern das nicht mit irgendwelchen, z.B. längerfristigen, Nachteilen verbunden ist. Gleichwohl können die anfallenden Kosten, die langfristig und im Durchschnitt gedeckt werden müssen, als erste Grundlage einer Preiskalkulation dienen (vgl. Abb. 1).

Abb. 1: Zinsbestandteile und primäre Einflussfaktoren

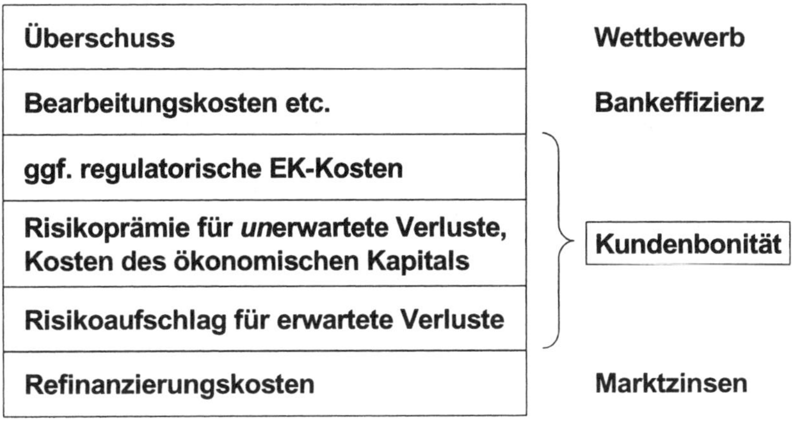

Ausgangspunkt sind zunächst einmal die *Refinanzierungskosten*. Sie ergeben sich aus den Marktzinssätzen, wobei eine Berücksichtigung der Laufzeit gerade bei nicht-flachen Zinsstrukturkurven von erheblicher Bedeutung ist.

Demgegenüber ist, wie die Marktzinsmethode[2] deutlich macht, die *tatsächliche* Refinanzierung der Bank zumindest auf annähernd vollkommenen Kapitalmärkten unerheblich; denn bei einem erheblichen Volumen preisgünstiger Refinanzierungen durch Kundengelder könnten diese zu Marktkonditionen angelegt werden, so dass die Kreditvergabe eben diese Kapitalmarktanlagen zum Kapitalmarktzinssatz verdrängt.

Die *Kundenbonität* ist im Kreditgeschäft vor allem für drei Kostenbestandteile von Bedeutung: die erwarteten Verluste, die unerwarteten Verluste sowie die regulatorischen Eigenkapitalkosten. Wir werden diese drei Komponenten in der Folge noch etwas näher ansehen. Vorher sei aber noch auf einen weiteren Kostenbestandteil hingewiesen, nämlich die *Bearbeitungskosten*. Ihre Höhe wird im Wesentlichen durch die Bankeffizienz beeinflusst, wenngleich die Kundenbonität insofern eine Rolle spielt, als dass in kritischen Fällen höhere Überwachungsintensitäten und gegebenenfalls Betreuungsmaßnahmen bis hin zur Beitreibung erforderlich sind. Schließlich gibt es zwischen den Kosten und den vereinbarten Zinsen noch eine Differenz, die den *Überschuss* darstellt, der von der Bank erwirtschaftet wird. Wie bereits oben ausgeführt, ist er im Wesentlichen von der Wettbewerbssituation abhängig.

Nun aber zu den von der Kundenbonität beeinflussten Kostenbestandteilen. Eine Bonitätseinschätzung wird in modernen Verfahren der Banksteuerung durch eine *Rating-Note* repräsentiert.[3] Diese Rating-Note kann oft in eine Ausfallwahrscheinlichkeit umgerechnet werden. Mittels dieser Ausfallwahrscheinlichkeit kann dann berechnet werden, welche *erwarteten* Verluste entstehen, d.h. welcher Betrag „im Durchschnitt" (über eine große Anzahl ähnlicher Kredite) nicht zurückfließen wird. Wird der zunächst rein refinanzierungsbasierte Zinssatz um einen Prozentsatz derart erhöht, dass hierdurch die erwarteten Verluste gerade gedeckt werden, so spricht man vom Risiko*aufschlag*.[4]

---

2 Vgl. ausführlich *Schierenbeck*, Ertragsorientiertes Bankmanagement, Band 1: Grundlagen, Marktzinsmethode und Rentabilitäts-Controlling, 8. Aufl., Wiesbaden 2003, S. 43-292.

3 Vgl. *Pfingsten*, Stichwort: Rating, BKR 2001, S. 139-143.

4 Vgl. *Hartmann-Wendels/Pfingsten/Weber*, Bankbetriebslehre, 3. Aufl., Berlin u.a. 2004, S. 564 ff.

Vereinnahmt die Bank den Risikoaufschlag, so wird sie im Durchschnitt zwar Ausfälle zu beklagen haben, ihr eingesetztes Kapital aber insgesamt wieder zurück erhalten. Ein *Risiko* besteht in einem solchen Fall für die Bank darin, dass in einzelnen Jahren die tatsächlichen Ausfälle die erwarteten Ausfälle übersteigen. (In anderen Jahren liegen die tatsächlichen Ausfälle unter den erwarteten Verlusten.) Bei einer solchen Überschreitung treten folglich *unerwartete* Verluste auf. Damit die Bank in einer solchen Situation nicht insolvent wird, muss sie (ökonomisches) Kapital vorhalten. Dieses Kapital, das nicht anderweitig eingesetzt werden kann, verursacht Kosten, die durch eine Risiko*prämie* (im engeren Sinne) vereinnahmt werden.

Um die Sicherheit des Finanzsystems zu gewährleisten, müssen Kreditinstitute auch aufgrund aufsichtsrechtlicher Vorgaben genügend Eigenkapital haben. Speziell ist jeder einzelne Kredit mit Eigenkapital zu unterlegen. Hierfür entstehen sogenannte *regulatorische Eigenkapitalkosten*. Inwieweit diese zu der Risikoprämie addiert werden dürfen, ist unklar, weil das freiwillig vorgehaltene ökonomische Kapital ganz oder zumindest teilweise die regulatorischen Anforderungen abdeckt. Da wir im vorliegenden Beitrag nicht an einer genauen Kalkulation interessiert sind, können wir diesen für die Praxis ausgesprochen wichtigen Punkt im Moment ignorieren.[5] Beachten sollten wir allerdings, dass durch die Neuregelung der Eigenkapitalunterlegungs-Vorschriften, die kürzlich vom Baseler Ausschuss für Bankenaufsicht[6] verabschiedet wurden, die regulatorischen Eigenkapitalkosten zukünftig über die Bonität des Kreditnehmers berechnet werden. Dies ist eine wesentliche Änderung zu den früheren Vorschriften, in denen Unternehmenskredite grundsätzlich pauschal mit 8 % Eigenkapital zu unterlegen waren, unabhängig von der konkreten Bonität des jeweiligen Schuldners. Deswegen werden zukünftig die Kredit*kosten* – die Kredit*preise* hingegen nicht zwingend, da hierfür, wie schon ausgeführt, die Marktbedingungen von erheblicher Bedeutung sind – in weitaus stärkerem Maße als bisher von der Schuldnerbonität abhängen. Daher haben Rating-Änderungen, die wir im nächsten Abschnitt näher betrachten werden, erhebliche Kosteneffekte.

---

5 Vgl. für eine Diskussion z.B. *Guthoff*, Die Ermittlung von Risikoprämien unter Berücksichtigung des banksystematischen Risikos, Frankfurt am Main 2000, S. 169-194.

6 Vgl. *Basel Committee on Banking Supervision*, International Convergence of Capital Measurement and Capital Standards: A Revised Framework, 2004.

III. Rating-Änderungen von Krediten

Betrachten wir einmal einen Kredit, der zum heutigen Zeitpunkt ein Rating von BB hat. Für sein Rating zu einem späteren Zeitpunkt gibt es grundsätzlich fünf unterschiedliche Möglichkeiten: Das Rating kann besser geworden, gleich geblieben oder schlechter geworden sein, es kann ein Ausfall (default)[7] eingetreten sein oder der Kredit hat kein Rating mehr, z.B. weil er zurück gezahlt oder verkauft worden ist. Abb. 2 verdeutlicht diese Möglichkeiten, wobei die angegebenen Prozentzahlen fiktiv, aber durchaus an realistische Zahlen angelehnt sind.[8] Damit stellt sich die Frage, wie es zu solchen Rating-Änderungen kommen kann.

Abb. 2: Mögliche Rating-Änderungen eines Kredits (fiktives Beispiel)

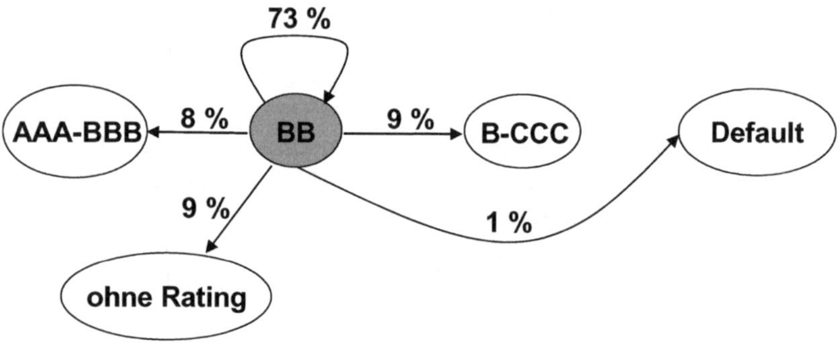

Eine erste Möglichkeit ist, dass sich in Wirklichkeit die Bonität des Schuldners gar nicht geändert hat, sondern das alte oder das neue *Rating falsch* ist. Möglicherweise sind also bei einer neuen Betrachtung des Falles andere Daten oder Ergebnisse eingeflossen oder Fakten anders bewertet worden, so dass in den beiden Zeitpunkten für ein Unternehmen mit unveränderter Bonität unterschiedliche Rating-Noten ermittelt wurden. Fehler als Ursache für Rating-Änderungen sind selbst bei guten Verfahren nicht völlig auszu-

7 Für unterschiedliche Definitionen vgl. *Krahnen/Weber*, Generally Accepted Rating Principles: A Primer, 25 Journal of Banking and Finance, 2001, S. 3-23.

8 Vgl. *Moody's Investors Service*, Default and Recovery Rates of European Corporate Bond Issuers, 1985-2002, Special Comment, 2003.

schließen; ihre Bedeutung für Zinsanpassungen liegt (nur) darin, dass gemäß der alten oder der neuen Einstufung ein eigentlich falscher Zinssatz festgelegt wurde. Für die Frage einer bonitätsorientierten Zinsanpassung ist der genannte Fall auf den ersten Blick wenig ergiebig, da er letzten Endes nur deutlich macht, dass ein Unternehmen bei der Einschätzung seines Risikos durch die Bank mal Glück und mal Pech haben kann. Er ist gleichwohl nicht ganz unwichtig mit Blick auf die Handlungsmöglichkeiten eines Unternehmens, das sich falsch beurteilt fühlt, auf die wir später noch genauer zurückkommen werden.

Gehen wir nun davon aus, dass die Rating-Änderung in der Weise richtig ist, dass ihr eine tatsächliche Bonitätsänderung beim Unternehmen zugrunde liegt. Hierfür gibt es zwei mögliche Ursachenkomplexe. Zum einen kann die Verschlechterung der Unternehmensbonität auf einen *allgemeinen Konjunktureffekt* zurück zu führen sein. Dies entspricht etwa dem, was im Capital Asset Pricing-Modell als systematisches Risiko verstanden wird.[9] Zum anderen kann die Bonitätsänderung als unsystematisches Risiko auf einen *unternehmensspezifischen Effekt* zurück zu führen sein. Das meint, dass die Veränderungen der Bonitäten des Unternehmens keinen erkennbaren Zusammenhang zur Veränderung der wirtschaftlichen Situation in der Volkswirtschaft insgesamt aufweist. Beide Varianten betrachten wir in der Folge etwas näher.

Beginnen wir mit dem *systematischen* Risiko. Eine Konjunkturveränderung sollte sich bei einem externen Rating durch eine anerkannte Rating-Agentur nicht auf die Rating-Note eines Unternehmens auswirken. Das liegt darin begründet, dass die externen Rating-Agenturen (angeblich) ein sogenanntes *through-the-cycle*-Rating vornehmen. Hierunter wird verstanden, dass die Rating-Note des Unternehmens bereits um konjunkturelle Effekte bereinigt ist.[10] Interne Ratings hingegen sind sogenannte *point-in-time*-Ratings, bei denen Ausfallwahrscheinlichkeiten aktuell mit einem Zeithorizont von zumeist einem Jahr berechnet werden sollen. Bei der Verwendung von internen Ratings sollte eine Konjunkturänderung folglich zu einer systematischen Verbesserung oder Verschlechterung der einzelnen Unternehmens-Ratings führen.

---

9 Vgl. die Darstellung bei *Steiner/Bruns*, Wertpapiermanagement, 8. Aufl., Stuttgart 2002, S. 22-27.

10 Vgl. *Löffler*, An Anatomy of Rating Through the Cycle, 28 Journal of Banking and Finance, 2004, S. 695-720.

Abb. 3: Rating-Übergangsmatrix (Angaben in %; fiktives Beispiel)

		Rating nach einem Jahr								
ursprüngliches Rating		AAA	AA	A	BBB	BB	B	CCC	D	NR
	AAA	88	8	1	1	0	0	0	0	2
	AA	1	88	8	1	0	0	0	0	2
	A	0	2	88	5	1	0	0	0	4
	BBB	0	0	6	82	5	1	0	0	6
	BB	0	0	1	7	73	8	1	1	9
	B	0	0	0	0	6	73	4	5	12
	CCC	0	0	0	1	2	9	54	20	14

Die unternehmensspezifischen Effekte können wiederum auf zwei mögliche Ursachenkomplexe zurückgeführt werden. Zum einen zu nennen sind Veränderungen der Unternehmensbonität, die durch *Handlungen* des Unternehmens bewirkt worden sind. Hierbei sind Handlungen in einem weiteren Sinne zu verstehen und schließen beispielsweise Unterlassungen, strategische Entscheidungen oder auch kommunikationspolitische Maßnahmen ein, die (bislang) keine direkte Ergebniswirkung haben. Zum anderen können unternehmensspezifische Rating-Änderungen *zufallsgetrieben* sein. Diese Überlegung ist Grundlage der sogenannten Übergangsmatrizen (vgl. Abb. 3), die mit ihren Grundannahmen ihrer Bedeutung wegen nun etwas weitergehend erläutert werden sollen.[11]

Die Zahlen in einer Übergangsmatrix geben an, mit welcher Wahrscheinlichkeit ein Kreditnehmer mit einem ursprünglichen Rating innerhalb einer bestimmten Klasse nach einer Periode von z.B. einem Jahr ein Rating einer bestimmten (gegebenenfalls anderen) Klasse hat. In Abb. 3 gibt die grau unterlegte Zeile Werte wieder, die zu dem Beispiel aus Abb. 2 passen. So bedeutet etwa die Zahl 7, dass 7 % der Kreditnehmer die ursprünglich ein Rating von BB hatten, nach einem Jahr ein Rating von BBB haben. Per Definition addieren sich die Werte in den einzelnen Zeilen zu eins; die

11 Vgl. *Altrock/Hakenes*, Die Kalkulation ausfallbedrohter Finanztitel mit Rating-Übergangsmatrizen, 15(2) Financial Markets and Portfolio Management, 2001, S. 187-200.

Spaltensummen werden häufig von eins verschieden sein, da sich im Zeitablauf die Anteile der Bonitäten in den einzelnen Klassen verschieben.

Für einen Kredit an ein Unternehmen einer bestimmten Rating-Klasse lässt sich durch z.B. fünffache Anwendung einer solchen Matrix eine Verteilung von Rating-Klassen für die Laufzeit eines fünfjährigen Kredites an dieses Unternehmen ermitteln. Bei diesem Vorgehen werden gleichzeitig die Perioden-Ausfallwahrscheinlichkeiten für das Unternehmen ermittelt. Eine solche Vorgehensweise ist allerdings nur angebracht, wenn gleichzeitig die folgenden vier Annahmen erfüllt sind:

- Die Bonitätsveränderungen sind aus der Sicht eines einzelnen Unternehmens zufällig.
- Die Bonitätsveränderungen für mehrere Unternehmen sind voneinander unabhängig.
- Die Übergangsmatrix ist zeitlich stabil.
- Der Prozess ist „gedächtnislos".

Betrachten wir diese Annahmen einmal kritisch:

- Mit der Annahme, dass die Bonitätsveränderung aus Sicht eines einzelnen Unternehmens zufällig ist, haben wir diejenigen Bonitätsänderungen ausgeklammert, die durch explizite Handlungen bewirkt werden. Insofern liegt hier eine Einschränkung der Anwendbarkeit vor und die berechneten Werte müssten eigentlich gedanklich um erwartete Maßnahmen des Unternehmens korrigiert werden (was allerdings ein erhebliches Unsicherheitsproblem darstellt).
- Die Annahme einer Unabhängigkeit der Veränderungen für mehrere Unternehmen schließt letzten Endes die Einbeziehung systematischer Risiken aus. Von daher scheint die Verwendung der Übergangsmatrizen für externe Ratings passender zu sein als für interne Ratings.
- Die zeitliche Stabilität der Übergangsmatrizen lässt sich empirisch überprüfen. Bei einigen bisherigen Untersuchungen hat sich herausgestellt, dass sie im Wesentlichen nicht gegeben ist. Das ist beispielsweise daran zu erkennen, dass die Verteilungen die aus einer fünffachen Anwendung einer einjährigen Übergangsmatrix herrühren im Regelfall ungleich den Verteilungen sind, die aus der Anwendung einer getrennt ermittelten fünfjährigen Übergangsmatrix entstehen.

- Schließlich haben empirische Untersuchungen[12] nachgewiesen, dass die Übergänge keineswegs gedächtnislos sind, sondern im Prozess eine gewisse Trägheit enthalten ist, die auch als unternehmensspezifischer Trend bezeichnet werden kann. Dies bedeutet z.B., dass von zwei Unternehmen, die zum Ausgangszeitpunkt das Rating BB haben, dasjenige, das in der Periode vorher ein BBB hatte, eine höhere Wahrscheinlichkeit dafür besitzt, in der Folgeperiode nur noch ein Rating von B zu haben, als das Unternehmen, welches in der Vorperiode noch ein Rating von B hatte. Das Letztere hat dafür eine höhere Wahrscheinlichkeit, in der Folgeperiode als Rating-Note ein BBB zu bekommen.

Vor dem Hintergrund dieser kurzen Analyse der Annahmen, die der Verwendung von Übergangsmatrizen zugrunde liegen, lässt sich sagen, dass die Verwendung von Übergangsmatrizen nicht unproblematisch ist. Gleichwohl mag die Benutzung dieses Konzeptes immer noch das Beste sein, was gegenwärtig gemacht werden kann. Die völlige Vernachlässigung von Übergangswahrscheinlichkeiten würde demgegenüber die Konstanz der Rating-Klassen unterstellen. Zumindest bei internen Ratings gibt es keine Anzeichen dafür, dass dies eine bessere Annahme ist.

IV. Konsequenzen für die Berechnung von Risikoaufschlägen

Offensichtlich müssen auf Dauer alle Kosten des Kreditgeschäftes durch entsprechende Zinsen mindestens gedeckt werden. Wir werden aus unserer folgenden Betrachtung die ökonomischen und regulatorischen Kapitalkosten ausklammern und uns allein auf die Deckung der erwarteten Verluste konzentrieren. Da, wie wir oben ausgeführt haben, die Kapitalkosten wie die erwarteten Verluste mit sinkender Bonität des Schuldners steigen, sind die Kapitalkosten und die erwarteten Verluste gleich gerichtet. Unsere Einschränkung hat damit nur Auswirkungen auf das Ausmaß, nicht aber auf die grundsätzliche Natur der Wirkungen, auf die wir uns im Folgenden konzentrieren.

---

12 Vgl. *Weber/Krahnen/Vossmann*, Risikomessung im Kreditgeschäft: Eine empirische Analyse bankinterner Ratingverfahren, Zeitschrift für betriebswirtschaftliche Forschung, Sonderausgabe 41 (1999), S. 117-142.

Nach dem oben Gesagten ist klar, dass die erwarteten Verluste über die Laufzeit aller Kredite gedeckt werden müssen. Grundsätzlich gibt es hierfür zwei Möglichkeiten. Zum einen können die erwarteten Verluste in der Weise gedeckt werden, dass alle Kredite in gleicher Weise, d.h. mit identischen, an Durchschnittswerten ausgerichteten Risikoaufschlägen zur Deckung der erwarteten Verluste beitragen. Zum anderen kann versucht werden, die erwarteten Verluste durch differenzierte Zinsaufschläge zu vereinnahmen. In diesem Fall müssen gemäß dem Verursachungsprinzip die riskanteren Kredite überdurchschnittlich viel zur Deckung der erwarteten Verluste beitragen. Natürlich ist der Individualität der Vereinnahmung von Risikoaufschlägen dadurch eine natürliche Grenze gesetzt, dass ausgefallene Kredite letztlich keinen Beitrag zur Deckung der erwarteten Verluste leisten können.

Die beiden Strategien, kollektive bzw. individuelle Deckung der erwarteten Verluste, führen bei der Frage, wie mit Risikoaufschlägen im Zeitablauf umgegangen werden soll, zu unterschiedlichen Empfehlungen. Bei der kollektiven Bepreisung würde tendenziell versucht werden, durch eine gedankliche Vorwegnahme zukünftiger Ratings (z.B. durch die Verwendung von Übergangsmatrizen) eine Art durchschnittliches Rating über den Zeitablauf zu ermitteln bzw. die Risikoaufschläge für einzelne Perioden in einen unveränderlichen Zinsaufschlag umzurechnen. Angesichts unserer Kritik an den Annahmen, die der Verwendung von Übergangsmatrizen zu Grunde liegen, ist zu konstatieren, dass diese Vorgehensweise nicht unproblematisch ist. Die individuelle Verlustdeckung hingegen würde mit einer regelmäßigen Anpassung des Risikoaufschlages reagieren.

Die einzelnen Kreditinstitute werden sich möglicherweise für unterschiedliche Strategien entscheiden wollen. Aus betriebswirtschaftlicher Sicht ist das grundsätzlich nicht zu beanstanden und erscheint nicht regulierungsbedürftig zu sein. Allerdings darf nicht übersehen werden, dass mit der Wahl einer kollektiven Verlustabdeckung ein typisches Problem *adverser Selektion*[13] verbunden ist.

Nehmen wir einmal an, dass den einzelnen Unternehmen, nicht aber den Kreditinstituten, bekannt ist, ob das Risiko ihrer individuellen Bonitätsverschlechterung eher hoch ist oder ob sie mit hoher Wahrscheinlichkeit im

13 Vgl. *Akerlof*, Market for Lemons: Quality Uncertainty and the Market Mechanism, 84 Quarterly Journal of Economics, 1970, S. 488-500.

Zeitablauf eine gleiche oder sogar bessere Bonität haben werden. In einer solchen Situation würden Kreditinstitute mit kollektiver Verlustabdeckung systematisch Unternehmen mit einer hohen Wahrscheinlichkeit zukünftig schlechterer Ratings auf sich ziehen. Das aber würde bedeuten, dass die betreffenden Kreditinstitute mit den auf Durchschnittsbasis berechneten Risikoaufschlägen die erwarteten Ausfälle in ihrem tatsächlichen Portfolio nicht auf Dauer abdecken könnten. Insofern spricht einiges dafür, dass sich Kreditinstitute zukünftig von einer Festlegung durchschnittlicher Risikoprämien lösen werden und nur die Strategie individueller, regelmäßiger Anpassung von Risikoaufschlägen langfristig Bestand haben kann. Dieses Problem adverser Selektion kann sich im übrigen auch innerhalb einzelner Rating-Klassen ergeben. Dies dürfte insbesondere dann der Fall sein, wenn das Raster eines Rating-Systems zu grob ist.[14]

Die obige Argumentation für eine regelmäßige Anpassung von Risikoaufschlägen passt im Übrigen zu Beobachtungen, die in den letzten Jahren besonders im deutschen Finanzsektor gemacht wurden. Dort wurde festgestellt,[15] dass die Kreditzinssätze eine zunehmende Spreizung entsprechend der Bonität der Kreditnehmer erfahren. Wie sich anekdotisch in Gesprächen mit vielen Vertretern der Bankwirtschaft bestätigt, werden in der Tat Kreditkonditionen risikosensitiver festgelegt. Die früher oft zu findende Einstellung, angemessene Risikoaufschläge seien am Markt gar nicht durchzusetzen, verliert deutlich an Bedeutung. Aus der Not fallender Margen heraus haben die Kreditinstitute allen Wettbewerbsüberlegungen zum Trotz die Kreditzinsen gerade für schlechtere Bonitäten angehoben und dabei meist – oft auch zu ihrer eigenen Überraschung – gemerkt, dass die Kreditnehmer trotzdem nicht abspringen und insofern keine Volumens- und schon gar keine Ertragseinbuße zu beobachten ist.

Bislang sind wir davon ausgegangen, dass ein Kreditinstitut die Möglichkeit hat, Risikoaufschläge von Periode zu Periode neu festzulegen. Da die den Risikoaufschlägen zu Grunde liegenden Rating-Noten fehlerhaft sein können,[16] ist dies nicht unproblematisch. Dazu kommt die Gefahr, dass Kreditinstitute zu Lasten der Kreditnehmer nachträgliche Zinserhöhungen

---

14 Vgl. *Pfingsten* (oben Fn. 3).

15 Vgl. *KfW*, Basel II – Aktueller Stand und Auswirkungen auf die Mittelstandsfinanzierung, Mittelstands- und Strukturpolitik Nr. 30, 2003, S. 2.

16 Vgl. unsere Diskussion in Abschnitt III.

einfach vornehmen, um dadurch ihre eigenen Überschüsse zu steigern. Derartige Gefahren sind besonders dann evident, wenn die Rating-Note auch von Faktoren abhängt, die objektiv nicht nachprüfbar sind und für die Bank subjektiven Gestaltungsspielraum bedeuten. Zu denken ist hierbei etwa an freie Bewertungen der Management-Qualität, die nicht anhand von Kriterien oder Check-Listen vorgenommen werden.

Dieses wissend, könnten Juristen versucht sein, laufende Anpassungen der Risikoaufschläge unmöglich zu machen. Das mag attraktiv erscheinen, weil das oben erwähnte Problem adverser Selektion gegenstandslos ist, wenn die Möglichkeit einer laufenden Anpassung von Risikoaufschlägen für kein Kreditinstitut existiert. Schon die Beobachtung, dass zumindest Teile des Kreditgeschäftes international sind, belegt die Fragwürdigkeit der Hoffnung, das Problem adverser Selektion auf diese Art rechtlich zu vermeiden. Wir wollen in der Folge die Sinnhaftigkeit einer Verhinderung von laufenden Anpassungen von Risikoaufschlägen auch dadurch in Frage stellen, dass wir die bestehenden Handlungsmöglichkeiten für Kreditinstitute in einer solchen Situation näher ansehen.

V. Konsequenzen einer Untersagung der laufenden Anpassung von Risikoaufschlägen

Eine erste Reaktionsmöglichkeit von Kreditinstituten ist die bewusstere und *häufigere Verwendung von Covenants*, d.h. von vertraglichen Nebenabreden, die Handlungsrestriktionen für die Kreditnehmer darstellen oder den Kreditgebern Handlungsrechte geben. Auf den ersten Blick ist gegen eine solche Verhaltensweise nicht viel einzuwenden. Sie wird durch die aus ökonomischer Sicht grundsätzlich wünschenswerte Vertragsfreiheit gedeckt.

Allerdings ist hier festzuhalten, dass mittels Covenants ein stärkerer Einfluss von Kreditinstituten auf die Unternehmenspolitik ihrer Kreditnehmer ausgeübt wird. Das erscheint weder mit Blick auf die Kernkompetenzen von Kreditnehmern und Kreditgebern noch mit Blick auf die wichtige Verantwortung der Eigentümer für die Unternehmenspolitik in jedem Fall wünschenswert zu sein. Wo durch Covenants die Möglichkeiten der Kreditinstitute zur Kündigung der Kredite erweitert werden, kann überdies durch die verstärkte Nutzung der Kündigungsmöglichkeiten manches zwar riskante, aber eigentlich dennoch (gesamt)wirtschaftlich sinnvolle Projekt vorzeitig abgebrochen werden. Wenn in Antizipation dieser Möglichkeit die Unternehmer von bestimmten Investitionsprojekten von vornherein absehen, so haben dadurch die erweiterten Kündigungsrechte das Problem der Unterinvestition verschärft, d.h. in lohnende aber riskante Projekte wird zu wenig investiert.[17]

Eine zweite Möglichkeit für Kreditinstitute mit einem Verbot der laufenden Anpassung von Risikoaufschlägen umzugehen, besteht in der schon angesprochenen Festlegung von über die Kreditlaufzeit konstanten Risikoaufschlägen, die *zukünftige Rating-Änderungen antizipieren.* Dass dies nicht ohne Gefahren ist, wurde mit Blick auf die Annahmen, die dem Konzept der Übergangsmatrizen zugrunde liegen, schon herausgestellt. Stellen sich diese Risikoaufschläge im Schnitt als unzureichend heraus, so geht daraus eine Gefahr für die Stabilität des Bankensystems hervor. Sind die Risikoaufschläge hingegen überhöht, so ist das volkswirtschaftlich schädlich, da wünschenswerte Investitionen durch überhöhte Zinssätze verhindert werden. Dabei ist nicht auszuschließen, dass gerade die weniger riskanten, aber gleichzeitig mit nicht so hohen Renditen versehenen Projekte durch überhöhte Risikoaufschläge verdrängt werden. Dies gilt vor allem, da angesichts der beschränkten Haftung der Kreditnehmer eine Neigung besteht, auf Zinssteigerungen mit der Erhöhung des Projektrisikos zu reagieren oder nur die riskanteren Projekte durchzuführen. Für dieses Phänomen, das in seiner Handlungskonsequenz unter dem Namen *Kreditrationierung* bekannt ist, vergleiche der Leser die auf *Stiglitz* und *Weiss* aufbauende Literatur.[18]

Wenn laufende Anpassungen von Risikoaufschlägen nicht zulässig sind, so können Kreditinstitute als dritte Handlungsmöglichkeit bei Kreditgeschäften die *Ursprungslaufzeiten deutlich reduzieren.* Mit einer weitgehend kurzfristigen Kreditvergabe würde sich das Verhalten der deutschen Kreditinstitute der Situation auf dem US-amerikanischen Markt angleichen. Bei kurzen Kreditlaufzeiten sind seitens der Kreditinstitute keine Anpassungen von Risikoaufschlägen mehr erforderlich; denn mit Auslaufen eines Kreditvertrages wird – den Wunsch zur Prolongation seitens des Kreditnehmers vorausgesetzt – eine Neufestlegung der Kreditkonditionen inklusive der darin

17 Vgl. etwa *Kürsten,* Finanzkontrakte und Risikoanreizproblem, Mißverständnisse im informationsökonomischen Ansatz der Finanztheorie, Wiesbaden 1994.

18 *Stiglitz/Weiss*, Credit Rationing in Markets with Imperfect Information, 71 American Economic Review, 1981, S. 393-410.

enthaltenen Risikoaufschläge möglich. Auch hiermit sind aus Systemsicht nicht unerhebliche Nachteile verbunden. Der höheren Flexibilität des Kreditnehmers, der weniger lange an einen Kreditgeber gebunden ist, sind die im Regelfall *höheren Transaktionskosten* für die Neuvergabe von Krediten entgegen zu halten. Überdies ist die Flexibilität des Kreditnehmers u.U. gar nicht wirklich erhöht:

Ein Kreditinstitut, bei dem ein Kunde eines anderen Kreditinstitutes nachfragt, weil er seinen auslaufenden Kredit nicht beim ursprünglichen Kreditgeber mit einem Anschlussgeschäft fortsetzen möchte, ist vermutlich skeptisch gegenüber dieser Anfrage. Möglicherweise, so wird es denken, hat der jetzige, mit einem Informationsvorteil versehene Kreditgeber inzwischen erkannt, dass die Risiken beim betreffenden Kreditnehmer höher waren oder höher geworden sind als zunächst erwartet. Das Auslaufen des ursprünglichen Kreditvertrages wird deshalb vom jetzigen Kreditgeber u.U. gerne als Möglichkeit genommen, sich von diesem Kreditnehmer zu trennen.

Der Kreditnehmer wird wegen des negativen *Signals* in einem solchen Fall nicht wirklich viel an Flexibilität gewonnen haben, da sich andere Kreditinstitute die bestehenden Risiken aus ihrem schlechteren Informationsstand im mindesten mit einer höheren Prämie abgelten lassen dürften. Für Unternehmen, die ohnehin mehr als eine Bankverbindung unterhalten, ist das Signalproblem (und damit die Marktmacht der Hauptbank) weniger gravierend, da andere Banken ebenfalls einen guten Informationsstand haben.

Neben die höheren Transaktionskosten bei u.U. nicht gesteigerter Flexibilität tritt ein *höheres Liquiditätsrisiko* für Unternehmen als weiterer Nachteil kurzfristiger Verträge. Anders als bei einer Anpassung von Risikoaufschlägen geht es bei einer Neuverhandlung über einen Kredit nicht lediglich um die Variation der Konditionen um wenige Prozentpunkte oder Bruchteile davon, sondern die erste Frage ist schlicht, ob überhaupt der Kapitalbetrag weiterhin zur Verfügung gestellt wird. Insofern stehen Unternehmer vor allem bei langfristigen Investitionsprojekten beständig unter dem Risiko, aus irgendwelchen Gründen keine Anschlussfinanzierung mehr zu erhalten und im schlimmsten Fall daher Konkurs wegen Zahlungsunfähigkeit anmelden zu müssen.

Auf vollkommenen Kapitalmärkten existiert ein solches Problem natürlich nicht, aber angesichts diverser, vor allem informationsbedingter Unvollkommenheiten auf den realen Kapitalmärkten ist dies in der Tat ein virulentes Problem. Ob die Möglichkeit, Kreditengagements relativ kurzfristig wieder zu beenden, zu einer besseren Kapitalallokation in der Volkswirtschaft zu Lasten „schlechter“ Unternehmen führt, ist bislang eine offene Frage. Unklar ist im Übrigen außerdem, in welchem Ausmaß Kreditinstitute die Möglichkeit überhaupt nutzen, sich kurzfristig aus Kreditengagements zu verabschieden. Eine Verweigerung einer Anschlussfinanzierung, die zu einem Konkurs des Unternehmens führt, ist im Regelfall auch für die kreditgebende Bank mit Kosten verbunden. Ob sie diese Kosten gemäß der Devise „cut-losses-short“ in Kauf nimmt oder lieber auf eine Verbesserung der Situation des Kreditnehmers setzt, wird vom Einzelfall abhängen.

VI. Anreizeffekte und Eingriffsmöglichkeiten

Kreditinstitute, die das Recht zur Erhöhung bonitätsabhängiger Risikoaufschläge haben, besitzen durchaus Anreize, Zinserhöhungen vorzunehmen. Mit Zinssteigerungen gehen nämlich Gewinnerhöhungen einher, sofern die Kreditnehmer nicht mit einer Risikoerhöhung reagieren, die oben unter dem Stichwort Kreditrationierung bereits angedeutet worden war. Selbst wenn die Kreditnehmer das Recht haben, den Kreditvertrag nach einer Zinserhöhung umgehend zu kündigen, so beseitigt das die Möglichkeit zur wirkungsvollen Zinserhöhung durch Kreditinstitute nicht vollständig; denn neben dem ebenfalls oben schon erwähnten möglichen negativen Signal des Bankwechsels haben die Kreditnehmer auch andere Transaktionskosten eines Wechsels zu beachten, die z.B. aus der nötigen Übertragung von Sicherheiten etc. herrühren. Deswegen haben Kreditinstitute bei Zinserhöhungen in laufenden Verträgen einen gewissen monopolistischen Spielraum, der im Übrigen teilweise auch für den Abschluss von Anschlussgeschäften bei ursprünglich kurzen Laufzeiten festzustellen ist.

Angesichts dieser Machtposition von Kreditgebern gegenüber den Kreditnehmern ist eine Forderung nach *Überprüfbarkeit von Ratings* nachvollziehbar. Dabei liegt es im Übrigen auch im Interesse der Kreditinstitute, potenziellen Kreditnehmern glaubhaft zu machen, dass die Rating-Noten der Bank nicht willkürlich zu Lasten der Kreditnehmer verschlechtert werden. Ein Kreditnehmer, der dieses nämlich befürchtet, würde u.U. einen Kreditvertrag von vornherein nicht abschließen.

Auf die *externen* Ratings von Rating-Agenturen hat ein Kreditinstitut keinen Einfluss. Daher unterliegt eine Konditionenanpassung auf Basis eines externen Ratings nicht den oben geschilderten Anreizproblemen. Deswegen scheint hier eine Überprüfung des Ratings durch den Kreditnehmer unnötig. In Deutschland hat diese positive Erkenntnis jedoch kaum eine Auswirkung, da nur ausgesprochen wenige Unternehmen überhaupt ein externes Rating haben.

Die *bankinternen* Ratings sind grundsätzlich von der Bank beeinflusst, ja sogar manipulierbar und geben von daher Anlass zu einer Forderung nach Überprüfbarkeit. Das Problem liegt vor allen Dingen in subjektiven Rating-Elementen wie z.B. der Bewertung von weichen Faktoren wie etwa der Management-Qualität. In den Rating-Systemen sind bankseitig sensible Daten und wichtiges Know-how eingebracht worden. Diese Geschäftsgeheimnisse werden Banken nicht offen legen wollen. Solange die Gefahr besteht, dass eine Bank nach einer bonitätsinduzierten Zinsanpassung auf Verlangen des Kreditnehmers ihr Rating offen legen muss, wird es daher derartige Zinsanpassungen kaum geben. Die Banken werden andere Handlungsmöglichkeiten wählen wie etwa die bereits oben diskutierten. Falls die damit verbundenen Nachteile größer wären als diejenigen, die aus einer fallweise missbräuchlichen Zinsanpassung herrühren, hätte die Pflicht zur Offenlegung insgesamt negative ökonomische Folgen.

Betrachten wir abschließend einige Möglichkeiten, wie ein Kreditnehmer vor einer missbräuchlichen Verwendung des Instruments bonitätsinduzierter Zinsanpassungen durch die Bank geschützt werden kann. Als erstes ist dabei das schon oben angesprochene *Kündigungsrecht* des Kreditnehmers zu nennen. Wie allerdings bereits ausgeführt, mindern die Informationsasymmetrie und die Transaktionskosten eines Bankwechsels die Wirkung dieses Instruments, da das Kreditinstitut einen monopolistischen Entscheidungsspielraum hat.

Als eine zweite Möglichkeit kommt eine Art des *Back-Testing von Zinsanpassungen*, z.B. durch eine staatliche Prüfungsinstanz, in Frage. Hiermit würde allerdings nicht ein einzelner Kreditnehmer geschützt, sondern es würde lediglich verhindert, dass eine systematische Ausnutzung von Macht durch die Bank erfolgt. Eine Überprüfung würde beispielsweise dahin gehen, dass bonitätsinduzierte Zinserhöhungen auch bonitätsinduzierte Zinssenkungen gegenüberstehen müssten. Dabei ist allerdings zu beachten, dass abhängig von der Konjunktursituation die Anteile von Erhöhungen und Senkungen keineswegs immer 50 % sein müssen, was die Verwendung dieser Überlegung nicht ganz einfach macht. Geprüft werden könnte aber beispielsweise, ob die sich aus den Rating-Änderungen ergebende Übergangsmatrix zu den Veränderungen bei anderen Instituten passt, wobei die Operationalisierung eines solchen Gedankens eine ganze Reihe offener Fragen aufwirft, die hier nicht diskutiert werden können.

Da bankinterne Rating-Verfahren durch die Bankenaufsicht zugelassen werden müssen, haben sie eine Systemkontrolle bereits hinter sich. Als dritte Möglichkeit könnte man sich daher vorstellen, dass durch den Kreditnehmer lediglich die eingeflossenen *Daten* noch auf Richtigkeit *kontrolliert* werden müssten. Aus Sicht der Kreditinstitute mag hieran problematisch sein, dass auf diese Art bereits einige Informationen über das Rating-System offen gelegt werden, indem nämlich die (wichtigsten) verwendeten Variablen bekannt werden. Dem ist allerdings entgegen zu halten, dass u.U. nur sogenannte Basiswerte zu kontrollieren sind (beispielsweise Eigenkapital und Fremdkapital) während in den Rating-Systemen üblicherweise Kombinationen und Transformationen (z.B. Eigenkapitalquote definiert als Eigenkapital geteilt durch (Eigenkapital + Fremdkapital), Logarithmierung von Umsatzgrößen) verwendet werden. Was subjektiv beeinflusste Größen wie z.B. eine Note für die Management-Qualität angeht, so wäre hier die von der Bank vergebene Note und gegebenenfalls ihre Veränderung mitzuteilen; die subjektive Bewertung, d.h. der Weg hin zu dieser Note, entzöge sich demgegenüber einer Kontrolle. Gleichwohl mag das als Schutzmechanismus ausreichen, da eine Bank im Wissen, diese Benotung offen legen zu müssen, sie u.U. dann lieber doch nicht für eine beabsichtigte Manipulation des Gesamturteils verwenden wird. Erscheint dieser Schutzmechanismus bei maschinellen Ratings noch ganz plausibel, so ist nicht ohne weiteres klar, ob die Möglichkeit eines sogenannten Override, d.h. die Variation der maschinellen Rating-Note durch Eingriff eines Bankmitarbeiters, die Anwendbarkeit einschränkt. Möglicherweise könnte auch diesbezüglich argumentiert werden, dass das Erfordernis einer Begründung des Override gegenüber dem Kunden ausreichen könnte, willkürliche Downgrades zu verhindern.

Als vierte und letzte hier diskutierte Möglichkeit für einen Kreditnehmerschutz wäre an eine Art *öffentliches Basis-Rating* zu denken. Es könnte beispielsweise von der Deutschen Bundesbank oder der Bundesanstalt für Finanzdienstleistungsaufsicht maschinell auf Basis von Jahresabschlussdaten erstellt werden. Damit wäre es ein externes Rating und als solches der Manipulation durch die Bank gar nicht zugänglich. Der größte Nachteil einer solchen Vorgehensweise dürfte darin bestehen, dass die Richtigkeit eines derartigen Ratings im Sinne einer zutreffenden Ermittlung der preisrelevanten Insolvenzwahrscheinlichkeit fraglich ist. Damit einhergehend würden Zinsanpassungen auf Basis eines Ratings erfolgen, von dem die Bank selbst nicht wirklich überzeugt ist. Vor diesem Hintergrund erscheint all zu viel Optimismus gegenüber dieser Lösung nicht angebracht.

VII. Zusammenfassung

Fassen wir die wesentlichen Punkte dieses Beitrages noch einmal knapp zusammen. Die Kosten eines Kredites hängen für die kreditvergebende Bank von der Bonität des Kunden ab, die wiederum sowohl von systematischen Markfaktoren als auch von unternehmensindividuellen Entwicklungen beeinflusst wird. Glaubt man an Rating-Übergangsmatrizen und die damit verbundenen Annahmen, so ist die Einpreisung zukünftiger Rating-Änderungen mittels Durchschnittswerten möglich; eine Notwendigkeit zur Zinssatzanpassung bei Bonitätsänderungen besteht dann anscheinend nicht. Allerdings dürfte eine solche Strategie einer Bank am Markt dann kaum überlebensfähig sein, wenn hinreichend viele und große andere Kreditinstitute mit bonitätsinduzierten Zinsanpassungen arbeiten, da in diesem Fall voraussichtlich eine adverse Selektion der Kreditnehmer zu Lasten der mit Durchschnittswerten operierenden Banken stattfindet. Externe Ratings von Rating-Agenturen sollen angeblich nicht konjunktursensitiv sein. Da sie außerdem von den Kreditinstituten nicht zu beeinflussen sind, stellen sie eine geeignete Grundlage für willkürfreie, unternehmensindividuell bestimmte Zinsanpassungen als Folge von Bonitätsänderungen dar. Leider hilft diese Beobachtung in Deutschland angesichts der geringen Zahl extern gerateter Unternehmen zumindest im Moment nicht weiter. Eine Überprüfung, ob das bankinterne Rating eines speziellen Kunden „richtig“ ist, kann kaum erfolgen, da zum einen hierzu das aus ökonomischer Sicht schützenswerte Know-how von Banken offen gelegt werden müsste und zum anderen auch subjektive, interpersonell nicht nachprüfbare Urteile des Kreditgebers eingehen. Um eine missbräuchliche Verwendung bonitätsinduzierter Zinsanpassungen zu verhindern, sind mehrere Ansatzpunkte denkbar. Eine Datenkontrolle durch den Schuldner, ein öffentliches Basis-Rating für ihn, Kündigungsrechte bei einer

Zinserhöhung und das Back-Testing von Zinsveränderungen sind Ideen, die allerdings jede für sich einer strengen Überprüfung nicht als perfekte Lösungen standhalten.

Durch rechtliche Vorgaben können bonitätsorientierte Zinsanpassungen verhindert werden, obwohl sie durchaus ökonomisch sinnvoll scheinen. Wer zu einer solchen Verhinderung glaubt beitragen zu wollen, möge dabei bitte überlegen, ob nicht das Kind mit dem Bade ausgeschüttet wird. Im vorliegenden Aufsatz sind einige Handlungsmöglichkeiten für Kreditinstitute diskutiert worden, die ihnen als Alternativen zu bonitätsinduzierten Zinsanpassungen zur Verfügung stehen. Die daraus resultierenden Risiken, wie beispielsweise erheblich erhöhte Liquiditätsrisiken für die Kreditnehmer, müssen unbedingt im Auge behalten werden, wenn Vorteile und Nachteile einer Verhinderung bonitätsinduzierter Zinsanpassungen gegeneinander abgewogen werden.

Umsetzung von Basel II gegenüber dem Kunden, insbesondere beim internen Rating

Professor Dr. Katja Langenbucher,
Philipps-Universität Marburg

Am 11. Mai wurde der Neue Basler Eigenkapitalakkord endgültig verabschiedet,[1] am 26. Juni 2004 wurde er veröffentlicht. Unter dem Stichwort „Basel II“ ist dieses Regelwerk weiten Kreisen längst bekannt.[2] Die Gefahr seiner prozyklischen[3] Wirkung hat man ebenso öffentlichkeitswirksam diskutiert wie die Konsequenzen von Basel II für den deutschen Mittelstand. Auf dem Bankrechtstag vor einem Jahr wurde erstmalig die Frage aufgeworfen, ob denn das deutsche Zivilrecht fit für eine Umsetzung von Basel II im Verhältnis der Bank zu ihrem Kunden sei. Hiermit wollen wir uns im Folgenden befassen. Dabei wird zunächst zu klären sein, ob Basel II überhaupt Vorgaben für die Beziehung der Bank zu ihren Kunden macht. Im Anschluss möchte ich eine nach Basel II besonders naheliegende vertragliche Gestaltungsmöglichkeit, nämlich die Vereinbarung risikoadjustierter Konditionen im Darlehensvertrag, herausgreifen. Die Beurteilung der Zulässigkeit solcher Klauseln mag dann auch als Testfall für die Frage dienen, ob das deutsche Zivilrechts „fit“ für Basel II ist.

Welche Anforderungen stellt Basel II an die Banken?

Wie Sie wissen, beurteilt sich die aufsichtsrechtlich geforderte Eigenkapitalunterlegung nach § 10 KWG. Hiernach sind gewichtete Risikoaktiva in Höhe von 8 % der Risikosumme mit Eigenkapital zu unterlegen. Bei der Beurteilung der Risikogewichtung gilt ein verhältnismäßig starres System

---

1 Siehe <http://www.bis.org/press/p040511.htm>.

2 Aus der umfangreichen Literatur: *Boehm-Bezing*, WM 2000, 1001; *Boos/Schulte-Mattler*, Die Bank 2001, 346; *Elsas/Krahnen*, Die Bank 2001, 298; *Hartmann-Wendels*, Basel II, 2003; *Heinze* BKR 2002, 212; *Pfingsten*, BKR 2001, 139; *Weinrich/Jacobs*, Die Bank 2003, 114; *Winkeljohann/Solfrian*, DStR 2003, 88; *Zeitler*, WM 2001, 1397.

3 Das heißt den Auf- oder Abschwung der Wirtschaft verstärkend.

von im Wesentlichen drei Anrechnungsquoten, nämlich Nichtbanken, Interbanken und öffentliche Hand. Für sämtliche Kredite an Nichtbanken ist eine Anrechnung von 100 % vorgeschrieben, was zu den bekannten Schulbeispielen führt, wonach ein Kredit an einen Unternehmensgründer, der Winterjacken in Ghana vertreiben möchte, ebenso zu gewichten ist wie ein Kredit an Siemens.

An die Stelle dieser rein quantitativen aufsichtsrechtlichen Anforderungen soll mit Basel II eine stärker qualitative Sichtweise treten. Künftig wird sich Aufsichtsrecht in größerem Umfang an den tatsächlichen ökonomischen Risiken der Kreditinstitute, insbesondere an der Bonität individueller Schuldner, orientieren. Die Risikogewichtung wird graduell verfeinert. Zu diesem Zweck soll den Kreditinstituten die Wahl zwischen dem Standardansatz, der auf einem externen Rating der Kreditnehmer basiert, und dem „Internal Rating Based Approach" offen stehen. Der zuletzt genannte Ansatz erlaubt in seiner Basisvariante eine gegenüber dem Standardansatz feinere Risikogewichtung. Noch differenzierter ist der fortgeschrittene Internal Rating Based Approach. Beide zuletzt genannten Ansätze verlangen, dass die Bank ein internes Ratingmodell vorhält, um die Bonität ihrer Kunden einschätzen zu können. Dieses Ratingmodell wird aufsichtsrechtlich genehmigt und vor Ort periodisch überprüft.

Damit können wir zunächst einmal die aufsichtsrechtliche Zielrichtung von Basel II festhalten.

Durch die zunehmende Ausrichtung der Regeln über die Eigenkapitalunterlegung an tatsächlichen ökonomischen Risiken soll das Bewusstsein für Art und Umfang der von Kreditinstituten eingegangener Risiken geschärft werden. Das soll wiederum der Stabilisierung der Finanzmärkte dienen. Diese reagieren wegen der Vertrauensempfindlichkeit des Bankgeschäfts, ihrer Schlüsselrolle für die Kapitalversorgung der Wirtschaft und ihrer weltweiten Verflechtungen besonders sensibel auf Störungen.

Für den individuellen Kreditnehmer ist vor allem ein Nebeneffekt des neuen Systems bedeutsam. Basel I ist dafür kritisiert worden, dass es der Quersubventionierung schlechter durch gute Kredite Vorschub leiste. Sind die Risiken der Kreditvergabe an den oben angesprochenen Investor in Ghana gleich zu gewichten wie die Risiken der Kreditvergabe an Siemens, führt das tendenziell dazu, dass der Kredit an Siemens zu teuer, der Kredit an unseren Unternehmer zu billig vergeben wird. Von der möglichst exakten Erfassung der Bonität einzelner Kreditnehmer einer Bank verspricht man sich eine Reduktion dieser unerwünschten Quersubventionierung. Das setzt freilich voraus, dass die Senkung der Kosten der Kreditvergabe, die sich für die Banken aus einer Verfeinerung des bankaufsichtsrechtlichen Regelwerks ergeben, auch an die Bankkunden weitergereicht werden können.

Damit rückt die Frage in den Mittelpunkt, welche Reaktionen der Kreditinstitute wir uns in der Gestaltung ihrer Beziehung zum Kunden nach Basel II vorstellen können. Entgegenzutreten ist hier zunächst dem verbreiteten Missverständnis, Basel II fordere die risikoadjustierte Bepreisung jedes individuellen Kreditvertrages.[4] Es ist eher umgekehrt so, dass Banken begonnen haben, ihr ökonomisches Kalkül auch an der Bonität der Darlehensnehmer anzupassen und der Basler Eigenkapitalakkord hierauf aufsichtsrechtlich reagiert. Regulatorische Anforderungen müssen sich aus zwei Gründen nicht unmittelbar in der Gestaltung von Darlehenskonditionen niederschlagen.

Zum einen sind diese nur ein Faktor für die Entscheidung der Bank über eine Darlehensvergabe. Zum anderen ist auch auf der Basis veränderter Regeln über die Eigenkapitalunterlegung eine beträchtliche Bandbreite von „Umsetzungsvarianten“ denkbar.

Möchte ein Kreditinstitut die Preisgestaltung für bestimmte Kredite unmittelbar an die Bonität des individuellen Schuldners knüpfen, so ist zunächst zu entscheiden, welcher Parameter bei der Beurteilung der Bonität zugrunde gelegt werden soll. Dabei kommt das Ergebnis eines bankinternen Ratings ebenso in Betracht wie ein externes Rating oder Bilanzkennzahlen des Unternehmens. Für Veränderungen des vereinbarten Parameters ist sodann die adäquate Rechtsfolge festzulegen. Hier kann man neben der Erhöhung des Preises für die Überlassung des Kapitals auch an eine Nachbesicherung oder an eine Volumenverringerung denken.

Die direkte Anbindung der Konditionengestaltung an die Bonität eines individuellen Schuldners ist nicht die einzige denkbare Reaktion auf Basel II.

So könnte sich statt dessen eine Gruppenbildung, etwa „Kreditkartenkunden“ oder „Häuslebauer“ empfehlen. Die beim Kunden zu erhebenden Parameter ließen sich auf wenige Daten beschränken. Bei der Frage, wie auf Veränderungen in der Leistungsfähigkeit der Gruppe zu reagieren sei, könnten Portfolioeffekte ausgenutzt werden. Herr Kollege Pfingsten hat uns vor-

4 Vgl. *Becker/Brackschulze/Müller*, DStR 2004, 740, 741.

hin mit Übergangsmatrizen[5] gezeigt, dass sich die erwarteten Ratingänderungen der Mitglieder eines solchen Kollektivs möglicherweise anhand von Durchschnittswerten berechnen und einpreisen lassen.[6]

Führt man diesen Gedanken fort, mag in bestimmten Segmenten der Verzicht auf eine fortlaufende Zinsanpassung überlegen sein, ein risikoadjustiertes Pricing also allenfalls bei der Festlegung des Ausgangszinssatzes erfolgen. Je nach der Höhe der Kosten, welche die Beurteilung der Bonität des Schuldners verursachen, können herkömmliche Steuerungsmechanismen wie Zinserhöhung oder Volumenverringerung näher liegen als der Versuch, individuelle Bonitätsveränderungen zu erfassen und auf diese zu reagieren.[7]

Als Ergebnis der bisherigen Überlegungen lässt sich damit festhalten: Die risikoadjustierte Gestaltung der Konditionen in Darlehensverträgen ist eine, aber nicht die einzige Umsetzungsmöglichkeit von Basel II. Man sollte daher die Zulässigkeit einer bestimmten Klausel nicht zur Schicksalsfrage des deutschen Zivilrechts machen. Viel entscheidender scheint mir die Gewährleistung möglichst umfassender kautelarischer Gestaltungsfreiheit zur Umsetzung von Basel II zu sein.

Fragt man, wie groß der Spielraum ist, den das deutsche Zivilrecht einer Umsetzung von Basel II eröffnet, so findet man für Reaktionen wie die Nachbesicherung oder die Verringerung des Kreditvolumens eine langjährige gefestigte Rechtsprechung vor. Nur ganz wenige Gedanken hat man sich dagegen bislang über ratingbasierte Preisänderungsklauseln gemacht. Genau damit wollen wir uns nachfolgend beschäftigen.

Zunächst gilt es, die Zulässigkeit von Klauseln zu untersuchen, welche den Preis für ein Bankdarlehen vom Ergebnis eines periodischen Ratings des Darlehensnehmers abhängig machen. Im Anschluss soll gefragt werden, ob die Vereinbarung einer ratingbasierten Preisänderungsklausel zwingend zu Kündigungsrechten des Darlehensnehmers führt.

Wir haben schon gesagt, dass eine attraktive Variante der Umsetzung von Basel II darin liegt, den Preis, den ein Darlehensnehmer für die Überlassung

---

5 Siehe *Pfingsten*, in diesem Band S. 43 ff.; hierzu auch *Rolfes*, WM 2001, 762, 766.

6 Eine Konditionenanpassung für das Kollektiv könnte man auf den Fall beschränken, dass eine unerwartete Ratingänderung des gesamten Kollektivs eintritt.

7 Vgl. *Hey*, ZBB 2004, 219, 221.

von Kapital auf Zeit zu bezahlen hat, veränderlich auszugestalten. Je besser das Rating des Kunden, so wäre zu vereinbaren, desto niedriger der Preis; je schlechter das Rating, desto höher der Preis. Um eine Preisänderungklausel geht es dabei, weil der Preis während der Laufzeit des Darlehens in Abhängigkeit vom Rating des Darlehensnehmers schwanken kann.

Für das Kreditinstitut hat eine solche veränderliche Preisklausel den Vorteil, Kosten an den Darlehensnehmer weitergeben zu können, die entstehen, wenn sich dessen Bonität verschlechtert und daraufhin der an ihn gewährte Kredit mit mehr Eigenkapital zu unterlegen ist. Da die Klausel symmetrisch auszugestalten wäre, profitiert der Darlehensnehmer von einer Verbesserung seiner Bonität, die zu geringerer Eigenkapitalunterlegung und damit zu einer Preisreduktion führt. Ein zusätzlicher Nutzen ergibt sich für bonitätsstarke Darlehensnehmer dadurch, dass die Koppelung des für ein Darlehen zu zahlenden Preises an die eigene Bonität die unerwünschte Quersubventionierung guter durch schlechte Risiken abmildern würde.

Wir wollen freilich auch die von Kritikern des Neuen Basler Eigenkapitalakkords aufgezeigte Gefahr nicht verschweigen: Ein System, bei welchem Bonitätsherabstufungen automatisch zu höheren Preisen führen, wirkt prozyklisch, kann mithin einen Abschwung der gesamtwirtschaftlichen Entwicklung noch verstärken. Dem individuellen Darlehensnehmer droht eine Abwärtsspirale aus Preiserhöhung und weiterer Bonitätsverschlechterung.

Wenden wir uns den denkbaren kautelarischen Gestaltungsformen zu, die eine solche Preisänderungsklausel annehmen könnte. Hier lässt sich auf den ersten Blick an eine ganze Bandbreite von Klauseln denken. Fünf Regelungsvorschläge wollen wir uns beispielhaft einmal ansehen.[8]

Naheliegend ist erstens die Vereinbarung einer Zinsänderungsklausel. Solche Klauseln kennen wir zum einen in Gestalt von Zinsanpassungsklauseln, in denen dem Kreditinstitut vertraglich das Recht eingeräumt wird, die Zinshöhe anzupassen. Verbreitet sind zum anderen Zinsgleitklauseln. Hier ist die Zinshöhe abhängig von einem externen Referenzparameter.

Wollte man für die Umsetzung von Basel II eine Zinsänderungsklausel entwerfen, so wäre die Höhe des Zinses an das Ergebnis des Ratings des Darlehensnehmers zu knüpfen. Wer eine solche Klausel vereinbart, muss

---

8 Zu den Ausnahmefällen, in denen man einen Wegfall der Geschäftsgrundlage denken könnte *Hey*, ZBB 2003, 219, 222 ff.

einen Konnex zwischen Ratingklasse und Zinshöhe herstellen.[9] Dieser Konnex kann bereits bei Vertragsbeginn unveränderlich festgelegt werden. Alternativ kann man versuchen, die jeweils aktuellen Kosten der Bonitätsveränderung des Darlehensnehmers über die Zinshöhe weiterzugeben. Zusätzlich muss festgelegt werden, in welchen Zeitabständen ein Rating und gegebenenfalls eine darauf fußende Zinsänderung erfolgen darf.

Eine zweite Form der Zinsänderungsklausel stellt die von *Peter Mülbert* vorgeschlagene „Margengitterklausel" dar.[10] Hier wird bei Abschluss des Darlehensvertrages ein festes Zinshöhenprogramm vereinbart. Die Bank darf Veränderungen in der Bonität des Darlehensnehmers nur dadurch berücksichtigen, dass sie einen der festgelegten Zinssätze in Rechnung stellt. Das hat den Vorteil, dass der Darlehensnehmer vorhersehen kann, welcher Zinssatz sich an welche Bonitätsstufe knüpft sowie bereits bei Vertragsschluss die maximale Zinsbelastung für die gesamte Laufzeit berechnen kann. Ob sich allerdings die notwendige Anpassung bei Bonitätsveränderungen wirklich als feste Größe vorausplanen lässt, ist angesichts der stark schwankenden Reaktionen der Kapitalmärkte auf Ratingveränderungen unsicher.[11]

Einen ähnlichen Effekt kann man drittens mit einer „Bedingungsklausel" erreichen. Hier wäre bei Vertragsschluss ein fester Basiszinssatz zu vereinbaren, welcher beispielsweise der derzeitigen Bonität des Darlehensnehmers entspräche. Aufschiebend bedingt durch eine Verschlechterung seiner Bonität wären Zinszuschläge zu verabreden. Diese Zuschläge könnten – analog dem Margengittermodell – bereits bei Vertragsschluss feststehen. Statt dessen könnten die Zuschläge auch gemäß § 315 BGB von der Bank festzusetzen, im Rahmen einer Neuverhandlungsklausel[12] einvernehmlich zu vereinbaren oder als Zinsgleitklausel an externe Parameter zu knüpfen sein. Analog wäre eine Verbesserung der Bonität des Darlehensnehmers Bedingung für eine Zinssatzreduktion.

Die vereinzelt angedachte „Garantieklausel" – mein viertes Gestaltungsbeispiel – geht einen anderen Weg. Zu vereinbaren wäre in dieser Variante

9 Zur erheblichen Bandbreite: *Hey*, ZBB 2004, 219, 226.
10 Verweis auf WM 2004, 1205.
11 Für diesen Hinweis danke ich *Felix Christopher Hey*.
12 Hierzu ausführlich *Jungmann*, WM 2001, 1401; siehe auch *Horn*, NJW 1985, 1118, 1122 f.; *ders.*, AcP 181 (1981) 255 ff.; zu Recht krit. *Hey*, ZBB 2004, 219, 223 f.

ein fester Zinssatz. Zusätzlich garantierte der Darlehensnehmer seine derzeitige Bonität. Bei Verschlechterung seiner Bonität wäre vom Darlehensnehmer Schadensersatz zu leisten. Den Schaden der Bank könnte man in einer höheren Eigenkapitalbelegung des betroffenen Darlehens erblicken. Weniger elegant mutet diese Klausel vor allem wegen der Schwierigkeiten der exakten Schadensberechnung an. Außerdem folgt aus der Garantieklausel keine Reduktion des Zinssatzes bei Bonitätsverbesserungen des Darlehensnehmers.

Eng verwandt mit der Garantieklausel ist mein fünftes und letztes Beispiel, die Aufwendungsersatzklausel.[13] Wiederum bestimmen Bank und Kunde einen festen Zinssatz. Daneben wäre Einigkeit darüber zu erzielen, dass die Bank berechtigt ist, Aufwendungen, welche ihr durch eine Bonitätsverschlechterung des Kunden entstehen, an diesen weiterzureichen.[14] Voraussetzung für die Funktionsfähigkeit einer solchen Klausel ist freilich erneut, dass sich die durch einen individuellen Darlehensnehmer verursachten Aufwendungen präzise bestimmen lassen.

Was lässt sich aus diesem Überblick über mögliche Klauseln zur Umsetzung von Basel II ableiten? So breit der kautelarische Gestaltungsspielraum zunächst scheint, lässt er sich doch als Variationen zweier Klauselformen begreifen.

Die Zinsänderungsklausel, die Margengitterklausel und die Bedingungsklausel modifizieren die Hauptleistungspflicht. Für die ihm gewährte Kapitalnutzungsmöglichkeit hat der Darlehensnehmer nach § 488 Abs. 1 S. 2 BGB eine laufzeitabhängige Vergütung zu entrichten. Diese variiert in Abhängigkeit vom Ratings des Darlehensnehmers.

Demgegenüber stellen die Garantieklausel und die Aufwendungsersatzklausel Zusatzabreden dar. Sie begründen neben der Pflicht zur Zahlung einer laufzeitabhängigen Vergütung eigenständige Zahlungspflichten des Dar-

---

13 In diese Richtung *Bruchner* in: Schimansky u.a. (Hrsg.), Bankrechts-Handbuch, 2. Aufl. 2001, § 78 Rn. 62a.

14 Auf den ersten Blick erscheint es einleuchtend, dass die veränderte Bonität allein dem Risikobereich des Darlehensnehmers zuzuweisen ist, vgl. *Habersack*, WM 2001, 753, 755. Allerdings darf nicht übersehen werden, dass das Risiko von Bonitätsänderungen des Kreditnehmers gerade typischer und über den Preis abgegoltener Bestandteil des Darlehensvertrages ist.

lehensnehmers. Diese lassen sich als Schadensersatz- oder als Aufwendungsersatzanspruch ausgestalten.

Wenden wir uns damit der Frage zu, ob die Vereinbarung einer dieser beiden Klauseltypen der AGB-Kontrolle standhalten würde. Das betrifft neben der Inhaltskontrolle insbesondere das Transparenzgebot.

Was die Inhaltskontrolle möglicher Preisänderungsklauseln angeht, müssen wir uns zunächst über die Kontrollfähigkeit solcher Klauseln Klarheit verschaffen.

Die Kontrollfähigkeit von Zusatzabreden wie der Garantieklausel und der Aufwendungsersatzklausel lässt sich ohne weiteres bejahen. Sie weichen im Sinne des § 307 Abs. 3 S. 1 BGB von Rechtsvorschriften ab. Nicht so einfach ist die Entscheidung hierüber für diejenigen Klauseln, welche die Hauptleistungspflicht modifizieren, also die Zinsänderungs-, die Margengitter- und die Bedingungsklausel.

Immerhin ist nämlich die Preisgestaltung nach § 307 Abs. 3 S. 1 BGB der richterlichen Inhaltskontrolle entzogen. Ob der für eine Leistung festgesetzte Preis angemessen ist, soll vollumfänglich der Vertragsfreiheit sowie Angebot und Nachfrage auf dem Markt überlassen sein.[15]

Ist hiernach der Verwender in der Preisgestaltung frei, ist er in der Frage, welche Leistungen er und sein Vertragspartner zu erbringen haben, nicht frei.[16] Das Gesetz legt vielmehr für beide Parteien einen typisierten Leistungsumfang fest, zu dessen Erbringung sich der Verwender für einen bestimmten Preis verpflichtet. Von einer Partei unilateral herbeigeführte Preiserhöhungen sind dagegen, wie sich aus § 309 Nr. 1 BGB ergibt, kontrollfähig.[17] Für das Darlehen bedeutet das, dass die Höhe eines festen Zinses ohne Weiteres kontrollfrei ist.

Bei Vereinbarung eines variablen Zinssatzes wird gerade die Veränderlichkeit häufig zu einem während der Laufzeit ansteigenden Preis führen.[18]

---

15 Präziser als § 307 Abs. 3 BGB formuliert das Art. 4 Abs. 2 der Richtlinie 93/13/EWG.

16 Zuletzt BGH NJW 1999, 2276, 227; siehe auch *Schwarz*, Der variable Zins, 1988, S. 63. Zur Abgrenzung von Zusatzleistungen etwa BGH NJW-RR 1998, 1661; krit. *Brandner*, MDR 1999, 6, 7; zur Zuständigkeit des EuGH NZM 2004, 392.

17 Z.B. BGHZ 93, 252, 255; BGH NJW 1990, 115; 2003, 507, 508; 2003, 746. Siehe auch *Canaris*, AcP 200 (2000) 273, 330; *Herrmann*, Jura 1988, 505, 507.

18 Vgl. *Mülbert*, WM 2004, 1205.

Eine allein durch die Variabilität entstehende Preiserhöhung für das gewährte Darlehen haben die Parteien deshalb bereits einkalkuliert. Sie kann folglich nicht dazu führen, dass jede Vereinbarung eines variablen Zinssatzes wegen der Möglichkeit einer Preiserhöhung der Inhaltskontrolle zu unterwerfen ist.

Sobald sich allerdings die Preiserhöhung nicht als Folge eines Automatismus ergibt, sondern aus einem Leistungsbestimmungsrecht des Darlehensgebers folgt, gilt wieder die Grundregel, wonach die Einräumung eines Rechts zur Preiserhöhung kontrollfähig ist.[19]

Lässt sich deshalb der Darlehensgeber bei ratingbasierten Preisänderungsklauseln das Recht einräumen, bei einer Bonitätsverschlechterung den Preis anzupassen, liegt ein zu kontrollierendes Leistungsbestimmungsrecht vor.

Anders ist nur für solche Klauseln zu entscheiden, bei welchen ein der Zinsgleitklausel vergleichbarer Automatismus vereinbart wird. Um in den Bereich der kontrollfreien Preisgestaltung zu gelangen, muss freilich sowohl bei der Preiserhöhung selbst als auch bei der Feststellung ihrer Voraussetzungen jedes diskretionäre Element auf Seiten des Darlehensgebers ausgeschlossen sein. Hierfür genügt es noch nicht, ein festes Margengitter für die Berechnung der Preiserhöhung zu vereinbaren, wenn die Bonitätsbeurteilung selbst bankintern erfolgt und damit Spielräume für eine Ermessensausübung der Bank eröffnet.

Als der Zinsgleitklausel vergleichbar und insoweit kontrollfrei lassen sich aus diesem Grund nur solche Preiserhöhungsmechanismen begreifen, die auf der Basis externer Referenzparameter einen Automatismus vereinbaren. Ein Beispiel hierfür wäre die Vereinbarung, dass sich entsprechend dem Ergebnis eines externen Ratings automatisch die Zinshöhe anpasst. Hier ist ein Bestimmungsrecht des Darlehensgebers in zweifacher Hinsicht ausgeschlossen. Erstens werden die Voraussetzungen für eine Preisanpassung nicht von der Bank, sondern von einer externen Ratingagentur beurteilt. Zweitens kann das Kreditinstitut weder über das Ob noch über das Wie der Anpassung entscheiden, sondern diese vollzieht sich nach einem starren Automatismus.[20]

Außerhalb dieser Sonderfälle sind ratingbasierte Preisänderungsklauseln kontrollfähig. Damit werden wir uns im Folgenden fragen müssen, wie groß der Gestaltungsspielraum ist, welchen das deutsche Zivilrecht solchen Klau-

19 Vgl. schon AG Ibbenbüren NJW-RR 1997, 239, 240; zuletzt BGH WM 2004, 825. Siehe auch *Reifner*, JZ 1995, 866, 873.

20 Zu Unvollkommenheiten von Automatismen *Habersack*, WM 2001, 753, 754.

seln lässt. An gesetzlichen Parametern gilt es dabei vorrangig das Transparenzgebot zu beachten. Ein besonderes Augenmerk wollen wir auf die Rechtsprechung legen, die sich in der Vergangenheit mehrfach mit der Zulässigkeit von Zinsanpassungsklauseln zu beschäftigen hatte.[21]

In einer vor knapp 20 Jahren ergangenen Grundsatzentscheidung hatte der BGH begonnen, Zinsänderungsklauseln in der Weise auszulegen, dass sie die Weitergabe veränderter Refinanzierungskonditionen am Kapitalmarkt erlaubten.[22] Dies sei zulässig, wenn deren Entwicklung bei Vertragsschluss nicht überschaubar sei. Eingeschränkt wurde dieses Recht nur insoweit als die Klausel symmetrisch auszugestalten war: Konnten die Zinsen bei verschlechterten Refinanzierungskonditionen angehoben werden, waren sie bei einer Verbesserung der Konditionen zu senken.[23]

Eine fünf Jahre alte Entscheidung enthält weitere allgemeine Hinweise zur Zulässigkeit von Anpassungsklauseln. Ähnlich wie schon die Grundsatzentscheidung meinte der BGH, eine Anpassung könne nur in Betracht kommen, soweit wegen einer unsicheren Entwicklung der Verhältnisse gerade dieses Instrument notwendig sei.[24] Zusätzlich seien der Anlass sowie Voraussetzungen, Richtlinien und Grenzen des Anpassungsrechts konkret anzugeben.[25]

Dasselbe verlangt für Zinsänderungsklauseln in Sparverträgen eine vor vier Monaten ergangene Entscheidung des XI. Senats.[26] Nach § 308 Nr. 4 BGB sei ein Zinsänderungsrecht nur zumutbar, wenn der Umfang sich

---

21 Hierzu allgemein *Schwarz*, NJW 1987, 626.

22 BGHZ 97, 212. Dass es sich hierbei übrigens um eine methodisch unzulässige geltungserhaltende Reduktion handelte, anerkennt inzwischen wohl auch der BGH, vgl. BGH WM 2004, 825, 827; siehe auch *Habersack*, WM 2001, 753, 755 f.; *Schimansky*, WM 2001, 1169, 1172.

23 BGHZ 97, 212, 217. Dass die Anpassungssymmetrie in der Bankpraxis häufig missachtet wird, zeigen freilich *Reifner*, JZ 1995, 866, 867; *Metz*, Bankrecht 2000, S. 183 ff.; *ders.*, BKR 2001, 21 f.

24 BGH WM 1999, 2545 („Pfändungs- und Überweisungbeschlüsse II“); Vorentscheidung: BGHZ 141, 380.

25 In diese Richtung bereits *Reifner*, JZ 1995, 866, 867, 869. Z.T. krit. OLG Hamm WM 2003, 1169; OLG Düsseldorf WM 2004, 319, 323; *Bruchner*, BKR 2001, 16.

26 BGH WM 2004, 825. Zur Zinsanpassung für Spareinlagen auch *Schebesta*, BKR 2002, 564.

hieraus ergebender Änderungen für den Darlehensnehmer in gewissem Umfang kalkulierbar sei.

Führen wir uns noch einmal die verschiedenen Varianten vor Augen, die wir zur Umsetzung von Basel II erwogen hatten: Die Zinsänderungs-, die Margengitter- und die Bedingungsklausel knüpfen an eine Ratingveränderung die Veränderung der Hauptleistungspflicht des Darlehensnehmers: Je schlechter das Rating, desto höher die Zinszahlungspflicht. Für diese Klauseln liegt die Nähe zu den bereits von der Rechtsprechung kontrollierten Zinsänderungsklauseln auf der Hand.

Die Garantie- und die Aufwendungsersatzklauseln führen bei Ratingveränderungen zwar nicht zur Zinsanpassung, sondern zu Zusatzzahlungen. Transparenzanforderungen gelten aber für entgeltbezogene Zusatzabreden noch in erhöhtem Maße. Wir werden deshalb für alle Gestaltungsformen gemeinsam fragen können, inwieweit sich diese mit den von der Rechtsprechung formulierten Klauseln in Einklang bringen lassen.

Wodurch unterscheiden sich nun ratingbasierte Preisänderungsklauseln von Zinsänderungsklauseln? Zinsänderungsklauseln nehmen typischerweise auf eine Erhöhung des allgemeinen Zinsniveaus oder veränderter Refinanzierungsbedingungen Bezug. Die vorherrschende Ansicht nimmt an, dass eine solche Veränderung um der ausreichenden Transparenz und inhaltlichen Angemessenheit willen an üblichen Referenzmaßstäben festzumachen ist. In dieser Form handelt es sich um einen externen und vom Darlehensnehmer nachprüfbaren Parameter. Dem Bestimmungsrecht des Darlehensgebers unterliegt dann nur noch die Frage, in welcher Höhe die Anpassung erfolgt.

Bei ratingbasierten Preisänderungsklauseln ist das genauso, wenn der vom Darlehensnehmer zu zahlende Preis an das Ergebnis eines externen Ratings gekoppelt wird. Dann wird seine Bonität von einer unabhängigen Ratingagentur ermittelt, deren Ergebnis dem Darlehensnehmer ebenso zugänglich ist wie der Bank.

Soll hingegen der Preis für ein Darlehen an das Ergebnis eines bankinternen Ratings geknüpft werden, gehen neben unternehmensindividuellen Faktoren in Form echter Kennziffern auch qualitative Merkmale wie die Beurteilung des Managements, die Regelung der Unternehmensnachfolge und die Abhängigkeit von einzelnen Kunden ein. Zusätzlich sind branchenspezifische Faktoren einzustellen und sämtliche Faktoren sodann anhand eines komplexen Modells mit einiger Diskretion zu gewichten.[27] Es liegt auf der Hand, dass die Einstellung branchenspezifischer Faktoren, die Beurteilung qualitativer Merkmale sowie die Gewichtung sämtlicher Parameter anhand des bankinternen Modells für den Darlehensnehmer nur in ganz geringem Umfang nachprüfbar sind und sich dadurch ganz grundlegend von Zinsgleitklauseln aber auch von Zinsänderungsklauseln unterscheiden.

Kehren wir zu den Anforderungen zurück, welche die Rechtsprechung für Zinsänderungsklauseln entwickelt hat.

Hiernach ist bei Preisänderungsklauseln zunächst einmal die Anpassungssymmetrie zu wahren: Erhöht sich der Zinssatz bei schlechter Bonität, muss er bei verbesserter Bonität auch wieder sinken.

Weiter muss es sich bei der Preisänderungsklausel um ein notwendiges Anpassungsinstrument handeln. Wir haben weiter oben gesehen, dass die risikoadjustierte Bepreisung eines Kredits nicht die einzige Umsetzungsmöglichkeit von Basel II gegenüber dem Kunden ist. Man könnte daher auf den Gedanken verfallen, schon aus diesem Grund die Notwendigkeit der Anpassung und damit die Zulässigkeit der Klausel insgesamt zu verneinen.[28]

Dass unser Zivilrecht die kautelarische Gestaltungsfreiheit nicht so eng beschränkt, zeigt § 309 Nr. 1 BGB. Danach sind auch kurzfristige Preiserhöhungen im Rahmen von Dauerschuldverhältnissen nicht von vornherein unwirksam.

Verändern sich deshalb für den Darlehensgeber gleichsam die „Einkaufsbedingungen“, wenn sich die Bonität seines Darlehensnehmers verschlechtert und er hierfür mehr Eigenkapital vorhalten muss, anerkennt das Gesetz gerade bei Dauerschuldverhältnissen sein Interesse, die Folgen nachteilig veränderter Marktbedingungen weitergeben zu können. Man muss somit nicht annehmen, eine Veränderung der Marktbedingungen falle von vornherein in die Risikosphäre des Darlehensgebers.[29] Der Inhaltskontrolle standhalten muss allerdings die Art und Weise, wie sich der Preis anpassen

---

27 Vgl. *Grunert/Weber*, ZBB 2004, 28, 30.

28 So *Derleder* in: Derleder/Knops/Bamberger, Handbuch zum deutschen und europäischen Bankrecht, § 9 Rn. 20: Nur Kündigung als Reaktion zulässig.

29 BGHZ 97, 212, 216; 118, 126, 131; BGH WM 2000, 1141, 1142; WM 2004, 825, 827. A.A. *Derleder*, WM 2001, 2029, 203; *ders.*, in: Derleder u.a. (oben Fn. 28), § 9 Rn. 20: Klausel von vornherein unzulässig.

soll.[30] Neben den erwähnten Zinsgleitklauseln ist ein bloßer Anpassungsanspruch, eine Festsetzung durch Dritte oder eine Zinsänderung im Wege des § 315 BGB denkbar.[31] Um das zuletzt genannte Mittel geht es bei der Anpassung von Darlehenskonditionen an die veränderte Bonität des Darlehensnehmers.

Wenden wir uns damit der weiteren von der neueren Rechtsprechung entwickelten Bedingung zu, bei einer Preisänderung deren Anlass sowie Voraussetzungen, Richtlinien und Grenzen konkret anzugeben, um dem Vertragspartner des Verwenders ein gewisses Maß an Kalkulierbarkeit der eingegangenen Verpflichtung zu sichern.

Eine Preisänderung setzt sich bei den hier betrachteten Gestaltungsvarianten stets aus einem Doppeltatbestand, nämlich erstens der Veränderung im Rating des Darlehensnehmers und zweites der Wirkung dieser Veränderung auf die Preisgestaltung, zusammen. Legt man die Rechtsprechung zugrunde, wird es deshalb für die Zulässigkeit ratingbasierter Preisänderungsklauseln darauf ankommen, wie konkret über Ratingveränderungen und ihre Wirkungen auf die Preisgestaltung Auskunft gegeben werden wird.

Wenig problematisch dürfte das externe Rating sein. Hier wird die Bonität des Darlehensnehmers durch eine unabhängige Agentur beurteilt. Wie das Ergebnis dieses Ratings zustande kommt, ist dem unmittelbaren Einflussbereich beider Parteien entzogen. Die Anforderungen an die Zulässigkeit einer Klausel beschränken sich somit darauf, Richtlinien und Grenzen für die Wirkung der Bonitätsveränderung auf den Preis anzugeben. Wir haben oben gesehen, dass die Klausel insgesamt zu einer kontrollfreien Entgeltabrede wird, wenn an eine externe Bezugsgröße ein Automatismus in Form eines festen Margengitters oder einer festen Bedingungsklausel geknüpft wird. Soll dagegen ein freier Konnex zwischen Bonitätsänderung und Preisanpassung vereinbart werden, muss der hierfür einschlägige Berechnungsmodus sowie die Grenzen einer Anpassung angegeben werden. Das betrifft die Zinsänderungs- und die Bedingungsklausel.[32]

---

30 *Reifner*, JZ 1995, 866, 867, 869.

31 Vgl. OLG Düsseldorf WM 2004, 319, 322; *Reifner*, JZ 1995, 866, 867, 869.

32 Für einen Zinscap *Metz*, in: Bruchner/Metz, Variable Zinsklauseln, RWS Skript 327, Rn. 591; *Derleder* in: Derleder u.a. (oben Fn. 28), § 9 Rn. 20; krit. *Habersack*, WM 2001, 753, 759.

Von einem externen Modell im weiteren Sinne lässt sich sprechen, wenn die Preisänderung nicht auf ein bankinternes Rating abstellt, sondern sich beispielsweise an durch die Bank nicht auslegbaren Referenzmaßstäben wie Bilanzkennzahlen fest macht. Solche externen Modelle haben für den Darlehensnehmer den Vorteil großer Transparenz: Für ihn lässt sich ohne weiteres nachvollziehen, an welche Parameter die Bank eine Preisänderung knüpft. Sofern es gelingt, den Berechnungsmodus für den Zusammenhang zwischen Bilanzkennzahl und Preis transparent zu gestalten, wäre der Bedingung der Rechtsprechung wiederum Genüge getan, soweit auch die Grenzen einer Ermessensausübung angegeben werden.

Der Nachteil externer Modelle liegt auf der Hand: Sie sind vergröbernd wenn die Bonität des Darlehensnehmers nur anhand von Kennzahlen gemessen wird. Hat eine Bank aufsichtsrechtlich zertifizierte interne Ratingmodelle zur ausdifferenzierten Risikobemessung entwickelt, würden diese bei der Preisgestaltung gar nicht abgebildet. Von besonderem Interesse ist es deshalb, den vom deutschen Zivilrecht gewährten Gestaltungsspielraum noch daraufhin auszuloten, ob ein Kreditinstitut seine Preisgestaltung an bankinternen Ratingverfahren ausrichten kann.

Das wirft zunächst Probleme im Hinblick auf das Transparenzgebot auf. Wir haben weiter oben gesehen, dass in ein bankinternes Rating eine Vielzahl von nur der Bank bekannten Faktoren eingeht. Dabei ist schon fraglich, ob sich die komplexe Berechnung überhaupt in einer für den durchschnittlichen Darlehensnehmer verständlichen Weise darstellen lässt. Hinzu kommt, dass entschieden werden muss, ob Banken einzelne Faktoren als zu schützendes Betriebsgeheimnis der Offenlegung gegenüber dem Darlehensnehmer entziehen dürfen.

Mit den Anforderungen des Transparenzgebots eng verflochten ist das Verbot einer unangemessenen Benachteiligung des Darlehensnehmers. Eine solche könnte sich insbesondere aus den komplizierten Anreizstrukturen ergeben, welche bankinterne Ratingverfahren aufwerfen.

Einerseits ist die Bank bei ihrem Rating auf die Kooperation des Darlehensnehmers angewiesen, der ihr Informationen über seine finanzielle Lage, möglichst auch über seine Planung und etwa drohende Risiken liefern soll. Da der Darlehensnehmer freilich weiß, dass hiervon die Höhe seines Zinssatzes abhängt, wird er versucht sein, seine eigene Situation möglichst günstig darzustellen.

Andererseits gewährt ein bankinternes Ratingverfahren der Bank einen Ermessensspielraum, bei dessen Ausfüllung der Darlehensnehmer sie nicht beobachten kann. Für die Bank entsteht ein Anreiz, Zweifelsfragen zu Lasten des Darlehensnehmers zu entscheiden, wenn das unmittelbar zu höheren Zinseinkünften führt.[33] Dieser Anreiz mag sich noch dadurch verstärken, dass die Bank Anlass zu der Befürchtung haben kann, der Darlehensnehmer stelle seine eigene Situation ihr gegenüber ohnehin zu günstig dar. Beim Darlehensnehmer drohen in der Folge Vertrauensverluste.

Legte man einem Ökonomen diese Anreizstrukturen vor, dürfte man wohl erwarten, dass er die Situation als „moral hazard“ Problem bezeichnen und auf folgenden Ausweg verweisen würde: Je eher man das Verhalten der Vertragspartner an Größen knüpft, welche beide beobachten und beeinflussen können, desto mehr nimmt die Gefahr eines moral hazard ab.

Das trifft sich mit den von der Rechtsprechung entwickelten Anforderungen, wonach eine zulässige Klausel vorsehen muss, dass das Kreditinstitut dem Darlehensnehmer konkret über Voraussetzungen, Richtlinien und Grenzen bankinterner Ratingverfahren Auskunft zu geben hat.

Auf dieser Basis können wir ein „black box“ Modell ausscheiden. Hierunter verstehe ich das Angebot eines Kreditvertrages, bei welchem die Bank – in größtmöglicher Transparenz – erklärt, die Zinshöhe hänge von verschiedenen Faktoren ab, welche dem Darlehensnehmer nicht offen gelegt würden. Man kann über die wirtschaftliche Attraktivität eines solchen Angebots streiten, auch über die Frage, ob hierdurch eher bonitätsstarke oder bonitätsschwache Kundengruppen angezogen würden. Auf dem Boden der Rechtsprechung müsste eine solche Klausel, die über Anlass und Einzelheiten eines bankinternen Ratings die Auskunft verweigert, als unangemessene Benachteiligung des Kunden eingeordnet werden.

Am anderen Ende des Spektrums denkbarer Modelle befindet sich ein „gläsernes Modell“. Hierunter wäre die vollständige Transparenz im Hinblick auf das bankinterne Ratingverfahren zu verstehen. Dieses Modell hält einer Inhaltskontrolle ohne weiteres stand, da die Einzelheiten des Ratingverfahrens unter Einschluss von Grenzen der Zinsanpassung dem Kunden vermittelt werden. Probleme wirft bei diesem Modell allerdings das Trans-

33 Führt eine verschlechterte Bonität auch zu einer höheren Eigenkapitalbelegung, mag sich dieser Anreiz freilich wieder reduzieren.

parenzgebot auf. Je komplexer die finanzmathematischen Feinheiten der Berechnung, desto intransparenter die Klausel.[34] Nimmt man das Interesse der Bank an Geheimhaltung bestimmter Faktoren ihrer internen Verfahren hinzu, dürfte dem gläsernen Modell keine große Praxisrelevanz beschieden sein.

Übrig bleibt eine Variante, welche ich als „ergebnistransparentes Modell" bezeichnen will. In einem solchen Modell legt die Bank nicht ihr gesamtes Rating-Modell offen, deren mathematische Details vielen Kreditnehmern ohnehin nur mit erheblichem Aufwand zu erschließen wären. Sie setzt den Kreditnehmer aber darüber ins Bild, welche Faktoren die Grundlage des Modells bilden, wie sich eine Veränderung dieser Faktoren auf das Ergebnis auswirkt und wo die Grenzen der Anpassung liegen.

Dahinter verbirgt sich folgende Überlegung: Wir haben weiter oben gesagt, dass es für die Angemessenheit einer Klausel vor allem darauf ankommt, Größen zu definieren, welche beide Vertragspartner beobachten und beeinflussen können. Für den Darlehensnehmer ist deshalb die Offenlegung der – für ihn regelmäßig ohnehin nur begrenzt nachvollziehbaren – Rechenmodelle bankinterner Ratingverfahren gar nicht zentral. Ihn interessiert das Ergebnis sowie die Auskunft darüber, welche Verhaltensänderung zu einer Verbesserung des Ergebnisses führen würde. Daraus folgt, dass es bei der konkreten Angabe von Voraussetzungen und Richtlinien bankinterner Ratingverfahren auf Zweierlei ankommt.

Zum einen sind dem Darlehensnehmer sämtliche in das Ratingmodell der Bank einzustellenden Parameter bekannt zu geben. Soll er sein Verhalten hieran ausrichten, muss er beispielsweise wissen, dass neben seiner Umsatzentwicklung auch überprüft wird, ob er eine Nachfolgeregelung getroffen hat und ob er sich in Märkten oder Branchen engagiert, welche die Bank mit einem Risikozuschlag belegt.

Zum anderen müssen dem Darlehensnehmer die Rahmenbedingungen für Verhaltensänderungen bekannt sein, mit denen er auf das Ratingergebnis Einfluss nehmen kann. Dem Darlehensnehmer müsste somit ein Anspruch eingeräumt werden, für jeden Ratingparameter eine „Schulnote" zu erfahren. Weiter wäre ihm bekannt zu geben, wie sich Veränderungen in den Parametern voraussichtlich auf den Preis des Darlehens auswirken.

34 Vgl. OLG Düsseldorf WM 2004, 319, 323.

Das hätte für das Kreditinstitut den Vorteil, dass die Ratingmodelle als solche geheim gehalten werden könnten. Den Interessen des Darlehensnehmers wäre gedient, solange dieser die Durchführung von „Proberechnungen" verlangen könnte, um konkret zu erfahren, welche Verhaltensänderung auf seiner Seite zu einer Preisänderung für das Darlehen führen würde. Mit dieser Maßgabe müsste ein solches ergebnistransparentes Modell der Inhaltskontrolle standhalten.

Fassen wir das Ergebnis unserer bisherigen Überlegungen zusammen. Kombiniert man die fünf Klauselvorschläge, die wir weiter oben betrachtet haben, mit dem externen, dem gläsernen oder dem ergebnistransparenten Modell, ergibt sich ein beträchtliches Maß an Gestaltungsfreiheit, welche das deutsche Zivilrecht den von Basel II betroffenen Banken eröffnet. Insofern sind an der hinreichenden „Fitness" unseres Zivilrechts keine Zweifel zu hegen.

Weniger eindeutig fällt die Antwort auf diese Frage aus, wenn man nach der Möglichkeit fragt, den Darlehensnehmer an ein Darlehen mit veränderlicher Preisgestaltung fest zu binden. Mit einem Blick auf die Kündigungsrechte des Darlehensnehmers möchte ich deshalb meinen Bericht abschließen.

Wie Sie wissen, kann sich ein Darlehensnehmer nach § 489 Abs. 1 Nr. 1 BGB von einem Darlehensvertrag lösen, wenn dieser Vertrag nur für einen Teil der Laufzeit des Darlehens einen festen Zinssatz vorsieht und keine neue Vereinbarung über den Zinssatz getroffen wurde.[35]

Einigen sich deshalb Bank und Darlehensnehmer auf einen festen Zinssatz für den Zeitraum zwischen Vertragsabschluss und erstem Rating oder den Zeitraum zwischen Vertragsabschluss und Bonitätsveränderung und soll der Zinssatz im Anschluss je nach Ratingergebnis angepasst werden, so sieht § 489 Abs. 1 Nr. 1 BGB ein Kündigungsrecht des Darlehensnehmers für den Tag des Ablaufes der festen Zinsbindung vor.[36] Hiervon unmittelbar betroffen ist die von uns besprochene Zinsänderungsklausel.

Dem lässt sich nicht entgehen, indem schon bei Vertragsschluss eine antizipierte „neue Vereinbarung"[37] geschlossen und dort ein Recht des Kredit-

35 Hierzu RefE, WM 1985, 1488, 1491.

36 Vgl. *Hey*, ZBB 2004, 219, 226.

37 Ob diese überhaupt antizipiert werden kann ist bereits fraglich. Dem Gesetzgeber stand eine nachträgliche Vereinbarung vor Augen, vgl. RefE, WM 1985,

instituts zur Zinsänderung bestimmt wird. Aus § 489 Abs. 1 Nr. 1 am Ende ergibt sich nämlich, dass die Vereinbarung einer periodisch wiederkehrenden Anpassung des Zinssatzes im Darlehensvertrag das Kündigungsrecht gerade nicht ausschließt, sondern auf den jeweiligen Anpassungszeitpunkt beschränkt.[38]

Die Bedingungsklausel entzieht sich dieser Kündigungsbefugnis nur auf den ersten Blick, indem nämlich über die gesamte Laufzeit ein fester Basiszins vereinbart wird. Ein fester Zins im Sinne des § 489 BGB liegt aber nur vor, wenn die Höhe der laufzeitabhängigen Vergütung bei Vertragsschluss bestimmt ist, bloße Bestimmbarkeit genügt nicht.[39] Ändert sich die Zinshöhe – wenn auch nur aufschiebend bedingt – durch Zinszuschläge, ist der Zinssatz nicht mehr fest.

Die Margengitterklausel ereilt dasselbe Schicksal. Zwar liegt ihr während der gesamten Laufzeit ein fester Konnex zwischen Rating und Zinshöhe zugrunde. Die Voraussetzungen für den „Blick ins Margengitter" sind freilich bei Vertragsabschluss ganz und gar unbestimmt, so dass sich auch hier die Zinshöhe nicht bestimmen lässt.

Wird gar keine feste Zinsbindung, sondern von vornherein ein veränderlicher Zinssatz vereinbart, so kann der Darlehensnehmer den Vertrag gemäß § 489 Abs. 2 BGB jederzeit mit einer Kündigungsfrist von drei Monaten kündigen. Das würde Verträge ohne feste Zinsbindung betreffen, welche dem Darlehensgeber jederzeit eine Anpassung der Zinshöhe an die Bonität des Darlehensnehmers erlaubt.

Zuletzt wird man auch die Vereinbarung der Garantie- und der Aufwendungsersatzklausel nicht anders beurteilen können. Zwar ist es nicht ausgeschlossen, neben einem festen Zinssatz andere Konditionen veränderlich auszugestalten. Solche Modalitäten müssen aber in ihrer Bedeutung weit hinter Veränderungen des Zinssatzes zurückbleiben, will man sich nicht der Gefahr einer Umgehung aussetzen.[40] Hiernach kann man allenfalls bei ganz

---

1488, 1491; ablehnend wohl auch *Hopt/Mülbert*, WM Sonderbeilage 3/1990 S. 6; anders *Mülbert*, WM 2004, 7.

38 So zu Recht *Jauernig/Berger*, § 489 Rn. 3 (nur nachträgliche Vereinbarung); *Hopt/Mülbert*, WM Sonderbeilage 3/1990, 6. Für ein Kündigungsrecht auch *Bruchner*, in: Bankrechts-Handbuch (oben Fn. 13), § 79 Rn. 8.

39 *Hopt/Mülbert*, WM Sonderbeilage 3/1990 S. 5.

40 MünchKomm-*Westermann*, BGB, § 609a Rn. 17.

geringfügigen Zusatzzahlungen davon ausgehen, der Charakter einer Festzinsvereinbarung bleibe erhalten.

Das Kündigungsrecht des Darlehensnehmers ist gemäß § 489 Abs. 4 S. 1 BGB zwingend und verpflichtet nicht zur Zahlung einer Vorfälligkeitsentschädigung.

Folgt hieraus, dass bei Vereinbarung einer ratingbasierten Preisänderungsklausel jedenfalls vor jeder Preisanpassung ein zwingendes Kündigungsrecht des Darlehensnehmers ohne Vorfälligkeitsentschädigung besteht?

Auch wenn man bei Bejahung dieser Frage nicht so weit wie *Jochen Sanio* gehen und eine Zerstörung der deutschen Langfristkultur prognostizieren möchte,[41] könnte ein solches Kündigungsrecht doch umgekehrt in weiten Bereichen zu einem Verzicht auf risikoadjustiertes Pricing führen und damit ein Anliegen von Basel II gerade konterkarieren. Wir erinnern uns, dass wir zwar gesagt hatten, Basel II sei in seiner Zielrichtung aufsichtsrechtlich und werde aller Voraussicht nach auch in dieser Form als EU Richtlinie verabschiedet werden. Gleichwohl liegt den Aufsehern daran, die unerwünschte Quersubventionierung schlechter Kredite durch gute Kredite zu minimieren. Von einer Wirkung des Aufsichtsrechts auf die Beziehung der Bank zu ihrem Kunden geht man dabei als selbstverständlich aus, wie weit die EU-Richtlinie diesen Konnex ausdrücklich erwähnen wird, bleibt abzuwarten.

Kurz vor Schluss werden wir deshalb untersuchen müssen, ob eine teleologische Reduktion des § 489 Abs. 4 S. 1 BGB in Betracht kommt, die eine Bindung des Darlehensnehmers trotz Zinsanpassung erlauben, auf diesem Weg risikoadjustiertes Pricing und den Abbau unerwünschter Quersubventionierung fördern würde.

Mit § 609a BGB a.F., dem Vorläufer des heutigen § 489 BGB, wollte der Gesetzgeber vor allem zweierlei erreichen: Erstens dem Darlehensnehmer ein Druckmittel an die Hand geben, um bei allgemein sinkenden Zinsen eine Zinsherabsetzung durchsetzen zu können, und zweitens Waffengleichheit gegenüber dem Zinsänderungsrecht des Darlehensgebers herstellen.[42] Dabei meinte der Gesetzgeber mit dem Kündigungsrecht ein probates Mittel gefun-

---

41 So aber die Befürchtung von *Sanio*, Bankrechtstag 2003 S. 3, 9 f.; ähnlich *Hey*, ZBB 2003, 219, 22.

42 RefE, WM 1985, 1488, 1490. Hierzu *Hopt/Mülbert*, WM Sonderbeilage 3/1990 S. 4, 7; *von Rottenburg* WM 1987, 1.

den zu haben, um die Überprüfung von Zinsänderungen anhand des § 315 Abs. 3 BGB überflüssig zu machen.[43]

In der Literatur hat man zu zeigen versucht, dass der Wortlaut über dieses Ziel hinausschießt[44]. Insbesondere bei Zinsgleitklauseln steht dem Darlehensnehmer nach dem Gesetzeswortlaut ein Kündigungsrecht zu, obgleich er weder des Druckmittels noch der Herstellung von Waffengleichheit gegenüber einem Ermessen des Darlehensgebers bedarf: Die Zinshöhe passt sich ja gerade automatisch an.[45] Die Intention des Gesetzgebers richtet sich deshalb insbesondere gegen Preisänderungsrechte, welche den Darlehensnehmer einem Leistungsbestimmungsrecht und damit dem Ermessen der Bank aussetzen.

Führt man diesen Gedanken fort, mag sich eine teleologische Reduktion des § 489 Abs. 4 S. 1 BGB für solche Klauseln anbieten, welche an die Stelle eines Bestimmungsrechts der Bank einen Automatismus setzen – also insbesondere die automatische Zinsgleitklausel auf der Basis eines externen Ratings oder einer Veränderung von Bilanzkennzahlen.

Sobald hingegen der Bank eigene Beurteilungs- und Ermessensspielräume zustehen, stellt das Kündigungsrecht in der Hand des Darlehensnehmers ein wirksames und vom Gesetzgeber gewolltes Druckmittel gegenüber der Art und Weise seiner Ermessensausübung dar.[46] Für die meisten Preisänderungsklauseln wird es deshalb bei einem Kündigungsrecht des Darlehensnehmers bleiben müssen. Abhilfe könnte hier, und damit darf ich schließen, nur die anstehende EU Richtlinie-oder ein Eingreifen des deutschen Gesetzgebers schaffen.

---

43 RefE, WM 1985, 1488, 1490.

44 *Mülbert*, WM 2004, 6.

45 Der Gesetzgeber wollte diese Situation allerdings wohl mit einbeziehen vgl. RefE, WM 1985, 1488, 1491 („automatisch wirkende Zinsänderungsklausel“).

46 Zum notwendigen Zusammenhang zwischen Preiserhöhungsrecht und Kündigung allgemein: BGH NJW 1989, 1896, 1798; so für ratingbasierte Preisänderung auch *Hey*, ZBB 2004, 219, 226 f.; am Beispiel der Stromversorgungswirtschaft ebenso: *Schöne*, WM 2004, 262, 268.

2. Abteilung:
Aktuelle Entwicklungen im Recht der Kreditsicherheiten – national und international

Leitung: *Professor Dr. Walther Hadding*, Mainz

Bürgschaften und Garantien – Neue Entwicklungen in der Rechtsprechung des Bundesgerichtshofs

Dr. Henning Wassermann, Richter am BGH

I. Einführung

Vor einigen Jahren war die Rechtsprechung des Bundesgerichtshofs zum Bürgschaftsrecht in Turbulenzen geraten. Ursache hierfür war, dass die Fragen der Nichtigkeit von Bürgschaften und Mithaftungsübernahmen finanziell krass überforderter, dem Hauptschuldner emotional nahestehender Personen zu Meinungsverschiedenheiten zwischen den Senaten des BGH geführt hatten. Diese Meinungsverschiedenheiten sind zwischenzeitlich überwunden und die Rechtsprechung zum Bürgschaftsrecht ist wieder in ruhigeres Fahrwasser gelangt. Das bietet die Gelegenheit, Entwicklungstendenzen in den Blick zu nehmen, die sich in der neueren Rechtsprechung des BGH abzeichnen oder möglicherweise andeuten. Dabei fallen bei Sichtung der in neuerer Zeit ergangenen Urteile mehrere Entscheidungen ins Auge, die im Wesentlichen vier Fragenkreise betreffen. Bei der ersten geht es um die Auslegung einer Bürgschaftserklärung, vor allem aber um die Fragen, wie im Rahmen der Rechtsprechung des Bundesgerichtshofs zur Nichtigkeit von Bürgschaften und Mithaftungsübernahmen finanziell überforderter Personen die bloß Mithaftenden von den echten Mitdarlehensnehmern abzugrenzen sind und wen insoweit die Darlegungs- und Beweislast trifft. Wenn man hier nach Tendenzen der Rechtsprechung sucht, bewegt sich das Urteil zwar durchaus im Rahmen der bisherigen Judikatur, stellt aber zugleich auch eine gewisse Modifikation bisheriger Rechtsprechungsgrundsätze dar. Eine sich verfestigende Tendenz lässt die Rechtsprechung des Bundesgerichtshofs zu den Bürgschaften nach § 7 Makler- und Bauträgerverordnung erkennen. Umfang und Reichweite einer solchen Bürgschaft hat der 11. Zivilsenat in mehreren Entscheidungen klargestellt. Für den Fall der Bestellung einer Prozessbürgschaft zum Zweck der Aufhebung von Zwangsvollstreckungsmaßnahmen hat der Bundesgerichtshof entschieden, dass dem regelmäßig ein selbständiges Garantieversprechen zu Grunde liege, für den hierdurch entstehenden Schaden aufkommen zu wollen. Diese Entscheidung an der Schnittstelle von materiellem Bürgschaftsrecht und Zivilprozessrecht scheint durchaus geeignet, für die Zukunft eine neue Tendenz in der Rechtsprechung zu begründen. In einem weiteren Urteil konnte sich der Bundesgerichtshof erstmals mit der Wirksamkeit einer Bürgschaft befassen, die ein Arbeitnehmer für die geschäftlichen Verbindlichkeiten seines Arbeitgebers übernommen hatte.

II. Abgrenzung des Bürgen oder Mithaftenden zum Mitdarlehensnehmer

Die Senatsentscheidung vom 23. März 2004[1] betraf die Frage der Nichtigkeit von Bürgschaften oder Mithaftungsübernahmen, die von einkommens- und vermögenslosen Familienangehörigen übernommen werden. Derartige Bürgschaften oder Mithaftungsübernahmen können nach ständiger Rechtsprechung des Bundesgerichtshofs wegen Sittenwidrigkeit gemäß § 138 Abs. 1 BGB nichtig sein, wenn zwischen dem Verpflichtungsumfang und der Leistungsfähigkeit des dem Hauptschuldner emotional nahe stehenden Bürgen oder Mithaftenden ein krasses Missverhältnis besteht.[2] Als dem Hauptschuldner persönlich nahe stehend sind dabei Ehegatten, nichteheliche Lebens-

1 WM 2004, 1083; siehe hierzu *Assies*, BGHReport 2004, 1033, *Heimann*, jurisPR-FamR 9/2004, *Haas*, WuB I F 1 c Sonstige Mithaftung 2.04.

2 *Nobbe/Kirchhof*, BKR 2001, 5,7.

partner oder nahe Verwandte anzusehen.[3] Eine krasse finanzielle Überforderung des Bürgen oder Mithaftenden liegt vor, wenn er innerhalb der vertraglich festgelegten Kreditlaufzeit voraussichtlich nicht einmal die von den Darlehensvertragsparteien festgelegte Zinslast aus dem pfändbaren Teil seines Einkommens oder Vermögens bei Eintritt des Sicherungsfalles dauerhaft tragen kann.[4] Diese Rechtsprechung des Bundesgerichtshofs findet Anwendung nur auf Bürgschaften und Mithaftungserklärungen, die einen Sicherungszweck haben, gelten aber nicht für echte Mitdarlehensnehmer. Ein echter Mitdarlehensnehmer ist nach der ständigen Rechtsprechung des Bundesgerichtshofs nur, wer ein eigenes – sachliches und/oder persönliches – Interesse an der Kreditaufnahme hat und als im Wesentlichen gleichberechtigter Partner über die Auszahlung sowie die Verwendung der Darlehensvaluta mit entscheiden darf.[5]

In dem der Entscheidung zugrunde liegenden Fall unterzeichneten die damals 46-jährige Beklagte und ihr Ehemann, nachdem sie sich im Jahre 1998 getrennt hatten, im März 1999 in einer Phase der Wiederannäherung gemeinsam als „Kreditnehmer" – so die Bezeichnung im Darlehensvertrag – einen Ratenkreditvertrag mit dem klagenden Kreditinstitut. Der Kreditbetrag diente im Wesentlichen der Anschaffung eines Pkw für knapp 27.000 DM. Die Beklagte bezog zu diesem Zeitpunkt Arbeitslosenunterstützung von monatlich 1000 DM. Mit Schreiben vom 1. April 1999 teilte die Beklagte der Klägerin mit, dass die monatlichen Raten nicht – wie vertraglich vereinbart – von dem Konto ihres Ehemannes, sondern von ihrem eigenen Konto abgebucht werden sollten, was in der Folgezeit auch geschah. Während der Zeit des Zusammenlebens wurde der Pkw, das einzige Familienauto, unter anderem für gemeinsame Einkaufsfahrten genutzt, wobei der Ehemann das Fahrzeug führte, weil die Beklagte über keine Fahrerlaubnis verfügte. Nachdem sich die Eheleute im Juni 2000 erneut getrennt hatten und der Ehemann den Wagen in alleinigen Besitz genommen hatte, stellte die Beklagte die Ratenzahlungen ein. Die Klage des Kreditinstituts hatte in zweiter Instanz Erfolg. Nach Auffassung des Berufungsgerichts war die Beklagte lediglich Mit-

3 BGHZ 134, 325, 327; 136, 347, 350; 146, 37, 41; BGH NJW 1999, 58; 2000, 362, 363; 2000, 1182, 1183; 2002, 744, 745.

4 BGHZ 135, 66, 70; 146, 37, 42; 151, 34, 37; BGH NJW 2000, 1182, 1183; 2002, 2228, 2229; 2002, 2230, 2231; 2002, 2634; 2002, 2705, 2706.

5 BGHZ 146, 37, 41; BGH NJW 1999, 135; 2002, 744; 2002, 2705.

haftende, nicht jedoch Mitdarlehensnehmerin geworden, weil sie mangels einer eigenen Fahrerlaubnis kein eigenes Interesse an der Kreditaufnahme für die Anschaffung des Pkw gehabt habe. Die gelegentliche Mitnahme der Beklagten in dem Fahrzeug sowie der Umstand, dass sie die Darlehensraten von ihrem eigenen Konto habe abbuchen lassen, seien lediglich Anhaltspunkte von geringer Bedeutung. Ebenso komme es auf die im Darlehensvertrag gewählte Bezeichnung der Beklagten als Kreditnehmerin nicht an. Die Mithaftung der Beklagten habe diese auch in krasser Weise überfordert, weil sie nicht einmal in der Lage gewesen sei, die laufenden Zinsen der Hauptschuld aufzubringen. Gleichwohl ist das Berufungsgericht zu dem Ergebnis gelangt, dass die Mithaftungserklärung der Beklagten nicht nur wegen ihrer emotionalen Verbundenheit zum Hauptschuldner erfolgt sei, sondern aus rationalen Erwägungen heraus. Der Kredit sei nämlich zur Finanzierung eines dem Zusammenleben beider Ehegatten dienenden Hausratsgegenstandes aufgenommen worden und die Kredithöhe habe sich im Rahmen der wirtschaftlichen Verhältnisse der Eheleute gehalten.

Die Revision der Beklagten gegen dieses Urteil blieb ohne Erfolg, weil der 11. Zivilsenat des Bundesgerichtshofs die Beklagte nicht nur als bloß Mithaftende ansah, sondern als echte Mitdarlehensnehmerin, auf die die Grundsätze über die Nichtigkeit von Bürgschaften und Mithaftungsübernahmen finanziell überforderter Personen ohnehin keine Anwendung finden. Der 11. Zivilsenat hat dabei beanstandet, dass das Berufungsgericht – und zwar unter Hinweis auf ein Senatsurteil vom 4. Dezember 2001[6] – dem Wortlaut des Darlehensvertrages und der darin enthaltenen Bezeichnung der Beklagten als „Kreditnehmerin“ keinerlei Bedeutung beigemessen hat. Maßgebend für die Abgrenzung der Verpflichtung als Mitdarlehensnehmer einerseits und der Haftung als bloß Mithaftender andererseits ist nämlich die von den Vertragsparteien tatsächlich gewollte Rechtsfolge.[7] Die Privatautonomie schließt – in den Grenzen von § 134 und § 138 BGB – die Freiheit der Wahl der Rechtsfolgen und damit des vereinbarten Vertragstyps ein, umfasst allerdings nicht die Freiheit zu dessen beliebiger rechtlicher Qualifikation.[8] *Huber* hat dies treffend wie folgt auf den Punkt gebracht: die Parteien können wählen, ob sie kaufen oder mieten wollen. Sie können aber nicht bestimmen,

---

6 WM 2002, 223, 224.
7 *Madaus*. WM 2003, 1705, 1706 f.
8 BGH WM 2004, 426, 429 f.

dass ein Rechtsverhältnis, das nach den gewollten Rechtsfolgen ein Kauf ist, als Miete gelten soll.[9] Die Kredit gebende Bank hat es deshalb nicht in der Hand, durch eine im Darlehensvertrag gewählte Formulierung wie „Mitdarlehensnehmer“, „Mitantragsteller“, „Mitschuldner“ oder dergleichen einen bloß Mithaftenden zu einem gleichberechtigten Mitdarlehensnehmer zu machen und dadurch den Nichtigkeitsfolgen des § 138 Abs. 1 BGB zu entgehen.[10] Maßgebend ist vielmehr der wirkliche Parteiwille bei Abschluss des Vertrages.

Zu den anerkannten Auslegungsgrundsätzen gehören insbesondere die Maßgeblichkeit des Vertragswortlauts als Ausgangspunkt jeder Auslegung[11] sowie die Berücksichtigung der Interessenlage der Vertragspartner.[12] Das Berufungsgericht hatte dem Wortlaut des Darlehensvertrages zu Unrecht unter Hinweis auf das Senatsurteil vom 4. Dezember 2001[13] keinerlei Bedeutung beigemessen. Mit dem in der in Bezug genommenen Senatsentscheidung enthaltenen Satz, die Kredit gebende Bank habe es nicht in der Hand, einen bloß Mithaftenden durch die Bezeichnung als „Mitdarlehensnehmer“ im Darlehensvertrag zum gleichberechtigten Kreditnehmer zu machen, sollte nämlich nur zum Ausdruck gebracht werden, dass die rechtliche Einordnung des Vertrages nicht Sache des Kreditinstituts ist. Dies bedeutet nicht, dass es auf den Wortlaut nicht ankommt. Dieser ist vielmehr Ausgangspunkt der Auslegung. Der Senat nimmt die gebotene Auslegung dann selbst vor und gelangt zu dem Ergebnis, dass der Wortlaut des Darlehensvertrages für eine echte Mitvertragspartnerschaft der Beklagten sprach. Sie war in dem Vertrag ebenso wie ihr Ehemann als „Kreditnehmer“ bezeichnet und hatte gemeinsam mit ihm das Kreditinstitut angewiesen, die Darlehensvaluta an den Verkäufer des Fahrzeuges auszuzahlen. Für eine Qualifizierung der Beklagten als echte Mitdarlehensnehmerin sprach aber vor allem, dass sie, wie nach der Rechtsprechung des Senats erforderlich,[14] ein eigenes Interesse an der Kreditaufnahme hatte. Dieses Interesse lag in der gemeinsamen Nutzung des

---

9 *Huber*, JurA 1970, 784, 796.
10 BGH WM 2002, 223, 224; 2002, 1649, 1650.
11 St. Rspr., vgl. BGHZ 121, 13, 16; BGH WM 2000, 2371, 2372.
12 St. Rspr., vgl. BGH WM 1998,1886; 2001, 1863, 1864.
13 WM 2002, 223, 224.
14 BGHZ 146, 37, 41; BGH WM 2002, 223, 224; 2002, 1649, 1650.

einzigen und den finanziellen Verhältnissen der Eheleute auch entsprechenden Fahrzeuges.

Man mag darüber streiten, ob mit dieser Entscheidung des 11. Zivilsenats frühere Rechtsprechungsgrundsätze modifiziert worden sind oder ob insoweit nur eine Klarstellung erfolgt ist. Jedenfalls war die bisherige Rechtsprechung des Bundesgerichtshofs nicht nur vom Berufungsgericht in dem entschiedenen Fall, sondern auch von Teilen der Literatur dahin verstanden worden, als ob in solchen Fällen dem Vertragswortlaut als Ausgangspunkt jeder Auslegung nur eine untergeordnete Bedeutung zukäme. Daran wurde – allerdings mit letztlich unterschiedlichen Lösungsvorschlägen in der Sache – die Kritik geknüpft, die gängige Auslegungsmethodik decke bei einem klaren Wortlaut des Vertragstextes keine diesen missachtende Einordnung des Vertrages; vielmehr sei der erklärte Wille anzuerkennen, als Mitdarlehensnehmer zu haften.[15] Dieser Kritik hat der Bundesgerichtshof die Spitze genommen.

Auf die sich daraus ergebenden Folgerungen hat insbesondere *Madaus*[16] bereits hingewiesen: ist bei der Vertragsauslegung in erster Linie an den von den Parteien gewählten Wortlaut der Vereinbarung und an den diesem zu entnehmenden objektiv erklärten Parteiwillen anzuknüpfen, so ist dann, wenn der Mithaftende als „Mitdarlehensnehmer" oder „Mitantragsteller" den Darlehensvertrag mit unterzeichnet hat, zunächst davon auszugehen, dass die Parteien eine echte Mitvertragspartnerschaft des Unterzeichnenden wollten, an der sich dieser grundsätzlich festhalten lassen muss. Es obliegt dann dem angeblich nur Mithaftenden, Tatsachen dafür vorzutragen und gegebenenfalls zu beweisen, dass die Parteien abweichend von diesem Wortlaut übereinstimmend eine andere als die bezeichnete Rechtsfolge wollten. Diese Verteilung der Darlegung- und Beweislast entspricht allgemeinen Regeln und gilt insbesondere auch für die Nichtigkeitsfolge aus § 138 Abs. 1 BGB. Im umgekehrten Fall, in dem der Mithaftende etwa als „Beitretender" oder als „Sicherungsmitschuldner" bezeichnet worden ist, wird man davon ausgehen müssen, dass es hier dem Darlehensgeber obliegt, darzulegen und gegebenenfalls zu beweisen, warum tatsächlich eine Haftung als echter Mitdarlehensnehmer gewollt war. Andere denkbare Bezeichnungen wie „Mitschuldner" oder „Zweitschuldner" werden wegen ihrer Ambivalenz für die Auslegung

---

15 Vgl. die Nachweise bei *Madaus*, WM 2003, 1705, 1706 f.

16 WM 2003, 1705, 1707.

vielfach unergiebig sein. Hier werden von vornherein die weiteren Umstände mit in den Blick zu nehmen sein, die einen Rückschluss auf die gewünschte Haftungsart zulassen. Im Zweifel wird das Vorliegen einer echten Mitvertragspartnerschaft oder einer bloßen Mithaftung aber danach zu entscheiden sein, ob der Mitunterzeichnende ein eigenes Interesse an der Kreditgewährung hat und im Wesentlichen gleichberechtigt über die Verwendung der Darlehensvaluta mitentscheiden kann. Auch wenn in den formularmäßigen Darlehensverträgen der Kreditinstitute häufig die Bezeichnungen „Darlehensnehmer" oder „Antragsteller" Verwendung finden, sind unzumutbare beweismäßige Belastungen für Personen, die tatsächlich lediglich Mithaftende sein sollten, deshalb nicht zu erwarten. Der Verwendungszweck des zu gewährenden Darlehens wird bei Krediten der hier in Rede stehenden Größenordnung zumeist ausdrücklich vereinbart, vielfach auch im Darlehensvertrag dokumentiert. Buchungsunterlagen ermöglichen normalerweise auch die Feststellung, zu welchen Zwecken die Darlehensvaluta letztlich Verwendung gefunden hat. Hieraus wird sich in der Regel ohne größere Beweisschwierigkeiten ableiten lassen, ob die Darlehensaufnahme im Interesse des bloß Mithaftenden lag oder nicht.

III. Vorauszahlungsbürgschaften gemäß § 7 Makler- und Bauträgerverordnung

Die Verordnung über die Pflichten der Makler, Darlehens- und Anlagenvermittler, Bauträger und Baubetreuer – kurz Makler- und Bauträgerverordnung – stellt gewerberechtliche Vorschriften für Gewerbetreibende auf, die nach § 34 c Abs. 1 der Gewerbeordnung einer Erlaubnis bedürfen. Ein solcher Gewerbetreibender bleibt gemäß § 3 MaBV grundsätzlich zur Vorleistung verpflichtet. Nach § 3 Abs. 2 MaBV darf der Gewerbetreibende insbesondere Zahlungen des Auftraggebers nur entsprechend dem Baufortschritt entgegen nehmen. Unter anderem von dieser Verpflichtung befreit die Ausnahmevorschrift des § 7 MaBV den Gewerbetreibenden, der den Auftraggeber hinsichtlich seiner Abschlags- und Vorauszahlungen durch eine Bürgschaft eines Kreditinstituts oder eine Bürgschaftsversicherung absichert. Umfang und Reichweite einer Bürgschaft nach § 7 MaBV hat der Bundesgerichtshof in jüngerer Zeit in mehreren Entscheidungen präzisiert.

In einem grundlegenden Urteil vom 18. Juni 2002[17] hat der Senat die Reichweite der von der dortigen Beklagten übernommenen Bürgschaft anhand des Wortlauts und ihres unter Berücksichtigung des § 7 MaBV zu ermittelnden Schutzzwecks bestimmt und Folgendes ausgeführt: Nach dem Wortlaut sichert die von der Beklagten übernommene formularmäßige Bürgschaft alle etwaigen Ansprüche des Auftraggebers gegen den Bauträger auf Rückgewähr oder Auszahlung der von ihm geleisteten Vorauszahlung. Eine irgendwie geartete Beschränkung auf bestimmte Ansprüche des Auftraggebers ist dem Wortlaut der Bürgschaft, der im Zweifel gegen die Beklagte als Verwenderin des Bürgschaftsformulars auszulegen ist (§ 5 AGBG), nicht zu entnehmen. Entscheidend ist danach vielmehr, dass dem Auftraggeber – gleichgültig aus welchem Grund – ein Anspruch auf (teilweise) Rückgewähr seiner Vorauszahlung zusteht, weil der Bauträger seine Verpflichtung (teilweise) nicht oder schlecht erfüllt hat. Vom Wortlaut erfasst werden daher sowohl Ansprüche auf Ersatz von Aufwendungen für Mängelbeseitigung [18] als auch Ansprüche auf Rückgewähr der Vorauszahlung, die aus einer auf Mängel gestützten Wandlung oder Minderung oder aber aus einem Schadensersatzanspruch wegen (teilweiser) Nichterfüllung resultieren.

Für eine solche weite Auslegung spricht auch der Schutzzweck der Bürgschaft. Dieser ist, da es sich ausdrücklich um eine „Bürgschaft gemäß § 7 MaBV" handelt, anhand dieser Vorschrift zu bestimmen. Zwar regelt die MaBV nach der Rechtsprechung des Bundesgerichtshofs keine zivilrechtlichen Fragen, sondern wendet sich als öffentlich-rechtliche Verordnung des Gewerberechts mit Geboten und Verboten an Bauträger.[19] Sie ist aber gleichwohl für die Bestimmung des von den Parteien angestrebten Sicherungszwecks von wesentlicher Bedeutung, weil nur eine Bürgschaft, die den Anforderungen des § 7 Abs. 1 Satz 1 MaBV genügt, dem Bauträger die Entgegennahme von Vorausleistungen des Auftraggebers erlaubt.

---

17 WM 2002, 1655 = BGHZ 151, 147; siehe hierzu *Vogel*, IBR 2002, 485, *Pause*, BKR 2002, 772, *Blank*, BGHReport 2002, 832, *Rösler*, EWiR 2002, 927, *Benicke*, LM MaBV Nr. 10 (11/2002), *Kanzleiter*, DNotZ 2002, 819, *Thode*, WuB I E 5 Bankbürgschaft/-garantie 6.02, *Probst*, JR 2003, 65, *Martinek*, JZ 2003, 260, *Blank* BTR 2003, 38.

18 BGH WM 1999, 535, 537.

19 Vgl. BGHZ 146, 250, 259 f.

Durch die nach § 7 Abs. 1 MaBV vom Bauträger zu stellende Bankbürgschaft soll der Erwerber einen angemessenen Ausgleich für die von ihm eingegangene Verpflichtung erhalten, die Vergütung für das herzustellende Werk sofort zu entrichten und nicht erst, entsprechend der gesetzlichen Regelung in § 641 Abs. 1 Satz 1 BGB, bei Abnahme oder, wie es § 3 Abs. 2 MaBV gestattet, in Raten entsprechend dem Bauablauf nach Bauabschnitten. Eine Vorleistungspflicht benachteiligt den Erwerber nämlich in erheblichem Maße. Er verliert insbesondere die Möglichkeit, sein gesetzliches Leistungsverweigerungsrecht nach § 320 BGB geltend zu machen oder mit (Schadensersatz-)Ansprüchen aufzurechnen, wenn der Bauträger nicht oder schlecht erfüllt.[20] Wenn diese Nachteile durch die vom Bauträger nach § 7 Abs. 1 MaBV zu stellende Bürgschaft angemessen ausgeglichen werden sollen, so gebietet es der Schutzzweck des § 7 MaBV, den Sicherungsumfang der zu stellenden Bürgschaft weit zu bestimmen.[21] Der 11. Zivilsenat sah sich darin von mehreren vorangegangenen Entscheidungen des 9. Zivilsenats[22] bestärkt und hat daran auch bis in die neueste Zeit festgehalten.[23]

Später ist dem 11. Zivilsenat vorgehalten worden, er habe in dieser Entscheidung offen gelassen, ob auch Gewährleistungsansprüche nach der rechtsgeschäftlichen Abnahme i.S.d. § 640 BGB unter die Bürgschaft nach § 7 MaBV fielen.[24] Diese Kritik ist nicht gerechtfertigt. In der genannten Entscheidung heißt es, dass auf Grund der typischen Interessenlage eine Bürgschaft nach § 7 MaBV dahin zu verstehen sei, dass zu den abgesicherten Ansprüchen auf Rückgewähr des voraus gezahlten Kaufpreises auch Ansprüche auf Ersatz für Aufwendungen zur Mängelbeseitigung nach § 633 Abs. 3 BGB alter Fassung gehören, wenn sie – wie im entschiedenen Fall – vor der Abnahme des Werkes entstanden und geltend gemacht worden seien. Dazu können auch zusätzlich aufgewandte Architektenkosten gehören. Nur zu solchen – vor der Abnahme entstandenen – Ansprüchen verhält sich also die hier zitierte Entscheidung, nicht jedoch zu Gewährleistungsansprüchen

---

20 Vgl. BGH WM 1999, 535, 537.

21 BGH WM 2002, 1506.

22 BGH WM 1999, 535, 537; 2001, 1756, 1758.

23 BGH NJW-RR 2003, 959; WM 2004, 724; siehe hierzu *Vogel* IBR 2003, 254, 362, *Häublein* , EWiR 2004, 547, *Krepold*, WuB I E 5 Bankbürgschaft/-garantie 3.04.

24 Etwa *Basty*, DNotZ 2002, 572; *Rösler* EWiR 2002, 928.

nach rechtsgeschäftlicher Abnahme. Ob letztere von einer Bürgschaft nach § 7 MaBV abgesichert sind, war in diesem Fall einfach nicht zu entscheiden.

Eine Bürgschaft nach § 7 Abs. 1 MaBV sichert nach ihrem Schutzzweck auch Schadensersatzansprüche aus positiver Forderungsverletzung. Sie sichert auch alle weiteren Ansprüche, die sich aus einer Störung des Gleichgewichts zwischen den geleisteten Zahlungen des Erwerbers und den erbrachten Leistungen des Bauträgers ergeben. Da der Erwerber für den vorausgezahlten Kaufpreis neben der Grundstücksübereignung eine vollständige, mängelfreie Leistung des Bauträgers beanspruchen kann, ist er nur dann ausreichend geschützt, wenn die ihm bei Leistungsstörungen gegebenen Ansprüche wegen Nichterfüllung und verspäteter oder mangelhafter Erfüllung abgesichert werden, auf Grund derer der Erwerber die Rückzahlung des geleisteten Vorschusses – gegebenenfalls teilweise – verlangen kann. Darunter fallen neben den Mängelbeseitigungskosten gemäß § 633 Abs. 3 BGB auch Schadensersatzansprüche aus positiver Forderungsverletzung.[25]

Durch zwei Urteile vom 22. Oktober 2002[26] bekam der Bundesgerichtshof Gelegenheit, die von Teilen der Literatur vermisste Klarstellung nachzuholen. In diesen beiden Parallelfällen war es hinsichtlich des Sondereigentums bereits zu einer Bauabnahme gekommen, nicht jedoch in Bezug auf das Gemeinschaftseigentum. Hinsichtlich der behaupteten Mängel am Gemeinschaftseigentum hat der 11. Zivilsenat einen Anspruch des Erwerbers auf Ersatz von Aufwendungen für die Beseitigung der Mängel nach § 633 Abs. 3 BGB alter Fassung für denkbar gehalten. Solche vor Abnahme geltend gemachten Ansprüche könnten dazu führen, dass dem Erwerber ein Anspruch auf Rückzahlung eines Teils des im voraus gezahlten Kaufpreises gegen die Bauträgerin zustehen könne. Unter Bezugnahme vor allem auf Entscheidungen des 9. Zivilsenats sowie auf sein eigenes Urteil vom 18. Juni 2002 führt der 11. Zivilsenat dann aus, es sei in der Rechtsprechung des Bundesgerichtshofs anerkannt, dass eine Bürgschaft gemäß § 7 MaBV solche Ansprüche absichere. Eben dies hat der Senat dann jedoch verneint für die Ansprüche des Erwerbers auf Ersatz der Kosten für die Beseitigung von

25 *Koeble*, Rechtshandbuch Immobilien 1986 Band I Rdn. 44.

26 WM 2002, 2411, NJW-RR 2003, 452; siehe hierzu *Blank*, IBR 2003, 23, 79, *ders.*, BTR 2003, 38, *Rösler*, EWiR 2003, 407, *Vogel*, ZfIR 2003, 60, *Wagner*, WuB I E 5 Bankbürgschaft/-garantie 3.03.

Mängeln an der in seinem Sondereigentum stehenden Eigentumswohnung, weil insoweit bereits eine Abnahme stattgefunden hatte.

Durch die nach § 7 MaBV vom Bauträger zu stellende Bürgschaft soll – wie bereits ausgeführt – der Erwerber (nur) einen angemessenen Ausgleich für die von ihm eingegangene Verpflichtung erhalten, die Vergütung für das zu erstellende Werk sofort zu entrichten und nicht erst, entsprechend der gesetzlichen Regelung in § 641 Abs. 1 Satz 1 BGB, bei der Abnahme oder, wie es § 3 Abs. 2 MaBV gestattet, in Raten entsprechend dem Bauablauf nach Bauabschnitten. Ein Bedürfnis für eine derartige Sicherung besteht dann nicht mehr, wenn der Eigentümer das Werk vom Unternehmer als mangelfrei abgenommen hat und auch nach der gesetzlichen Regelung oder nach § 3 MaBV verpflichtet wäre, den gesamten Kaufpreis zu zahlen. Mängel, die nicht im Abnahmeprotokoll festgehalten sind, sondern erst nach Abnahme der Eigentumswohnung auftreten, können danach zwar zu einem Rückzahlungsanspruch gegen den Bauträger führen, nicht aber dazu, dass die Bürgschaft nach § 7 MaBV in Anspruch genommen werden kann.[27] Sonst würde der vorauszahlende Erwerber besser stehen als der Käufer, der nach Baufortschritt zahlt, und der Bauträger wäre gehalten, die Bürgschaft während der gesamten Gewährleistungsfrist aufrechtzuerhalten und dafür Avalprovision zu zahlen.[28] Da der Kläger die Eigentumswohnung bereits mangelfrei abgenommen hatte, kamen Ansprüche aus der Bürgschaft nach § 7 MaBV nicht mehr in Betracht. Etwas anderes würde nach diesen Ausführungen aber für den Fall gelten, dass Mängel am Sondereigentum im Abnahmeprotokoll festgehalten worden wären. Soweit diese bereits vor der Abnahme geltend gemacht worden sind und zu Ansprüchen des Erwerbers geführt haben, werden die auch durch die Bürgschaft nach § 7 MaBV abgesichert.

Der Bundesgerichtshof hatte auch bereits Gelegenheit, dazu Stellung zu nehmen, welche denkbaren Ansprüche des Erwerbers gegen den Bauträger durch eine Bürgschaft nach § 7 MaBV nicht abgesichert sind. So hat er dem Erwerber im Urteil vom 18. Juni 2002[29] die im Hinblick auf die nicht fristgerechte Fertigstellung des Baus geltend gemachte Nutzungsentschädigung und den deshalb begehrten Ausgleich für steuerliche Nachteile aber-

---

27 *Ewenz*, ZfIR 2000, 8, 13.
28 *von Heymann/Rösler*, WuB I E 5.-4.99.
29 BGHZ 151, 147, siehe oben Fn. 17.

kannt. Eine Bürgschaft nach § 7 MaBV solle wegen vom Bauträger zu verantwortender Leistungsstörungen Ansprüche auf Rückzahlung im voraus geleisteter Beträge sichern, nicht aber darüber hinaus zur Absicherung von erwarteten Steuervorteile und Nutzungen dienen.[30] In seinen Urteilen vom 22. Oktober 2002 hat der 11. Zivilsenat abermals zum Ausdruck gebracht, dass vom Schutzzweck einer Bürgschaft nach § 7 MaBV ein Anspruch auf Ersatz eines Mietausfallschadens aus Verzugsgesichtspunkten nicht abgedeckt sei.[31] In seinem Urteil vom 11. März 2003[32] hat der 11. Zivilsenat seine Auffassung, dass eine solche Bürgschaft keine Ansprüche des Auftraggebers auf Ersatz entgangener Steuervorteile oder Nutzungen sichere, die durch Überschreitung der Bauzeit entstanden seien, eingehender begründet:

Der sich aus einem vom Bauträger zu vertretenden Leistungsverzug ergebende Anspruch des Auftraggebers gemäß §§ 284, 286 Abs. 1 BGB a.F. ist kein unselbständiger Rechnungsposten im Rahmen der Schlussabrechnung, der zu einer durch die Bankbürgschaft gemäß § 7 MaBV gesicherten Rückzahlungsforderung führen kann. In die Schlussabrechnung des Bauvorhabens sind grundsätzlich nur solche Ansprüche einzustellen, die auf einer Minderung der Gebrauchstauglichkeit oder des Wertes der Unternehmerleistung, also einer Äquivalenzstörung, beruhen und das im Bauträgervertrag angelegte Gleichgewicht der gegenseitigen Leistungen wiederherstellen sollen.[33] Allein bei ihnen besteht nämlich die Gefahr, dass der um sein Leistungsverweigerungsrecht gebrachte Erwerber im Falle der Insolvenz des Bauträgers oder vergleichbarer Leistungshindernisse nicht das erhält, was ihm nach dem Bauträgervertrag zusteht. Der vom Kläger geltend gemachte Schadensersatzanspruch gemäß §§ 284, 286 Abs. 1 BGB a.F. ist seiner Natur nach nicht auf die Herstellung einer Gleichwertigkeit von (Voraus-)Leistung und Gegenleistung gerichtet, sondern auf Ersatz eines selbständigen, weitergehenden Verzögerungsschadens. Infolgedessen tritt er neben etwaige Ansprüche des Auftraggebers wegen Nicht- oder Schlechterfüllung des Bauträgervertrages und bleibt von einem Rücktritt des Gläubigers vom Vertrag

30 Unter Hinweis auf *Speck*, MittRhNotK 1995, 117, 125.

31 So auch BGH WM 2003, 485; siehe hierzu *Vogel*, IBR 2003, 198, *Wagner*, WuB I E 5 Bankbürgschaft/-garantie 5.03, *Blank*, EWiR 2003, 721, *Grziwotz*, BauRB 2003, 36, *Thur*, BrBp 2003, 117.

32 NJW-RR 2003, 959; hierzu *Vogel*, IBR 2003, 362.

33 Siehe auch *Gero Fischer*, WM 2003, 1, 2, m.w.Nachw.

unberührt.[34] Ein solcher Anspruch, der nicht darauf beruht, dass die Unternehmerleistung hinter der vertraglich vorausgesetzten Gebrauchstauglichkeit oder Werthaltigkeit zurückbleibt, wird von der Bürgschaft nach § 7 MaBV grundsätzlich nicht erfasst. Der Sicherungszweck einer Bürgschaft gemäß § 7 MaBV würde unzulässigerweise ausgedehnt, wenn die Bürgenhaftung auf alle vor der Abnahmereife entstandenen Ansprüche des Auftraggebers unabhängig von einer Beeinträchtigung des vertraglichen Äquivalenzverhältnisses erstreckt würde. Soll das den Regeln des § 7 MaBV zugrunde liegende Risikoverteilungsmodell zu Lasten des Bürgen geändert werden und dieser auch für die regelmäßig unabsehbaren Folgen verspäteter – sonst aber völlig einwandfreier – Leistung des Bauträgers einstehen, so muss sich ein solcher Wille grundsätzlich aus der Vertragsurkunde ergeben (§ 766 BGB). Letzteres war in dem entschiedenen Fall nicht gegeben, so dass der Senat eine Bürgenhaftung für verzugsbedingte Mietausfälle verneinte.

IV. Prozessbürgschaften zum Zweck der Aufhebung von Zwangsvollstreckungsmaßnahmen

Ein neueres Urteil des 11. Zivilsenats vom 16. März 2004[35] hatte eine Prozessbürgschaft zum Gegenstand. Hier stellten sich an der Schnittstelle zwischen materiellem Bürgschaftsrecht und Prozessrecht Probleme, die der Bundesgerichtshof jetzt erstmals in den Blick nehmen konnte. In dem zu Grunde liegenden Fall hatte die Klägerin, ein Kreditinstitut, wegen einer titulierten Forderung über 500.000 DM einen Pkw bei ihrem Schuldner pfänden lassen. Hiergegen erhob der angeblich wirkliche Eigentümer des Autos Drittwiderspruchsklage mit dem Ziel der Freigabe des Fahrzeugs. Das Landgericht stellte auf Antrag des Drittwiderspruchsklägers die Zwangsvollstreckung der Klägerin gegen Sicherheitsleistung von 45.000 DM vorläufig ein und ließ diesem nach, die Sicherheit durch eine Bankbürgschaft zu erbringen. Die Beklagte, ebenfalls ein Kreditinstitut, übernahm daraufhin im Auftrag des Drittwiderspruchsklägers eine formularmäßige selbstschuldnerische Bürgschaft bis zu der genannten Höhe für gegenwärtige und künftige

34 BGHZ 88, 46, 49 f.; *U. Huber*, Leistungsstörungen Bd. I § 21 I b, S. 495; jeweils m.w.Nachw.

35 WM 2004, 876; siehe hierzu *Reichling*, ProzRB 2004, 239.

Ansprüche der Klägerin gegen den Drittwiderspruchskläger. Später erhöhte das Landgericht die zu leistende Sicherheit auf 55.000 DM und ordnete zugleich an, dass die bereits getroffenen Vollstreckungsmaßnahmen nach Sicherheitsleistung aufzuheben seien. Nachdem die beklagte Bank gegenüber der Klägerin eine weitere Bürgschaft über 10.000 DM übernommen hatte, wurde das gepfändete Fahrzeug von dem Gerichtsvollzieher freigegeben und anschließend durch den Drittwiderspruchskläger zum Preis von 43.000 DM veräußert. Zuvor wäre bei der von dem Gerichtsvollzieher bereits anberaumten Versteigerung – wie zwischen den Parteien unstreitig war – nur ein Erlös von 28.000 DM erzielt worden. Später wurde die Drittwiderspruchsklage abgewiesen, weil der Kläger sein Eigentum an dem Pkw nicht nachweisen konnte. Das Berufungsgericht hat der Klage der Bürgschaftsgläubigerin gegen die Bürgin in Höhe von 28.000 DM stattgegeben.

Die Revision der Beklagten warf nun im Wesentlichen zwei Probleme auf: Zum einen haftet die von einem Gericht gemäß § 771 Abs. 3 ZPO angeordnete Sicherheitsleistung, die der Drittwiderspruchskläger dem Gläubiger bei Einstellung der bereits eingeleiteten Vollstreckungsmaßnahmen leistet, grundsätzlich nur für den sogenannten „Verzögerungsschaden", wie er sich vor allem aus einem Wertverlust der Pfandsache ergeben kann.[36] Bekanntes Beispiel hierfür sind etwa die gepfändeten Pferde, die während des Zeitraums der Pfändung erkranken und verenden. Ein solcher Verzögerungsschaden in Gestalt eines Wertverlustes des Pkw wurde hier jedoch nicht geltend gemacht und war auch nicht ersichtlich. Die Klägerin machte mit ihrer Bürgschaftsklage vielmehr ihren durch die Aufhebung der Pfändung und die Veräußerung des Pkw durch den Drittwiderspruchskläger entstandenen Schaden geltend. Dass der Bürgschaft der Beklagten zumindest in ihrer endgültigen Fassung eine hierauf gerichtete Sicherungsabrede zu Grunde lag, hatte das Berufungsgericht nicht festgestellt. Vor allem aber stellte sich im Hinblick auf den Grundsatz der Akzessorietät der Bürgschaft die Frage, welcher Anspruch hier als abgesicherte Hauptschuld in Betracht kam. Es war also zu prüfen, ob der Klägerin als Pfändungsgläubigerin Schadensersatzansprüche gegen den Drittwiderspruchskläger im Zusammenhang damit zustehen, dass dieser – wenn auch letztlich ohne Erfolg – Drittwiderspruchsklage erhoben und in diesem Zusammenhang einen Beschluss des Gerichts erwirkt hat, mit

36 Siehe etwa RGZ 86, 36, 39 f.; BGHZ 95, 10, 13.

dem die Zwangsvollstreckung der Klägerin einstweilen gegen eine – auch durch eine Bürgschaft zu erbringende – Sicherheitsleistung eingestellt worden ist.

Bei der Prüfung dieser Frage stößt man schnell auf eine Entscheidung des 9. Zivilsenats des Bundesgerichtshofs aus dem Jahre 1985.[37] Hier hat der 9. Zivilsenat zunächst geprüft, ob § 717 Abs. 2 und vergleichbare Vorschriften der Zivilprozessordnung[38] entsprechend anwendbar sind, wenn sich eine einstweilige Einstellung der Zwangsvollstreckung nach § 771 Abs. 3 ZPO nachträglich als ungerechtfertigt erweist. § 717 Abs. 2 ZPO sieht vor, dass der Kläger, wenn ein von ihm erwirktes und für vorläufig vollstreckbar erklärtes Urteil aufgehoben oder abgeändert wird, zum Ersatz des Schadens verpflichtet ist, der dem Beklagten durch die Vollstreckung des Urteils oder durch eine zur Abwendung der Vollstreckung erbrachte Leistung entstanden ist. Diese Vorschrift ordnet also an, dass die Vollstreckung aus einem nur vorläufigen Titel den Vollstreckungsgläubiger ohne Rücksicht auf ein Verschulden zum Ersatz verpflichtet, wenn der Titel später aufgehoben oder abgeändert wird. Darum ging es im vorliegenden Fall nicht. Vielmehr verlangte die Klägerin aus der Bürgschaft Ersatz eines Schadens, der ihr als Vollstreckungsgläubigerin aus einer sachlich nicht gerechtfertigten Aufhebung der Vollstreckung entstanden ist, die der Drittwiderspruchskläger erwirkt hat. Eine entsprechende Anwendung des § 717 Abs. 2 ZPO auf den Fall einer vorläufigen Einstellung der Zwangsvollstreckung nach § 771 Abs. 3 ZPO hat der 9. Zivilsenat im Wesentlichen mit der Erwägung verneint, dass es sich um eine einer Analogie nicht zugängliche Ausnahmevorschrift handele.

Er hat ferner entschieden, dass der Widerspruchskläger jedenfalls bei nur leicht fahrlässiger Verkennung der Rechtslage auch nicht nach § 823 Abs. 1 BGB für den dem Vollstreckungsgläubiger infolge der Einstellung entstandenen Schaden haftet. Hierfür war letztlich die auch von anderen Senaten des Bundesgerichtshofs geteilte Erwägung maßgebend, dass derjenige, der sich eines staatlichen, gesetzlich eingerichteten und geregelten Verfahrens bediene, auch dann nicht rechtswidrig in den geschützten Rechtskreis seines Verfahrensgegners eingreife, wenn sein Begehren sachlich nicht gerecht-

37 BGHZ 95, 10.
38 Etwa § 302 Abs. 4 Satz 3, § 600 Abs. 2 und § 945 ZPO.

fertigt sei und dem anderen Teil aus dem Verfahren Nachteile erwüchsen. Er sei deshalb nicht verpflichtet, vorher mit Sorgfalt zu prüfen, ob er sich zur Ingangsetzung des Verfahrens für berechtigt halten dürfe, oder gar seine Interessen gegen die des Gegners abzuwägen. Den Schutz des Gegners übernehme das Verfahren selbst nach Maßgabe seiner gesetzlichen Ausgestaltung. Die Einleitung und Durchführung eines gesetzlich geregelten Verfahrens der Rechtspflege schließe den Vorwurf der Rechtswidrigkeit zwar nicht schlechthin aus, jedoch indiziere ein subjektiv redliches Verhalten in einem gesetzlich geregelten Verfahren nicht schon – wie im Regelfall – die Rechtswidrigkeit. Das schadensursächliche Verhalten genieße angesichts seiner verfahrensrechtlichen Legalität zunächst die Vermutung der Rechtmäßigkeit. Der Rechtsschutzbegehrende hafte deshalb grundsätzlich seinem Gegner nicht außerhalb der schon im Verfahrensrecht vorgesehenen Sanktionen nach dem Recht der unerlaubten Handlung für die Folgen einer nur – leicht – fahrlässigen Fehleinschätzung der Rechtslage. Für den vorliegenden Fall bedeutete dies, dass ein Anspruch der Klägerin als Vollstreckungsgläubigerin gegen den Drittwiderspruchskläger aus unerlaubter Handlung nur in Betracht kam, wenn dieser die Drittwiderspruchsklage in nicht nur leicht fahrlässiger Verkennung der Rechtslage erhoben hatte. Auch hierzu waren in den Vorinstanzen keinerlei Feststellungen getroffen worden. Es war also völlig offen, ob der Drittwiderspruchskläger nachvollziehbare Gründe dafür hatte, sich für den wahren Eigentümer des gepfändeten Pkws zu halten, oder ob er etwa mit dem Vollstreckungsschuldner unter einer Decke steckte und diesem das Fahrzeug oder den Erlös hieraus zu Unrecht erhalten wollte.

Der 11. Zivilsenat hat die vom Berufungsgericht vorgenommene Auslegung als in sich widersprüchlich verworfen und die abgegebenen Erklärungen selbst – und anders – ausgelegt. Die beklagte Bank habe jedenfalls mit der Bürgschaft in ihrer endgültigen Fassung zusammen mit dem früheren Drittwiderspruchskläger die Haftung dafür übernommen, dass der Klägerin durch die Aufhebung der Vollstreckungsmaßnahmen kein Vermögensschaden entstehe. Der vom Drittwiderspruchskläger gestellten pfandgleichen Sicherheit liege ein auf Ersatz des sogenannten „Aufhebungsschadens" gerichtetes selbständiges Garantieversprechen zu Grunde. Wenn eine gemäß § 771 Abs. 3 Satz 1 ZPO erlassene Anordnung die Aufhebung einer Pfändung erlaube, hafte die gestellte Sicherheit an Stelle des Pfandgegenstandes insoweit, als der Gläubiger bei Fortbestand der Pfändung aus ihm befriedigt worden wäre. Ihm müsse daher grundsätzlich voller Ersatz für die aus der

Anordnung entstehenden Nachteile gewährt werden. Die pfandgleiche Sicherheit könne ihren Zweck grundsätzlich nur dann erfüllen, wenn sie den Prozessgegner unter allen Umständen so stelle, wie er bei einer Verwertung der Pfandsache gestanden hätte. Es liege daher in der Natur einer derartigen umfassenden Sicherheit, dass der Drittwiderspruchskläger als Sicherungsgeber stillschweigend eine entsprechende Garantie für den ungewissen Fall der Klageabweisung übernehme. Würde er gegenüber dem Gläubiger kein selbständiges Garantieversprechen abgeben und nicht neben der Sicherheit auch persönlich haften, hinge die Haftung der Sicherheit von einem Verschuldenserfordernis ab. Das wäre kein ausreichendes Äquivalent für die mit der Ungewissheit des Prozessausgangs behaftete Aufhebung der Vollstreckungsmaßnahmen. Nach dem Zweck der Sicherheitsleistung nahm der Senat dann auch eine Auslegung der von der beklagten Bank übernommenen Bürgschaft vor und gelangte zu dem Ergebnis, dass jedenfalls nach dem Inhalt des endgültigen Bürgschaftsvertrages der „Aufhebungsschaden" in Höhe des entgangenen Versteigerungserlöses zu ersetzen sei.

Dieses Urteil des 11. Zivilsenats stellt sich bei erster Betrachtung als Entscheidung in einem Einzelfall dar, in dem ein Revisionsgericht die grundsätzlich den Tatsacheninstanzen vorbehaltene Auslegung von Individualvereinbarungen wegen revisionsrechtlich relevanter Auslegungsfehler selbst und anders vorgenommen hat. Das Urteil misst sich allerdings ausweislich seines ersten Leitsatzes Bedeutung für alle Fälle bei, in denen es sich um die Absicherung eines sogenannten „Aufhebungsschadens" handelt. In allen Fällen, in denen die Absicherung eines solchen Aufhebungsschadens beabsichtigt ist, wird sich die Frage stellen, ob die Einstellung der Zwangsvollstreckung von einem Sicherungsmittel abhängig gemacht werden kann, das den Sicherungsinteressen des Vollstreckungsgläubigers deshalb nicht genügt, weil es in seinem Wert letztlich von dem Vorliegen eines qualifizierten Verschuldens auf Seiten des Drittwiderspruchsklägers abhängig ist. Daher wird die Auslegung entsprechender Erklärungen als Garantie möglicherweise auch anderweitig naheliegen.

V. Nichtigkeit einer Arbeitnehmerbürgschaft für Verbindlichkeiten des Arbeitgebers

Im Oktober 2003 hatte der 11. Zivilsenat über die Wirksamkeit einer Bürgschaft zu entscheiden,[39] die ein Arbeitnehmer für die geschäftlichen Verbindlichkeiten seines Arbeitgebers übernommen hatte. Der Arbeitnehmer war als Bauleiter mit einem monatlichen Gehalt von 2220 DM bei einer im Januar 1991 in einem der neuen Länder gegründeten Baugesellschaft beschäftigt. Nachdem diese Ende 1991 in wirtschaftliche Schwierigkeiten geraten war, unterzeichneten er und zwei weitere Arbeitnehmer im Januar 1992 je eine selbstschuldnerische Bürgschaft bis zum Höchstbetrag von 200.000 DM. Bereits im April 1992 wurde ein Antrag auf Eröffnung des Gesamtvollstreckungsverfahrens über das Vermögen der Baugesellschaft mangels Masse abgelehnt. Hier hat der 11. Zivilsenat entschieden, dass eine von einem Arbeitnehmer mit mäßigem Einkommen aus Sorge um den Erhalt seines Arbeitsplatzes für einen Bankkredit des Arbeitgebers übernommene Bürgschaft sittenwidrig ist, wenn sie den Arbeitnehmer finanziell krass überfordert und sich der Arbeitgeber in einer wirtschaftlichen Notlage befindet. Der BGH hat sich damit erstmals mit der Frage einer möglichen Sittenwidrigkeit von Arbeitnehmerbürgschaften befasst. Das Urteil vermeidet weitestgehend, allgemein gültige Grundsätze über die Sittenwidrigkeit von Arbeitnehmerbürgschaften aufzustellen, sondern stellt eine sehr nahe am Sachverhalt argumentierende Einzelfallentscheidung dar. Schon von daher erscheint es fraglich, ob es den Beginn einer Entwicklungstendenz in der Rechtsprechung darzustellen vermag. Hinzu kommt der Eindruck, dass Bürgschaften von Arbeitnehmern für Verbindlichkeiten ihrer Arbeitgeber – jedenfalls aus der Sicht eines Revisionsgerichtes – in der Kreditpraxis offenbar keine Rolle spielen. Dieser Eindruck ist aber möglicherweise unzutreffend.

Um die Sittenwidrigkeit einer Arbeitnehmerbürgschaft ging es auch in einer – vom 11. Zivilsenat auch zitierten – Entscheidung des Kammergerichts aus dem Jahre 1997:[40] hier hatte ein Kampfsportlehrer, der für monatlich 2000 DM bei einem Sportstudio angestellt war, für seinen Arbeitgeber eine Höchstbetragsbürgschaft bis zu 270.000 DM übernommen. Diesen Bürg-

39 WM 2003, 2379 = BGHZ 156, 302.
40 MDR 1998, 234.

schaftsvertrag sah das Kammergericht als sittenwidrig im Sinne des § 138 Abs. 1 BGB an, weil der Bürge unter Ausnutzung seiner geschäftlichen Unerfahrenheit und seiner Sorge um den Arbeitsplatz zu einer Bürgschaft veranlasst worden sei, die ihm ein außerordentlich hohes Risiko aufgebürdet habe, ohne dass er an dem Kredit des Hauptschuldners ein eigenes wirtschaftliches Interesse gehabt hätte. Das Kammergericht bejahte dabei ein besonders grobes Missverhältnis zwischen dem Verpflichtungsumfang und der Leistungsfähigkeit des Bürgen. Die Bürgschaftsgläubigerin habe bei Abschluss des Bürgschaftsvertrages die geschäftliche Unerfahrenheit und Sorge des Bürgen um seinen Arbeitsplatz ausgenutzt, obwohl sich für sie die Fragwürdigkeit der Bürgschaft hätte aufdrängen müssen.

Zu erwähnen ist auch ein Urteil des Oberlandesgerichts Celle aus dem Jahre 1998:[41] hier hatte sich im Jahre 1993 ein technischer Betriebsleiter für die Verbindlichkeiten seines Arbeitgebers in Höhe von 50.000 DM verbürgt. Anlässlich der Gewährung eines weiteren Kontokorrentkredits von 500.000 DM an den Arbeitgeber nahm das klagende Kreditinstitut dann auch noch gleich sieben weitere Bürgschaften von Arbeitnehmern herein. Das OLG Celle sah die streitgegenständliche Bürgschaft als nichtig an, da Bürgschaften von Arbeitnehmern für geschäftliche Verbindlichkeiten des Arbeitgebers grundsätzlich sittenwidrig seien. Das Oberlandesgericht nahm dabei im Wesentlichen Bezug auf ein Urteil des Bundesarbeitsgerichts, das im Jahre 1990[42] entschieden hat, eine arbeitsvertragliche Vergütungsregelung verstoße gegen die guten Sitten, wenn der Arbeitnehmer mit dem Betriebs- oder Wirtschaftsrisiko des Arbeitgebers belastet werde; das sei insbesondere dann anzunehmen, wenn eine Vergütungsabrede eine Verlustbeteiligung des Arbeitnehmers vorsehe. Nach Auffassung des Oberlandesgerichts Celle stellte die im Streit stehende Bürgschaft nichts anderes als eine solche Verlustbeteiligung dar. Die bürgenden Arbeitnehmer würden ohne einen angemessenen Ausgleich mit dem Betriebs- oder Wirtschaftsrisiko ihres Arbeitgebers belastet. Zusätzlich stützt das OLG Celle sein Verdikt der Sittenwidrigkeit der Bürgschaft aber noch auf weitere Umstände; so habe der Bürge als technischer Betriebsleiter weder konkrete Einflussnahmemöglichkeiten auf die Geschäftsführung der Hauptschuldnerin gehabt noch Einblick in die

41 OLGR 2000, 42.
42 NJW 1991, 860.

wirtschaftlichen und finanziellen Verhältnisse des Unternehmens. Im Hinblick auf die auch von anderen Mitarbeitern in vergleichbarer beruflicher Position gestellten Bürgschaften sei zudem ein Gruppendruck entstanden, der die durch den drohenden Konkurs bestehende Zwangslage noch verschärft habe. Sowohl das Kammergericht als auch das OLG Celle gingen dabei davon aus, dass sich das klagende Kreditinstitut diese Umstände auch subjektiv zurechnen lassen müsse. Sie seien ihm entweder bekannt gewesen oder hätten sich ihm als Hausbank des Hauptschuldners aufdrängen müssen. Fälle von Arbeitnehmerbürgschaften scheinen also möglicherweise nicht so selten zu sein, wie es auf den ersten Blick scheint.[43]

Im Urteil des 11. Zivilsenats vom 14. Oktober 2003 stützt der Senat seine Auffassung, dass der Bürgschaftsvertrag über 200.000 DM wegen Verstoßes gegen die guten Sitten gemäß § 138 Abs. 1 BGB nichtig sei, auf mehrere Gesichtspunkte. Er hebt zunächst hervor, dass eine Bürgschaft in dieser Höhe den Bürgen finanziell in krasser Weise überfordere. Dabei geht der Senat von dem auch sonst in der Rechtsprechung zur Nichtigkeit von den Bürgen finanziell krass überfordernden Bürgschaften anerkannten Grundsatz aus, dass eine Überforderung des Bürgen oder Mithaftenden grundsätzlich vorliegt, wenn er voraussichtlich nicht einmal die von den Parteien des Darlehensvertrages festgelegte Zinslast aus dem pfändbaren Teil seines Einkommens und Vermögens bei Eintritt des Sicherungsfalls dauerhaft tragen kann.[44] Bei einem pfändbaren Einkommen von monatlich 564 DM, das einer Verzinsung des Darlehens über 200.000 DM mit jährlich 17 Prozent gegenüber stand, ließ sich diese Voraussetzung unschwer bejahen. Hinzu kommt, dass das Gehalt des Bürgen von dem finanziellen Leistungsvermögen der Hauptschuldnerin abhängig und deshalb davon auszugehen ist, dass sie bei Eintritt des Sicherungsfalles entweder zahlungsunfähig oder überschuldet sein würde. Der Bundesgerichtshof stellt dann aber klar, dass dem Bürgen ohne Hinzutreten weiterer belastender Umstände nicht die in der Rechtsprechung des Bundesgerichtshofs[45] anerkannte widerlegliche Vermutung zugute kommt, wonach ein finanziell krass überforderter, dem Hauptschuldner persönlich nahe stehender Bürge die Bürgschaft nur aus emotionaler

43 Siehe auch BFH BStBl 1980 II, 395.

44 BGH WM 2002, 1649, 1651; ZIP 2003, 796, 797.

45 BGHZ 136, 347, 351; 146, 37, 42; 151, 34, 37; BGH WM 1998, 2327, 2328; 2002, 1649, 1651; ZIP 2003, 796, 797; 2003, 1596, 1598.

Verbundenheit mit dem Hauptschuldner heraus übernommen und der Gläubiger dies in verwerflicher Weise ausgenutzt hat. Diese Vermutung beruhe auf der Lebenserfahrung, dass sich ein Bürge bei Übernahme einer ruinösen Bürgschaft für einen Ehe- oder Lebenspartner, einen engen Verwandten oder Freund vor allem von Emotionen habe leiten lassen und der Kreditgeber diese ausgenutzt habe. Zwischen einem Arbeitgeber und einem Arbeitnehmer bestehe in aller Regel kein von Emotionen geprägtes, einer Ehe, einer eheähnlichen Partnerschaft oder einer engen Verwandtschaft oder Freundschaft vergleichbares persönliches Näheverhältnis. Bei einem Arbeitsverhältnis stünden nicht Emotionen, die die Fähigkeit zu rationalem Handeln erheblich beeinträchtigten, sondern die beiderseitigen, häufig gegensätzlichen Interessen der Arbeitsvertragsparteien im Vordergrund.

Das Eingreifen einer widerleglichen Vermutung zu Gunsten des Bürgen kam danach nicht in Betracht. Die Vorinstanzen hatten auch keine Erklärungen des Kreditinstituts festgestellt, mit denen die Tragweite der Haftung eines Bürgen verharmlost oder verschleiert oder die wirtschaftlichen Verhältnisse der Hauptschuldnerin geschönt dargestellt worden wären. Gleichwohl gelangte der 11. Zivilsenat zu dem Ergebnis, dass das Kreditinstitut den Bürgen auch ohne derartige verbotene Handlungen an einer freien und eigenverantwortlichen Entscheidung gehindert und dass es das in sittlich anstößiger Weise ausgenutzt habe. Angesichts der akuten Liquiditätsschwierigkeiten seiner Arbeitgeberin habe der Bürge bei Übernahme der Bürgschaft nur vor der Alternative gestanden, entweder dem über die Arbeitgeberin an ihn herangetragenen Sicherungsbegehren des Kreditinstituts zusammen mit zwei anderen Arbeitskollegen nachzugeben oder den sofortigen Verlust seines Arbeitsplatzes in Kauf zu nehmen. Ein unmittelbares eigenes wirtschaftliches Interesse an der Gewährung des verbürgten Kredits habe der Bürge nicht gehabt, da er an der GmbH nicht beteiligt gewesen sei. Er habe deshalb an Gewinnen und Wertsteigerungen der Gesellschaft nicht teilhaben können. Ohne Gewinnbeteiligung und ohne irgendeine Gegenleistung sei der Bürge in einem Umfang mit dem wirtschaftlichen Risiko der Arbeitgeberin und dem Kreditrisiko belastet worden, der geeignet gewesen sei, ihn für den Rest seines Lebens wirtschaftlich zu ruinieren. Wenn der Bürge die ihn krass überfordernde Bürgschaft dennoch übernommen habe, so sei dies allein aus Angst um seinen Arbeitsplatz und den Verlust seines Einkommens geschehen. Dafür bestehe – so der 11. Zivilsenat und damit erlangt sein Urteil doch eine über den Einzelfall hinausgehende Bedeutung – in Zeiten hoher

Arbeitslosigkeit, wie sie seit längerer Zeit vor allem auch in den neuen Ländern der Bundesrepublik herrsche, eine tatsächliche, widerlegliche Vermutung. Diese Angst habe den Bürgen daran gehindert, das Risiko der ruinösen und ohne jeden Ausgleich übernommenen Bürgschaft realistisch abzuschätzen und sich zu vergegenwärtigen, dass die Verpflichtung aus der Bürgschaft nicht mit der Auflösung des Arbeitsverhältnisses mit der Hauptschuldnerin enden würde. Unter Hinweis auf die bereits genannte Entscheidung des Bundesarbeitsgerichts[46] zur Sittenwidrigkeit einer Vereinbarung, die einen am Gewinn nicht beteiligten Arbeitnehmer mit dem wirtschaftlichen Risiko des Arbeitgebers belastet, gelangt der Senat zu der Feststellung, dass das Kreditinstitut versucht habe, von der Zwangslage des Bürgen und seiner Angst vor dem Verlust seines Arbeitsplatzes zu profitieren, und dass dem Bürgschaftsvertrag damit nach seinem aus der Zusammenfassung von Inhalt, Beweggrund und Zweck zu beurteilenden Gesamtcharakter das Gepräge der Sittenwidrigkeit zukam.

Nach den das Urteil nicht tragenden Ausführungen des Senats kam noch hinzu, dass das verwendete Bürgschaftsformular gleich mehrfach gegen Vorschriften des AGB-Gesetzes verstieß. Dieses Urteil hat Anlass zu – ganz überwiegend zustimmenden – Reaktionen der Literatur[47] gegeben. Dabei sind Spekulationen darüber angestellt worden, welche seiner einzelnen Begründungselemente ausgereicht hätten für die Annahme der Sittenwidrigkeit der Arbeitnehmerbürgschaft. Insbesondere wurde auch der Frage nachgegangen, ob hierfür allein der Gesichtspunkt der unzulässigen Überwälzung des Unternehmerrisikos auf einen Arbeitnehmer ausreichend ist.[48] Sollte die Entscheidung nicht eine abschreckende Wirkung auf die Kreditwirtschaft entfalten, wird dies gegebenenfalls noch zu klären sein.

---

46 NJW 1991, 860.

47 *Driver-Polke*, BB 2003, 2650, *Schmeel*, BGHReport 2004, 32, *Koller*, EWiR 2004, 19, *Seifert*, NJW 2004, 1707, *v. Mettenheim*, jurisPR-BGHZivilR 14/2003, *Fischer*, LMK 2004, 20, *Schmitz*, IBR 2004, 134, *Heidrich*, NJ 2004, 104, *Richrath*, WuB I F 1 a Bürgschaft 3.04.

48 *Seifert* a.a.O.

Anfängliche und nachträgliche Übersicherung bei Kreditsicherheiten

Professor Dr. Hans-Jürgen Lwowski,
Commerzbank AG, Hamburg

Das Thema Übersicherung stellt sich für die Kreditwirtschaft Januskӧpfig dar. Januskӧpfig, weil das eine Gesicht, die nachträgliche Übersicherung, dem Kreditgeber milde zulächelt, während das Gesicht der ursprünglichen Übersicherung bedrohliche Züge erhält.

Das Thema Übersicherung beschäftigt das Kreditgewerbe, die Insolvenzverwalter und die Rechtsprechung im November seit 15 Jahren. Zuvor waren unter dem Stichwort Übersicherung insbesondere bei *Serick*[1], dem Altvater des Kreditsicherungsrecht, kurze Anmerkungen zu finden, aber Blüten bis hin zu Auswüchsen in der Praxis trieb dieses Thema erst mit der Entscheidung des VIII. Zivilsenats vom 29. November 1989.[2]

Fast acht Jahre danach am 27. November 1997 klärte der Himmel mit der Entscheidung des Großen Senates[3] für die Banken wieder auf. Die „spektakulärste privatrechtliche Kontroverse des Jahrzehnts", wie *Canaris*[4] sie nannte, oder nach *Roth*[5] der „Krieg der Zivilsenate" war beendet. Die Insolvenzverwalter als Nutznießer der Rechtsprechung sprachen von sieben fetten Jahren, in denen sie Masse und Kasse machten. Herr *Nobbe* geht von vielen Milliarden an Sicherungswerten aus, die den Banken entzogen wurden,[6] dabei bestand kein dogmatischer Anlass das Thema aufzuwirbeln.

Der VII. Zivilsenat hatte in den sechziger Jahren entschieden, dass auch ohne ausdrückliche Regelung dem Sicherungsgeber der Anspruch auf Frei-

1 *Serick*, Eigentumsvorbehalt und Sicherungsübertragung, Bd. III, 1970, § 30 VII 2 b u. c. = S.79-82.
2 BGH WM 1990, 51 ff. (VIII. ZS).
3 BGH WM 1998, 227 ff. (GS).
4 *Canaris*, ZIP 1996, 1109.
5 *Roth*, JZ 1998, 462.
6 *Nobbe*, in FS Schimansky, S. 433, 434.

gabe der nicht benötigten Sicherheiten im Wege ergänzender Vertragsauslegung zustehe.[7] Auf der Welle AGB-rechtlicher Überprüfung ritten die Insolvenzverwalter die Sicherstellungsverträge über Globalsicherung zu Tode. Dabei hatte es in den Jahren zuvor keine Auseinandersetzung zwischen dem Kunden und der Bank über die Übersicherung gegeben.

Der VII.[8], VIII.[9] und IX.[10] Zivilsenat verlangten, dass in Formularen sog. „qualifizierte Freigabeklauseln" enthalten sein mussten, die den Freigabeanspruch konkret und transparent regelten. Fehlte eine der in diesen Jahren entwickelten Voraussetzungen, war der Sicherungsvertrag insgesamt unwirksam. Für die Banken ging es um alles oder gar nichts. Die Rechtsprechung zog von Fall zu Fall die Anforderungen weiter an. Die Banken litten unter der andauernden Rechtsunsicherheit. Die Presse griff das Thema auf und in einer Art vorauseilendem Gehorsam versahen – nicht alle – Banken selbst Bürgschaften mit Bewertungsklauseln, ... wahrhaft eine überbordende Angstblüte des Gewerbes." In dieser Zeit von 1989 bis Ende 1997 erließ der BGH mehr als dreißig begründete Entscheidungen sowie ungezählte Nichtannahmebeschlüsse zur Übersicherung.[11] Die Wende brachte der XI. Zivilsenat[12] unter seinem damaligem Vorsitzenden *Schimansky*. *Nobbe* schreibt heute in der Festschrift für Schimansky:

„Als der IX. und ihm folgend der VIII. Zivilsenat die Wirksamkeit von Warenlagersicherungsübereignungen auch noch von einer Klausel für die Bewertung des Sicherungsgutes abhängig machten, die es unschwer ermöglicht festzustellen, ob die Deckungsgrenze überschritten ist, nahm die Rechtsprechung durch die Forderung nach Unmöglichem prohibitive Züge an."[13]

Ein eklatantes Beispiel gab das OLG Braunschweig im sog. Baumwollfall.[14] Ausgangspunkt dieser Entscheidung war die Suche nach Deckungsgrenzen bei Übersicherungen:

---

7 BGH WM 1960, 855, 856, WM 1965, 84, 85.
8 BGH WM 1990, 1326, WM 1991, 276 (VII. ZS).
9 BGH WM 1990, 51, WM 1991, 1499, WM 1993, 139, WM 1994, 585, 587 (VIII. ZS).
10 BGH WM 1992, 813 (IX. ZS).
11 Vgl. dazu *Nobbe*, in FS Schimansky, S. 433, 434 f.
12 BGH WM, 1994, 1283 ff. (XI. ZS).
13 *Nobbe*, in FS Schimansky, S. 433, 436.
14 OLG Braunschweig WM 91, 802 ff.

„Ein formularmäßiger Raumsicherungsvertrag ist nur wirksam, wenn er eine Freigabeklausel enthält, die geeignet ist, eine unangemessene Übersicherung zu verhindern. Eine Deckungsgrenze von 400 %, bezogen auf die Einkaufspreise, hilfsweise den Zeitwert sicherungsübereigneter Wolle, ist nicht geeignet, eine unangemessene Übersicherung zu verhindern."[15]

Das OLG sattelte eine satte Handlungsspanne von 100 % drauf und kam zu einer exorbitanten Übersicherung. Tatsächlich erzielte aber die Bank 1/7 des Einkaufspreises. Diese Entwicklung tat das Gericht mit dem lapidaren Hinweis ab, das sei nicht voraussehbar gewesen. Es wurde kein Wort zu Rohstoffmärkten verloren. Der Sicherungsvertrag war unwirksam, das eine Siebtel des Erlöses musste die Bank auch noch abführen. Es wurde ein Totalausfall für sie. Es mag diese Entscheidung gewesen sein, die Kollegen Dr. Nielsen auf dem Bankrechtstag in Schwerin veranlasste, auf den Unterschied von Ölsardinen und Computern hinzuweisen: Ölsardinen = umettiketieren; Computer = entsorgen.

Die Wende brachte eine Entscheidung des XI. Zivilsenats vom Mai 1994.[16] Damit war die Korrektur eingeleitet und mit dem Beschluss des Großen Senates[17] vom 27. November 1997 vollendet. Der 2. Leitsatz entriss den Insolvenzverwaltern die Waffe der Unwirksamkeit von Globalsicherungen:

> „Bei formularmäßig bestellten, revolvierenden Globalsicherungen sind
> - weder eine ausdrückliche Freigaberegelung
> - noch eine zahlenmäßig bestimmte Deckungsgrenze
> - noch eine Klausel für die Bewertung der Sicherungsgegenstände
>
> Wirksamkeitsvoraussetzungen."

Überspitzt formuliert – wie es *Nobbe* nennt: „Was auch immer in Formularen über Globalabtretungen und Sicherungsübereignungen über die Freigabe von Sicherheiten und deren Bewertung steht, die Wirksamkeit als solche wird dadurch nicht berührt."

Der Große Senat hat es bei seiner Feststellung der Wirksamkeit nicht bewenden lassen, sondern den anscheinend entstandenen Freiraum bei den Voraussetzungen an den Freigabeanspruch ausgefüllt. Der Große Senat

---

15 2. Leitsatz des OLG Braunschweig, WM 91, 802.
16 BGH WM 1994, 1283, 1284 (XI. ZS).
17 Großer Senat BGH WM 98, 227 ff.

wollte den Sicherungsgeber nicht rechtlos stellen, denn der Anspruch auf Freigabe ist vertragsimmanent. Die Frage ist nur: Wann entsteht er?

Das Zahlenwerk des Großen Senates, das er aus § 237 BGB ableitet, soll an Beispielen verdeutlicht werden. Die erste „Deckungsgrenze" orientiert sich an den Feststellungskosten, Verwertungskosten und Rechtsverfolgungskosten sowie den Zinsansprüchen. Wenn die Umsatzsteuer mit eingerechnet wird, erhöht sich die Zahl entsprechend. Addiert kommt der Große Senat auf 26 % Besicherungsaufschlag. Bei einer Forderung von 100, würde der Freigabeanspruch bei 127 %iger Besicherung mit 1 % einsetzen. Aber – so lautet der Beschluss des Großen Senates ausdrücklich: „Diese Deckungsgrenze erlangt praktische Bedeutung nur dann, wenn ein ins Gewicht fallendes Verwertungsrisiko nicht besteht."[18] Damit bleibt diese Deckungsgrenze in der Praxis ohne Bedeutung, denn der realisierbare Wert einer Sicherheit enthält immer ein sogar erhebliches *Verwertungsrisiko* in der Insolvenz, zumal sich dieser Wert nach den Verhältnissen bei Eintritt des Sicherungsfalles bestimmt. Diese vorausschauende Bewertung auch über längere Zeiträume setzt prophetische Gaben voraus. Ernst wird es in der Insolvenz des Sicherungsgebers, wenn das Sicherungsgut zeigen muss, was es wert ist, nicht was es wert war. Dieser Umstand ist bei der Diskussion zur ursprünglichen Übersicherung zu erinnern. In der Regel halten die Sicherheiten nicht, was sie versprochen haben.

Wäre nur die nachträgliche Übersicherung das Thema, d.h. würde die milde gestimmte Seite des Januskopfes sprechen, wäre das Zahlenwerk ohne Bedeutung. Aber bei der ursprünglichen Übersicherung soll die Berechnung des Freigabeanspruchs durch den Großen Senat nutzbar gemacht werden, selbst wenn der Große Senat bei seinen Überlegungen nicht an die ursprüngliche Übersicherung gedacht hat. Vorweg ist allerdings darauf hinzuweisen, dass das Zahlenwerk des Großen Senats nur eine Orientierungshilfe, als „widerlegliche Vermutung" gedacht, ist. Ein besonders im Wert anfälliges Sicherungsgut wie z.B. Rohstoffe widerlegt die Vermutung und die Orientierungshilfe versagt. Ausgangspunkt für den Großen Senat ist § 237 BGB, eine Vorschrift, die bisher eher unbedeutend war. Sie bestimmt, dass mit einer beweglichen Sache Sicherheit nur in Höhe von zwei Dritteln des Schätzungswertes geleistet werden kann. Der Schätzungswert, oder wie man

---

18 BGH WM 1998, 227, 235.

heute sagt der Schätzwert, ist der Marktpreis und bei Waren ohne Marktpreis der Einkaufspreis bzw. der Herstellungspreis. Orientiert an der Aussage des § 237 BGB ermittelt sich die Deckungsgrenze durch Abschläge vom Sicherungsgut (nicht Aufschläge in Prozenten). Nehmen wir das Beispiel des OLG Braunschweig zum Baumwollfall. Der Einkaufspreis soll 100 sein, die gesicherte Forderung ebenfalls. Von dem Einkaufspreis wird zunächst abgezogen, was die Bank aus dem Erlös abführen muss: Das sind die Kostenpauschalen in Höhe von 5 % + 4 % = 9 %[19] und die zu berücksichtigende, weil abzuführende Umsatzsteuer in Höhe von 16 %. Dies ergibt einen Zwischen- oder korrigierten Wert von 75 für das Sicherungsgut. § 237 BGB kannte beide feste Größen nicht; der Drittelabschlag ist daher erst vom korrigierten Wert von 75 vorzunehmen. Dies ergibt eine Zahl von 50. Insofern sichern zwei Einheiten Wolle zu einem Einkaufspreis von je 100 (insgesamt also ein Einkaufspreis von 200) einen Kredit in Höhe von 100, allerdings ohne Zinsanhang und Rechtsverfolgungskosten bezüglich des Darlehens. Die beiden Posten erhöhen die zu sichernden Forderungen, mindern aber nicht den Wert der Sicherheit.

Ob die vorgerechnete Bewertung tatsächlich bei Baumwolle ausreicht, ist fraglich angesichts der enormen Schwankungen auf dem Rohstoffmarkt. Die Orientierungshilfe ist – wie gesagt – hier widerleglich, dann aber auch zwischen Kunde und Bank zu erörtern und zu dokumentieren.

Wie aber ist bei der ursprünglichen Übersicherung zu rechnen? Wer gehofft hat, das Thema sei erledigt durch den Großen Senat, sah sich enttäuscht durch die Entscheidung des IX. Zivilsenats vom 12. März 1998.[20] Jetzt ging es darum, § 138 BGB, das Fallbeil der Unwirksamkeit, erneut zu schleifen. Eine ganz große Überraschung war diese Entscheidung nicht. Schon *Serick*[21] hatte dieses Thema behandelt, allerdings als Fall der Knebelung, die heute wegen § 185 BGB keine Bedeutung mehr hat. Der IX. Zivilsenat hat die ursprüngliche Übersicherung, ohne auf die Knebelung abzustellen, aufgegriffen.

19 Vgl. § 171 I 2 u. II InsO.

20 BGH WM 1998, 856 ff. (IX. Senat) der selbe Fall wie der des Großen Senates nochmal nach oben gespielt.

21 *Serick*, Eigentumsvorbehalt und Sicherungsübertragung, Bd. III, 1970, § 30 VII 2 b u. c. = S.79-82.

Bevor der Stand der Diskussion wiedergegeben wird, soll die warnenden Stimmen von Herrn *Nobbe* in Festschrift-Schimansky zitiert werden. Sein letztes Kapitel zur nachträglichen Übersicherung ist überschrieben: „Erneute Fehlentwicklung der Rechtsprechung“ Er schreibt: „Noch ist es Zeit, dies – gemeint ist die erneute Fehlentwicklung – insbesondere durch eine bessere Kommunikation im Vorfeld weiterer Entscheidungen des BGH zur ursprünglichen Übersicherung zu verhindern.“[22] Das Vorfeld ist spätestens jetzt erreicht, instanzgerichtliche Urteile haben § 138 BGB bejaht.

Im Zusammenspiel mit Basel II und der Rolle, die beim Rating die Kreditsicherheiten spielen, würde eine Einengung mit brutaler Sanktionierung der ursprünglichen Übersicherung das Kreditgabeverhalten der Banken stark beeinflussen.

Die authentische Interpretation der Entscheidung des IX. Zivilsenats im BGH deutet die Maßstäbe an, die an eine ursprüngliche Übersicherung angelegt werden müssen:

> „Eine solche Übersicherung liegt vor, wenn der realisierbare Wert der Sicherheiten bereits bei Abschluss des Sicherstellungsvertrages das gesicherte Risiko deutlich übersteigt und feststeht, dass es auch im Sicherungsfall – von dem ungewiss ist, ob und wann er eintritt – so sein wird. Eine ursprüngliche Übersicherung macht das Sicherstellungsgeschäft für sich allein noch nicht sittenwidrig. Dazu wird mehr als ein bloß „deutliches“, nämlich ein „krasses“ Missverhältnis zwischen dem realisierbaren Wert der Sicherheit und dem gesicherten Risiko vorausgesetzt. Ein krasses Missverhältnis ist anzunehmen, wenn der realisierbare Wert der Sicherheit das gesicherte Risiko in einem Maße übersteigt, dass dies selbst unter voller Berücksichtigung der berechtigten Sicherungsinteressen des Kreditgebers als unerträglich erscheint und nur den Schluss darauf zulässt, hier habe der Kreditgeber aus eigensüchtigen Gründen jede Rücksichtnahme auf die berechtigten Belange der Gegenseite vermissen lassen.“[23]

Offen bleibt, wo die ursprüngliche Übersicherung anfängt.

Eine Orientierungshilfe bringt das Zahlenwerk des Großen Senates, angelehnt an § 237 BGB. Im Ergebnis führt die Berechnung zu einer Verdoppelung des Sicherungsgutes: 4 Baumwollballen, die herunterbewertet wurden über § 237 BGB von einem Einkaufspreis von 400 auf 200, führten noch nicht zum Freigabeanspruch des Sicherungsgebers. Soweit reicht näm-

---

22 *Nobbe*, in FS Schimansky, S. 433, 456.

23 BGH WM 1997, 856, 857; *Ganter*, in: Bankrechts-Handbuch, § 90 Rn. 352.

lich das legitime – weil an § 237 BGB orientierte – Sicherungsinteresse der Bank. Gesucht wird aber für die Demarkationslinie zu § 138 BGB mit den Worten des IX. Zivilsenats das krasse Missverhältnis zwischen Forderung und Sicherheit. Nach dem Wortlaut der Entscheidung muss es „unerträglich" sein, um den § 138 BGB wie eine Mausefalle auszulösen. Es soll an dieser Stelle an die warnende Stimme von *Nobbe* vor einer neuerlichen Fehlentwicklung erinnert werden, zumal es hier wieder um alles oder nichts geht. Die Frage ist, wo finde ich Parallelen, bei denen sich Grundsätze zum „unerträglichen Missverhältnis" herausgebildet haben. Einen Ansatz gibt die Rechtsprechung zu den sittenwidrigen Ratenkrediten bei denen ein 100 %iger Zinsaufschlag als sittenwidrig bezeichnet wird. In dem Beispiel der Baumwolle ergibt sich danach folgende einfache Rechnung: Auf die 2 Ballen zum Einkaufspreis von 200 (mit dem Großen Senat über § 237 BGB wertberichtigt) decken sie die Forderung von 100, während 2 weitere Ballen als Sicherheit die Demarkationslinie überschreiten, denn 4 Ballen zu 400 Einkaufspreis sind gerade schon zu viel.

Aber im Einzelfall kann die Berechnung auch anders aussehen, nämlich dann, wenn die Wertentwicklung voraussehbar ruinös verlaufen kann. Dann ändert sich die Bewertung. Umgekehrt kann ein Sicherungsgut im Wert beständig sein – wie z.B. Goldmünzen als Sicherheit. Hinzu kommt, dass bei der Prüfung von § 138 BGB das Gesamtbild des Sicherstellungsvertrages eine Rolle spielt. Die Rechtsprechung bezieht eine den Sicherungsgeber zusätzlich belastenden Regelung – z.B. außergewöhnliche Verfügungsbeschränkungen – bei der Frage nach der Sittenwidrigkeit mit ein. Daher kann die in die Diskussion geworfene Grenze zur ursprünglichen Übersicherung nicht als Pauschalierung gesehen werden, sondern mit *Ganter* als Faustregel: „Bei Sicherungsgeschäften, die nur unter Schwierigkeiten eine Prognose über den künftigen realisierbaren Wert der Sicherheiten erlauben, bestehen keine Bedenken dagegen, Formeln wie Deckungsgrenze mal 2 als Faustregel, die i.S. einer groben Orientierung Indizien für eine ursprüngliche Übersicherung sein können, aber eben nicht als feste Grenze zu benutzen."[24] Rechtssicherheit kann mit diesem Ansatz nicht erreicht werden. § 138 BGB setzt immer eine Einzelfallprüfung voraus, aber die Faustregel zu widerlegen, erschwert dem Angreifer den Angriff, zumal eine weitere offene Flanke, die Gesamt-

---

24 *Ganter*, in: Bankrechts-Handbuch, § 90 Rn. 352.

bewertung mehrerer Sicherheiten, den Nachweis erschwert. Die Frage ist: Welche Sicherheiten sind einzubeziehen und wie ist es zu beurteilen, wenn in einer Folge von Sicherungsverträgen erst der letzte das Fass zum Überlaufen bringt? An dieser Stelle können nur Hinweise gegeben werden, Masse i.S. von Sicherungsgut sind Sicherungsrechte an beweglichen wie unbeweglichen Sachen und Rechten aller Art. Vor allem die Immaterialgüterrechte sind in ihrer Bewertung bzw. Werthaltigkeit außerordentlich problematisch. Es wird nicht einfach sein, eine Internet-Domaine in Euro umzurechnen und doch kann sie viel wert sein. Auch das Label als Markenrecht veredelt Jeans von bloßer Kiloware zu Designer-Mode.

Ein großes Problem spielen aber auch die Personalsicherheiten von der Bürgschaft bis zur Patronatserklärung. *Nobbe* warnt: „Offenbar sollen bei der ursprünglichen Übersicherung auch Bürgschaften berücksichtigt werden, über deren Sicherungswert man trefflich streiten kann."[25] Für ausführlichen Streit ist der Bankrechtag nicht der richtige Ort, zumal es auch gar keine Rechtsfrage ist, sondern die Frage nach der Bewertung der Bonität des Bürgen in der Vorausschau auf den Tag seiner Inanspruchnahme. Landesbürgschaften mögen die Prüfung überstehen und die Bürgschaft manch einer Bank ist auch wertbeständig. Selbst den Reichen kann Morgen das Unglück treffen, natürliche Personen sind in vielerlei Hinsicht „volatil". Vielleicht sollte man jedenfalls die Bürgschaft natürlicher Personen ganz heraus lassen beim Zusammenzählen von Sicherheiten; zumal *Hadding*[26] im Kontext zur Bürgschaft der vermögenslosen Bürgen die Vermögensverschiebung ins Spiel und manchen Bürgen auf eine Idee gebracht hat. Unternehmen werden keine Rücksicht auf die Banken nehmen und ihre Bürgschaften werthaltig belassen, wofür die heutige Unternehmenskultur spricht. Die Unternehmer und Unternehmen werden ihre Schäfchen ins Trockene bringen.

Bei zeitlich nacheinander geschlossenen Sicherungsverträgen gilt: Haben mehrere Sicherungsgeber mehrere Sicherheiten gestellt, die nur zusammen eine ursprüngliche Übersicherung ergeben, werden alle Sicherheiten von der Nichtigkeit erfasst, wenn ihre Bestellung eine rechtliche Einheit bilden, wenn sie also in demselben Kausalgeschäft vorgesehen sind. Eine nachträgliche Freigabe heilt die Nichtigkeit nicht, auch wenn der Sicherungsvertrag eine

25 *Nobbe*, in FS Schimansky, S. 433, 456.
26 *Hadding*, WuB I E 1 Kreditvertrag 4.91.

Freigabeklausel enthält. Liegt keine rechtliche Einheit vor, werden die früher bestellten Sicherheiten durch die spätere Übersicherung nicht unwirksam, auch wenn eine weite Zweckerklärung die Sicherheiten unter einen Mantel zieht. Umgekehrt kann eine ursprüngliche Übersicherung nicht dadurch geheilt werden, dass man weitere Darlehen unter Deckung dieser Sicherheiten gibt. Die unwirksam bestellten Sicherheiten werden dadurch nicht reanimiert.

Zum Schluss ein Hinweis auf die gesicherte Forderung, z.B. auf die Einbeziehung von rückständigen Zinsen, von etwaigen Rechtsverfolgungskosten bezüglich des Darlehens und vor allem auf den neuen § 13 c UStG, der vorsieht, dass die Banken für die vom Schuldner/Sicherungsgeber nicht abgeführten Umsatzsteuern u.U. haften, wenn ihnen die Forderungen als Sicherheit abgetreten worden sind. Gerade im Vorfeld einer Insolvenz werden Steuern nur zögerlich abgeführt, der Darlehensanspruch der Bank muss dann mit der nicht abgeführten Umsatzsteuer als zu sichernder Anspruch zusammengezählt werden und stellt die zu sichernde Forderung dar. Auch hier steckt eine nicht kalkulierbare Unwägbarkeit. Bei einer sich immer mit neuen Forderungen auffüllenden Globalzession ist das Risiko der Bank unermesslich und kann die Darlehensforderung im Extremfall übersteigen.

Internationale Entwicklungen im Recht der Kreditsicherheiten

Professor Dr. Horst Eidenmüller, LL.M.,
Ludwig-Maximilians-Universität München

I. Einführung

Kreditgeschäft und Kreditsicherungsrecht sind eng verflochten. Die steigende Zahl internationaler Kredittransaktionen spiegelt sich in dem grenzüberschreitenden Charakter der korrespondierenden Sicherungsgeschäfte. Die Bedeutung des internationalen Kreditsicherungsrechts nimmt zu. In seinem Zentrum stehen zwei Fragen. Erstens: Wird eine Sicherheit, die in Land A wirksam bestellt wurde, auch in Land B anerkannt? Zweitens: Ist die Sicherheit auch in Land B insolvenzfest? Während die erste Frage das internationale Sachenrecht betrifft, geht es bei der zweiten um das internationale Insolvenzrecht. Universeller Geltung durften sich insoweit lange Zeit zum einen die *lex rei sitae* und zum anderen die *lex fori concursus* erfreuen. Der Bestand einer Kreditsicherheit hängt danach von deren Lageort ab und ihre Insolvenzfestigkeit von dem Recht am Ort des Insolvenzverfahrens. Für einen Kreditgeber sind dies nur schwer berechenbare und damit unerfreuliche Aussichten.

Besonders unerfreulich sind sie bei hochmobilen oder körperlosen Sicherheiten, deren Lageort ständig wechselt bzw. überhaupt nicht feststellbar ist. Gerade sie haben in den letzten Jahren aber enorm an Bedeutung gewonnen. Luftfahrzeuggegenstände, Eisenbahnrollmaterial oder Weltraumvermögenswerte werden finanziert und dienen als hochbewegliches Sicherungsgut. Körperlose oder nahezu körperlose Gegenstände wie Forderungen oder indirekt gehaltene Wertpapiere stehen als Sicherungsinstrumente hoch im Kurs.

Beide Entwicklungen – die Internationalisierung des Kreditsicherungsrechts und die steigende Bedeutung hochmobiler sowie körperloser Sicherheiten – beeinflussen aber nicht nur die Kreditsicherungspraxis der Banken. Sie haben inzwischen auch zu einer Vielzahl von Regelungsaktivitäten supranationaler Institutionen geführt: Insbesondere die EU, die Haager Konferenz, UNIDROIT und UNCITRAL setzen zunehmend Rahmenbedingungen für das Kreditsicherungsrecht bzw. fördern deren Entwicklung. Als gemeinsames Ziel ihrer Aktivitäten lassen sich die Stabilisierung von Kredittransaktionen, die Verbesserung der Finanzierungsbedingungen für die Unternehmen und damit letztlich die Förderung des Wirtschaftswachstums identifizieren. Kollisionsrechtlich geht es um rechtssichere Anknüpfungen, materiellrechtlich um die Schaffung eines einheitlichen Regelwerkes für die Bestellung, die Übertragung und vor allem auch die Insolvenzfestigkeit von Kreditsicherheiten.

Dass diese Insolvenzfestigkeit ein erstrebenswertes Ziel ist, wird dabei vorausgesetzt. Dies ist bekanntermaßen nicht unproblematisch. Unstrittig ist zwar, dass Kreditsicherheiten im Verhältnis von *Sicherungsgeber und -nehmer* Kreditkosten (Risiko-,

Informations-, Kontroll- und Durchsetzungskosten) senken.[1] Diesen Vorteilen stehen jedoch negative ökonomische Effekte im Verhältnis zu *Drittgläubigern* gegenüber, die der Sicherungsgeber nicht notwendig internalisiert.[2] Eine plausible empirische Abschätzung des volkswirtschaftlichen Gesamteffekts von Kreditsicherheiten steht immer noch aus.

Diese Entwicklungen greife ich auf. Ziel meines Beitrages ist es, die wichtigsten internationalen Rechtssetzungsaktivitäten im Bereich des Kreditsicherungsrechts zu analysieren und die Konsequenzen aufzuzeigen, die sich aus ihnen für Bankrechtswissenschaft und -praxis ergeben. Nach einem Überblick über die entsprechenden Vorhaben bzw. Regelwerke (Abschnitt II.) werde ich mich mit zwei Sicherungsgegenständen näher beschäftigen: mit Finanzsicherheiten auf der einen und mit Forderungen auf der anderen Seite (Abschnitte III. und IV.). Zum Schluss sollen die diversen Puzzlestücke des internationalen Kreditsicherungsrechts zusammengefügt werden (Abschnitt V.). Das Bild ist unvollendet, aber die Maßgeblichkeit des US-amerikanischen Einflusses schon jetzt deutlich erkennbar: Die „Amerikanisierung" des Kreditsicherungsrechts schreitet voran.

II. Überblick

Ein Überblick über die internationalen Vorhaben bzw. Regelwerke im Bereich des Kreditsicherungsrechts zeigt eine *sektorale Konzentration* bei bestimmten Wirtschaftsgütern, bei denen die ökonomischen Vorteile der Rechtsvereinheitlichung am größten sind.

---

1 Daneben errichten sie möglicherweise auch Verfügungssperren gegen ineffiziente Projekte des Sicherungsgebers.

2 Vgl. insoweit aus neuerer Zeit vor allem *Bebchuk/Fried*, 105 Yale L. J. 857 (1996); *Bebchuk/Fried*, 82 Cornell L. R. 1279 (1997). Entsprechende negative Effekte können etwa in der Erhöhung von Risiko-, Informations- und Kontrollkosten der Drittgläubiger liegen. Von dem Sicherungsgeber werden sie nicht internalisiert, wenn sie Deliktsgläubiger betreffen oder aber Kleingläubiger, sofern Letztere rationalerweise den notwendigen Vertragsgestaltungsaufwand unterlassen. Neben negativen externen Effekten kommen aber auch positive in Betracht (Bsp.: Verbesserung der Liquidität und damit Verringerung der Insolvenzwahrscheinlichkeit des Sicherungsgebers, reflexartiger Schutz der Drittgläubiger durch die oben in Fn. 1 erwähnten Verfügungssperren).

1. Finanzsicherheiten

Das derzeit wichtigste Aktionsfeld sind sicherlich Finanzsicherheiten, also Wertpapiere und Barguthaben. Getrieben wird die Entwicklung durch die fortschreitende Entmaterialisierung des Depotgeschäfts.[3] An erster Stelle zu nennen ist die Finanzsicherheiten-Richtlinie der EU,[4] die der deutsche Gesetzgeber mit Wirkung zum 9 April 2004 umgesetzt hat.[5] Parallel zu den Arbeiten an dieser Richtlinie nahm das Haager Übereinkommen über die auf bestimmte Rechte in Bezug auf Intermediär-verwahrte Wertpapiere anzuwendende Rechtsordnung Gestalt an. Es wurde am 13. Dezember 2002 verabschiedet und liegt derzeit zur Zeichnung und Ratifikation auf.[6] Abgerundet werden die Arbeiten im Bereich der Finanzsicherheiten durch das UNIDROIT-Projekt zu materiellrechtlichen Regeln für indirekt gehaltene Wertpapiere. Ein vorläufiger Diskussionsentwurf für eine diesbezügliche Konvention wurde im April 2004 vorgelegt.[7]

2. Bewegliche Ausrüstung

Neben Wertpapieren und Barguthaben wurden vor allem Sicherungsrechte an hochwertigen und beweglichen Investitionsgütern Gegenstand von Rechtsvereinheitlichungsbemühungen. Der Sinn eines international einheitlichen Regimes ist hier offenkundig: Eine *lex rei sitae*-Anknüpfung würde beispielsweise den Sicherungseigentümer eines Flugzeugs in ein permanentes juristisches „Wechselbad der Gefühle" stürzen. Am 16. November 2001 wurde deshalb die UNIDROIT-Konvention über internationale Sicherungsrechte an beweglicher Ausrüstung (Kapstadt-Konvention) zur Zeichnung

---

3 Zu dieser Entmaterialisierung vgl. etwa *Einsele*, WM 2001, 7.

4 Richtlinie 2002/47/EG des Europäischen Parlaments und des Rates v. 6.6.2002 über Finanzsicherheiten, ABl. Nr. L 168 v. 27.6.2002, S. 43.

5 Gesetz zur Umsetzung der Richtlinie 2002/47/EG v. 6.6.2002 über Finanzsicherheiten und zur Änderung des Hypothekenbankgesetzes und anderer Gesetze, BGBl. 2004 I, S. 502.

6 Der Text des Übereinkommens, das in englischer und französischer Sprache ausgefertigt wurde, ist abrufbar unter <www.hcch.net>. Eine amtliche deutsche Übersetzung findet sich in IPRax 2003, 550.

7 Der Text (Stand: April 2004) ist abrufbar unter <www.unidroit.org>.

aufgelegt.[8] Sie ist mit Protokollen für spezifische Sicherungsgüter verknüpft (vgl. Art. 49 Abs. 1 der Konvention). Ein erstes betrifft Luftfahrzeugausrüstung.[9] Es ist derzeit (Stand: 12.8.2004) noch nicht in Kraft, so dass auch die Konvention selbst noch nicht in Kraft getreten ist. Das kann sich aber in Bälde ändern. Auch Deutschland gehört zu den Zeichnerstaaten der Konvention und des ersten Protokolls betreffend Luftfahrzeugausrüstung.

Im Zentrum des Übereinkommens steht die Schaffung eines *internationalen Sicherungsrechts* (Art. 2 Abs. 1). Es kann in ein vollelektronisches internationales Register eingetragen werden (Art. 16 ff.). Dies ist zwar nicht konstitutiv für seine Entstehung, entscheidet aber über Rangfragen im Konfliktfall (Art. 29) und über die Wirksamkeit des Rechts in der Insolvenz (Art. 30).[10]

3. Forderungen

Ein Registersystem sieht auch das UN-Übereinkommen über die Abtretung von Forderungen im internationalen Handel aus dem Jahre 2001 vor.[11] Es ist zwar ebenfalls noch nicht in Kraft, wurde inzwischen (Stand: 12.8.2004) aber immerhin von den USA, Luxemburg und Madagaskar gezeichnet. Das Übereinkommen hat einen weiten Anwendungsbereich: Internationale Abtre-

---

8 Der Text des Übereinkommens ist abrufbar unter <www.unidroit.org>. Überblicksdarstellungen etwa bei *Goode*, Rev. dr. unif. 2002-1, 3; *Goode*, in: *Bridge/Stevens* (Hrsg.), Cross-Border Security and Insolvency, 2001, S. 225; *Kronke*, in: *Krüger/Mansel* (Hrsg.), Liber Amicorum Gerhard Kegel, 2002, S. 33; *Otte*, in: *Mansel/Pfeiffer/Kronke/Kohler/Hausmann* (Hrsg.), Festschrift für Erik Jayme, Band I, 2004, S. 643.

9 Dessen Text ist abrufbar unter <www.unidroit.org>. Geplant sind zwei weitere Protokolle zu Eisenbahnrollmaterial und Weltraumvermögenswerten.

10 Ob das Recht insoweit eine vorrangige Befriedigung gewährt bzw. wie es geltend gemacht werden kann, ist in Art. XI des Protokolls betreffend Luftfahrzeugausrüstung geregelt. Den Vertragsstaaten werden hier zwei Optionen eingeräumt, zwischen denen sie wählen können (vgl. Art. XXX Abs. 3). Sie können eine entsprechende Wahl aber auch unterlassen. Dann gilt insoweit das nationale Insolvenzrecht.

11 Der Text der Konvention ist abrufbar unter <www.uncitral.org>.

tungen[12] werden ebenso erfasst wie die Abtretung internationaler Forderungen[13] (Art. 1 Abs. 1 (a)). Insoweit erleichtert das Übereinkommen durch eine Reihe von materiellrechtlichen Regelungen, aber auch durch eine Kollisionsnorm, die Nutzung von Forderungen als Sicherungs- und Finanzierungsinstrument. Darauf wird zurückzukommen sein.

4. *Übergreifende Projekte*

Während die bisher angesprochenen Regelwerke spezifische Sicherungsgüter betreffen, wurde im Rahmen von UNCITRAL im Jahre 2000 die Arbeit an einem umfassenden Gesetzgebungsleitfaden für Sicherungsgeschäfte (*Legislative Guide on Secured Transactions*) angestoßen. Es ist das wichtigste übergreifende Vereinheitlichungsprojekt. Bereits 2002 konnte der erste Entwurf eines entsprechenden Leitfadens vorgelegt werden.[14] Er erfasst grundsätzlich alle Arten von beweglichen Wirtschaftsgütern. Mit Rücksicht auf die Arbeiten von UNIDROIT und der Haager Konferenz werden Wertpapiere sowie bewegliche Ausrüstung im soeben diskutierten Sinne allerdings ausgenommen.

Der Leitfaden soll kompatibel mit der UNCITRAL-Abtretungskonvention, dem UNCITRAL-Modellgesetz für grenzüberschreitende Insolvenzen[15] sowie dem kurz vor der Fertigstellung stehenden UNCITRAL-Leitfaden zum (materiellen) Insolvenzrecht (*Legislative Guide on Insolvency Law*[16]) ausgestaltet werden. In seinem Zentrum stehen Regelungen über die Begründung, die Publizität und die Priorität von Sicherungsrechten sowie deren insolvenzrechtliche Behandlung. Ein Registersystem soll über Drittwirksamkeit und Priorität entscheiden. Vorbild für dieses System ist Art. 9 des US-amerika-

---

12 Eine Abtretung ist international, wenn Zedent und Zessionar zum Abtretungszeitpunkt in unterschiedlichen Staaten ihren (Wohn-)Sitz haben (Art. 3 S. 2).

13 Eine Forderung ist international, wenn Zedent und Schuldner zum Zeitpunkt des Vertragsschlusses in unterschiedlichen Staaten ihren (Wohn-)Sitz haben (Art. 3 S. 1).

14 Der Text ist abrufbar unter <www.uncitral.org>.

15 Der Text des Modellgesetzes ist abrufbar unter <www.uncitral.org>.

16 Überblick über den Stand der Arbeiten abrufbar unter <www.uncitral.org>.

nischen *Uniform Commercial Code* (UCC).[17] Kreditsicherheiten sollen im Grundsatz insolvenzfest sein.

Von den Arbeiten im Rahmen von UNCITRAL abgesehen ist insbesondere noch das bereits 1994 vorgelegte Modellgesetz der Europäischen Bank für Wiederaufbau und Entwicklung erwähnenswert.[18] Ähnlich wie der geplante UNCITRAL-Leitfaden verfolgt auch dieses Modellgesetz einen umfassenden Ansatz. Auch in seinem Rahmen nimmt ein Registersystem einen zentralen Platz ein.

Das sich ergebende Gesamtbild an Regelwerken bzw. Projekten ist facettenreich und zwingt zur Konzentration. Die Kapstadt-Konvention lasse ich im Folgenden aufgrund ihres sehr spezifischen Anwendungsbereichs außer Betracht. Auch das umfassende UNCITRAL-Projekt diskutiere ich nicht näher. Mit seinem raschen Abschluss ist nicht zu rechnen, und der Einfluss eines bloßen Gesetzgebungsleitfadens auf die Kreditsicherungsrechte vieler Staaten (einschließlich Deutschlands) dürfte gering bleiben.[19] Auch das Modellgesetz der Europabank hat den deutschen Gesetzgeber nicht zu einer Sachenrechtsreform ermuntert. Es richtet sich allerdings in erster Linie auch an (osteuropäische) Staaten mit einem noch wenig entwickelten Kreditsicherungsrecht.[20] Ich konzentriere mich deshalb auf Finanzsicherheiten auf der einen sowie Forderungen auf der anderen Seite.

III. Finanzsicherheiten

1. Finanzsicherheiten-Richtlinie der EU

Im Bereich der Finanzsicherheiten steht die Finanzsicherheiten-Richtlinie der EU im Zentrum der Betrachtung. Bekanntlich war es vor allem ihr Anwendungsbereich, der für Kontroversen zwischen Bank- und Insolvenzrechtlern

---

17 Einen Überblick über dessen Funktionsweise gibt etwa *Broude*, in: *Bridge/Stevens* (oben Fn. 8), S. 45.

18 Der Text des Modellgesetzes ist abrufbar unter <www.ebrd.org>.

19 Daran würde sich allerdings dann etwas ändern, wenn die EU-Kommission sich dazu entschließen sollte, den Leitfaden zur Grundlage eines Entwurfs für einen Gemeinschaftsrechtsakt zu machen. Dafür gibt es derzeit jedoch noch keine Anhaltspunkte.

20 Vgl. *Goode*, 33 Tex. Int. L. J. 47, 49 (1998).

gesorgt hat. Aus berufenem Munde wurde vom „Anglerlatein“ gesprochen, das ein Insolvenzverwalter verbreite, der ein von ihm verwaltetes Großhandelsunternehmen für Anglerbedarf ausgeplündert sah.[21] Worum ging es?

a) Anwendungsbereich: opt out-Problem

Die Finanzsicherheiten-Richtlinie soll die Rechtssicherheit im Bereich der Finanzsicherheiten, die als Wertpapier- sowie Barsicherheiten definiert werden (Art. 1 Abs. 4 a), Art. 2 Abs. 1 d) und e)), erhöhen.[22] Zu diesem Zweck stärkt sie die Rechtsstellung des Inhabers einer solchen Sicherheit: Bereits vor Verwertungsreife besitzt er, sofern vereinbart, ein Verfügungsrecht über Finanzsicherheiten, die in der Form eines beschränkten dinglichen Rechts gestellt wurden (Art. 5). Der Sicherungsnehmer kann Wertpapiersicherheiten durch freihändigen Verkauf oder ggf. auch durch Aneignung und Barsicherheiten durch Aufrechnung ungeachtet der Eröffnung eines Insolvenzverfahrens über das Vermögen des Schuldners verwerten (Art. 4, 7). Auch die Besicherung in „Verdachtszeiträumen“ vor Insolvenzeröffnung muss grundsätzlich zulässig sein (Art. 8 Abs. 1 und 3).

Diese Vorgaben betreffen zwingend den Interbankenverkehr (Art. 1 Abs. 2 a) – d)). Für das Geschäft mit anderen juristischen Personen, Einzelkaufleuten und Personengesellschaften sieht die Richtlinie eine *opt out*-Möglichkeit für die Mitgliedstaaten vor (Art. 1 Abs. 2 e) sowie Abs. 3). Nachdem die Bundesregierung in ihrem Diskussionsentwurf zur Richtlinienumsetzung noch von dieser Möglichkeit Gebrauch machen wollte,[23] vollzog sie mit dem Regierungsentwurf[24] einen Schwenk: Nehme man den Geschäftskundenbereich aus, bestehe die Gefahr eines Abwanderns bestimmter Transaktionen auf ausländische Finanzplätze, der Flucht in ausländische Rechtsordnungen

---

21 *Obermüller*, ZIP 2003, 2336.

22 Vgl. den Erwägungsgrund 5 der Richtlinie.

23 Diskussionsentwurf eines Gesetzes zur Änderung der Insolvenzordnung, des Bürgerlichen Gesetzbuches und anderer Gesetze vom April 2003, abgedruckt etwa in NZI 2003, 311.

24 Entwurf eines Gesetzes zur Umsetzung der Richtlinie 2002/47/EG vom 6. Juni 2002 über Finanzsicherheiten und zur Änderung des Hypothekenbankgesetzes und anderer Gesetze, BT-Drucks. 15/1853.

und der Verschlechterung der Finanzierungsbedingungen für inländische Unternehmen.[25]

Nicht alle diese Argumente waren zutreffend.[26] In der Inlandsinsolvenz eines deutschen Unternehmens unterliegen auch nach ausländischem Recht bestellte Sicherheiten der deutschen *lex fori concursus*. Die Flucht in eine ausländische Rechtsordnung ist als solche also wirkungslos. Erst die Belegenheit einer Sache im Ausland entzieht diese dem inländischen Insolvenzzugriff (vgl. Art. 5 EuInsVO). Gerade bei Wertpapiertransaktionen musste nun aber tatsächlich mit einer entsprechenden Abwanderung gerechnet werden – zum Schaden des Finanzplatzes Deutschland.

Die Befürworter eines *opt out* verwiesen demgegenüber auf die ihres Erachtens bestehende Gefahr einer erheblichen Masseschmälerung, einer damit verbundenen Aushöhlung der *par conditio creditorum*[27] sowie des Entzuges wesentlichen Betriebsvermögens und – damit einhergehend – einer Vereitelung von Sanierungschancen: Zu den Finanzsicherheiten gehörten auch Beteiligungsrechte an Unternehmen, Insolvenzverfahren wie z.B. Kirch Media und Babcock „... wären so nicht mehr denkbar."[28]

Abgesehen davon, dass damit der Begriff der Finanzsicherheiten im Sinne der Richtlinie partiell verkannt wurde – erfasst werden nur kapitalmarktfähige Beteiligungen, also etwa Aktien, aber von vornherein nicht GmbH-Anteile oder Anteile an Personengesellschaften (vgl. Art. 2 Abs. 1 e)) –, litt die Kritik auch an einer Fehleinschätzung der durch die Richtlinie erzwungenen Änderungen des deutschen Insolvenzrechts: Eine genaue Analyse zeigt, dass die über den bestehenden Rechtszustand *hinausgehenden* Privilegierungen bei der Sicherheitenverwertung begrenzt sind, so dass das Wort vom Anglerlatein tatsächlich seine Berechtigung hatte.[29]

Das Verwertungsrecht des Insolvenzverwalters im *eröffneten Insolvenzverfahren* bestand vor der Richtlinienumsetzung nur an (mit einem Absonderungsrecht belas-

---

25 Vgl. BT-Drucks. 15/1853, S. 12.

26 Vgl. auch *Ehricke*, ZIP 2003, 1065, 1071 ff.

27 Auch nach Richtlinienumsetzung in diesem Sinne *Meyer/Rein*, NZI 2004, 367, 370.

28 *Hölzle*, ZIP 2003, 2144, 2145. Ähnlich, wenn auch etwas vorsichtiger, *Ehricke*, ZIP 2003, 1065, 1069 ff.

29 Vgl. *Obermüller* ZIP 2003, 2336, 2337 ff.; *Obermüller*, ZInsO 2004, 187, 189 f.; *Wimmer*, ZInsO 2004, 1, 3 f.; *Flöther/Bräuer*, DZWIR 2004, 89, 92.

teten) beweglichen Sachen, die er in seinem Besitz hatte (§ 166 Abs. 1 InsO), sowie (grundsätzlich) an sicherungszedierten Forderungen (§ 166 Abs. 2 InsO). Unverbriefte Gesellschaftsanteile wurden also ebenso wenig erfasst wie verpfändete Forderungen. Gleiches galt für Wertpapiere, sofern sie sich nicht im Besitz des Verwalters befanden. Nach dem Zweck der Vorschrift (Erhaltung des Verbundwertes des Schuldnervermögens) kam es insoweit auf den unmittelbaren Besitz an.[30] Nicht ausreichend war es jedenfalls, wenn der Verwalter eine besitzrechtlich schlechtere Stellung hatte als der Sicherungsnehmer,[31] was bei indirekt gehaltenen Wertpapieren aber typischerweise der Fall ist (mehrstufiges Besitzmittlungsverhältnis mit dem Sicherungsgeber als letztstufigem mittelbarem Besitzer). § 166 Abs. 3 Ziff. 3 InsO verbessert die Rechtsstellung des Sicherungsnehmers damit im Wesentlichen nur für zedierte Barguthaben.[32]

Welche Sicherungsmaßnahmen gemäß § 21 InsO im *Insolvenzeröffnungsverfahren* zu Lasten von Absonderungsberechtigten angeordnet werden können, war und ist umstritten.[33] Nicht in Betracht kommen jedenfalls Maßnahmen, die über den Schutz nach § 166 InsO im eröffneten Verfahren hinausgehen. Das sieht auch der Diskussionsentwurf des BMJ für eine entsprechende Änderung des § 21 InsO so.[34] Der jetzt zum Schutz von Finanzsicherheitennehmern eingefügte § 21 Abs. 2 S. 2 InsO ist damit überflüssig.

Der politische Widerstand gegen einen Verzicht auf das *opt out*-Recht war jedoch offenbar so groß, dass erst in den Ausschussberatungen eine Lösung gefunden werden konnte.[35] Finanzsicherheiten sind im Nicht-Interbankenverkehr nach nunmehr geltendem deutschen Recht nur Sicherheiten, die spezifische Verbindlichkeiten, nämlich solche aus Verträgen über Finanzinstru-

---

30 Vgl. MünchKommInsO/*Lwowski*, 2002, § 166 InsO Rdn. 37 (str.). Aufgrund dieses Zwecks war die Einbeziehung von sicherungszedierten Forderungen in den Anwendungsbereich von § 166 InsO schon immer kritisch zu beurteilen.

31 Vgl. *Wimmer*, ZInsO 2004, 1, 4; *Primozic/Voll*, NZI 2004, 363, 365 f.

32 Im Hinblick auf verpfändete Unternehmensbeteiligungen ändert sich demgegenüber praktisch nichts, zutr. *Primozic/Voll*, NZI 2004, 363, 367.

33 Vgl. etwa Uhlenbruck/*Uhlenbruck*, InsO, 12. Aufl. 2003, § 21 InsO Rdn. 26 ff., 38 ff. m.w.N.

34 Vgl. oben Fn. 23. Nach dem vorgeschlagenen § 21 Abs. 2 Ziff. 5 InsO n.F. soll das Insolvenzgericht anordnen können, „... dass Gegenstände, die nach Eröffnung des Verfahrens von § 166 erfasst werden, vom Gläubiger nicht verwertet oder eingezogen werden dürfen und dass diese Gegenstände zur Fortführung des Unternehmens des Schuldners benutzt werden können, soweit sie hierfür von erheblicher Bedeutung sind und nicht durch die Benutzung wesentlich entwertet werden.“

35 Vgl. BT-Drucks. 15/2485, S. 29 (Beschlussempfehlung und Bericht des Rechtsausschusses).

mente, sichern (§ 1 Abs. 17 S. 2 KWG). Ferner hat der Gesetzgeber in Übereinstimmung mit der Richtlinie (Art. 1 Abs. 4 b)) hinzugefügt, dass in diesem Bereich eigene Anteile des Sicherungsgebers oder Anteile an verbundenen Unternehmen (i.S.v. § 290 Abs. 2 HGB) keine Finanzsicherheiten sind (§ 1 Abs. 17 S. 4 KWG).

Durch die Koppelung an Verträge über Finanzinstrumente steht nunmehr für den Nicht-Interbankenverkehr unzweifelhaft fest, dass Sicherungen im „normalen" Kreditgeschäft nicht unter die neuen Regelungen fallen. Nichts anderes schreibt allerdings die Richtlinie vor, die eine entsprechende Koppelung an „maßgebliche Verbindlichkeiten", zu denen Darlehensgeschäfte nicht gehören,[36] zwar nicht im Hinblick auf den *Begriff* der Finanzsicherheit,[37] sehr wohl aber im Hinblick auf die wichtigsten, diese betreffenden *Regelungen* enthält,[38] so dass es sich bei der gefundenen Lösung im Ergebnis nicht wirklich um einen Kompromiss handelt. Interessant ist vielmehr, dass sich der gesetzlichen Definition nunmehr im Umkehrschluss entnehmen lässt, dass im Interbankenverkehr das Gegenteil gelten soll, die Art der gesicherten Verbindlichkeit also irrelevant ist. Verpfändet eine deutsche Bank einer anderen also beispielsweise Wertpapiere zur Sicherung eines Darlehens, so genießt Letztere die Privilegierungen der Neuregelung. Damit geht der deutsche Gesetzgeber über die Vorgaben der Richtlinie hinaus,[39] was er aber durfte,

36 Ebenso *Ehricke*, ZIP 2003, 2141, 2142 f.; *Kieper*, ZInsO 2003, 1109, 1111 f.; *Wimmer*, ZInsO 2004, 1, 2; *Flöther/Bräuer*, DZWIR 2004, 89, 91 f. Unklar die Kommission in der Begründung des Richtlinien-Entwurfs, vgl. KOM (2001) 168 endg. v. 27.3.2001, S. 7.

37 Nur insoweit ist *Kollmann*, WM 2004, 1012, 1015, zu folgen.

38 Vgl. insoweit Erwägungsgrund 16 S. 3, Erwägungsgrund 17 S. 2, Art. 4 Abs. 1 a) und b) sowie Abs. 6, Art. 5 Abs. 2, Art. 8 Abs. 3 der Richtlinie. Generell für eine Beschränkung des Anwendungsbereichs der Richtlinie auf „maßgebliche Verbindlichkeiten" *Ehricke*, ZIP 2003, 2141, 2142; *Kieper*, ZInsO 2003, 1109, 1111; *Flöther/Bräuer*, DZWIR 2004, 89, 91 f. Offen lassend *Wimmer*, ZInsO 2004, 1, 2.

39 Das verkennt *Kollmann*, WM 2004, 1012, 1015. So stellt beispielsweise § 130 Abs. 1 S. 2 InsO nunmehr Margensicherheiten anfechtungsfrei (dazu sogleich im Text) und spricht in diesem Zusammenhang nur generisch von dem Wert der gesicherten Verbindlichkeit statt – wie die Richtlinie – von dem Betrag der *maßgeblichen* Verbindlichkeit (was eine maßgebliche Verbindlichkeit ist, wird in der Richtlinie in Art. 2 Abs. 1 f) definiert).

weil deren Ziele[40] durch eine Abkoppelung von den maßgeblichen Verbindlichkeiten nicht konterkariert werden.[41]

In *territorialer* Hinsicht ist der Anwendungsbereich der Richtlinie – dem Binnenmarktziel entsprechend – auf Institutionen bzw. Institute aus der Gemeinschaft sowie bestimmte supranationale Institutionen beschränkt (vgl. Art. 2 Abs. 2). Drittstaatenangehörige werden also nicht erfasst.[42] Darüber hinausgehend hat sich der deutsche Gesetzgeber nun allerdings dazu entschlossen, *Sicherungsgeber* aus Drittstaaten einzubeziehen (§ 1 Abs. 17 S. 5 KWG).[43] Beabsichtigt ist damit eine – rechtspolitisch fragwürdige – Privilegierung inländischer Sicherungsnehmer. Freilich ist dieser Privilegierungsversuch jedenfalls für ausländische Hauptinsolvenzverfahren zum Scheitern verurteilt: Welche Regelungen etwa das US-amerikanische Insolvenzrecht auf die Finanzsicherheiten einer deutschen Bank zur Anwendung bringt, darauf hat der deutsche Gesetzgeber jedenfalls noch keinen Einfluss. Relevanz mag die Neuregelung allerdings immerhin für inländische Partikularverfahren über das Vermögen ausländischer Schuldner (vgl. §§ 354 ff. InsO) gewinnen.

b) Sachrechtliche Regeln und deren Umsetzung

Die Finanzsicherheiten-Richtlinie war bis zum 27. Dezember 2003 umzusetzen (vgl. deren Art. 11). Die deutsche Umsetzung kam also etwa drei Monate zu spät.[44] Aber nicht nur das: Jedenfalls für die sachrechtlichen

---

40 Stabilität des Finanzsystems, Integration der Finanzmärkte, vgl. Erwägungsgrund 3.

41 A.A. *Ehricke*, ZIP 2003, 2141, 2144.

42 Ebenso die Bundesregierung in ihrem Gesetzentwurf, vgl. BT-Drucks. 15/1853, S. 18. A.A. *Alexander*, 18 JIBFL 56, 58 (2003); wohl auch *Löber*, BKR 2002, 601, 602.

43 Vgl. insoweit schon BT-Drucks. 15/1853, S. 18. Einbezogen werden sie, sofern sie im Wesentlichen den in Art. 1 Abs. 2 a) bis e) der Richtlinie aufgeführten Körperschaften, Finanzinstituten und Einrichtungen entsprechen.

44 Ein Vertragsverletzungsverfahren hat die Kommission gegenüber der Bundesrepublik deshalb gleichwohl nicht eingeleitet. Anderes gilt für Belgien, Griechenland, Frankreich, Italien, Luxemburg und Schweden, welche die Richtlinie ebenfalls nicht rechtzeitig umgesetzt haben, vgl. die Pressemitteilung IP/04/891 der Kommission v. 13.7.2004.

Regeln der Richtlinie (zum Kollisionsrecht sogleich Abschnitt c)) ist festzustellen, dass deren Vorgaben teilweise, nämlich im Hinblick auf das *Anfechtungsrecht*, fehlerhaft umgesetzt wurden:[45]

Die Richtlinie will den Sicherungsnehmer davor schützen, dass die erstmalige Einräumung einer Sicherheit (Art. 8 Abs. 1 b)) bzw. eine Margen- oder Austauschsicherheit (Art. 8 Abs. 3) *allein deshalb* angreifbar (oder nichtig) ist, weil die Bestellung in einem „Verdachtszeitraum" vor Insolvenzeröffnung erfolgte.[46] Da es eine automatische Annullierung eingeräumter Sicherungsrechte im deutschen Insolvenzrecht nicht gibt (§ 88 InsO betrifft Vollstreckungshandlungen), und da innerhalb der Anfechtungsvorschriften nur die Anfechtung bei *inkongruenter* Deckung in dem Ein-Monats-Zeitraum vor Insolvenzantragstellung (§ 131 Abs. 1 Nr. 1 InsO) *allein* an ein Zeitmoment anknüpft, bestand Umsetzungsbedarf auch nur bezüglich dieses Anfechtungstatbestandes.[47] Genau das hat der deutsche Gesetzgeber jedoch leider nicht gesehen. Er hat vielmehr Margensicherheiten bei *kongruenter* Deckung anfechtungsrechtlich privilegiert (§ 130 Abs. 1 S. 2 InsO). Dazu bestand kein Anlass, da im Rahmen des § 130 Abs. 1 InsO neben dem Zeitmoment auch ein subjektives Moment (Kenntnis des Gläubigers von Zahlungsunfähigkeit bzw. Eröffnungsantrag) erforderlich ist.[48]

Durch eine richtlinienkonforme Auslegung lässt sich dieses Missgeschick jedenfalls nicht grundsätzlich beheben: Der klare Gesetzeswortlaut steht einer Privilegierung inkongruenter Deckungen entgegen.[49] Erwägen kann man lediglich, ob § 130 InsO so auszulegen ist, dass ein allgemein auf Finanz-

45 Ebenso (im Vorfeld) *Kieper*, ZInsO 2003, 1109, 1118; *Obermüller*, ZIP 2003, 2336, 2340. A.A. *Wimmer*, ZIP 2003, 1563, 1565.

46 Vgl. den Gemeinsamen Standpunkt des Rates v. 5.3.2002, ABl. Nr. C 119 E v. 22.5.2002, S. 12, 24 f.

47 Umsetzungsbedarf gab es auch nicht im Hinblick auf Art. 8 Abs. 3 b) der Richtlinie, der Austauschsicherheiten von einer Insolvenzanfechtung ausnimmt, sofern nicht weitere Momente präsent sind: Hierbei handelt es sich um Bargeschäfte im Sinne von § 142 InsO, zutr. *Wimmer*, ZIP 2003, 1563, 1570.

48 Immerhin werden die entsprechenden Verträge in einer solchen Situation regelmäßig automatisch glattgestellt, es kommt also zu gar keiner (weiteren) Besicherung mehr (vgl. *Obermüller*, ZIP 2003, 2336, 2340). Dadurch wird das Problem praktisch etwas entschärft.

49 Zur Wortlautgrenze vgl. EuGH, Urt. v. 14.7.1994, Rs. C-91/92 (*Faccini Dori*), Slg. 1994, S. I-3325, Rdn. 26 f. m.w.N.

sicherheiten gerichteter Nachbesicherungsanspruch genügt (diese also nicht weiter spezifiziert werden müssen), um die nötige Kongruenz herzustellen.[50] Eine solche „gläubigerfreundliche" Auslegung des § 130 InsO ermöglicht es, das Umsetzungsdefizit bezüglich § 131 InsO zumindest partiell zu korrigieren.[51]

Nicht privilegiert nach Art. 8 Abs. 3 der Richtlinie bzw. § 130 Abs. 1 S. 2 InsO sind Nachbesicherungen, bei denen der Wertverlust der Sicherheit auf ein verändertes Kreditrating des Sicherungsgebers bzw. die (drohende) Eröffnung eines Insolvenzverfahrens über dessen Vermögen zurückzuführen ist.[52] Die Richtlinie zielt allein auf Wertverluste aufgrund veränderter Marktverhältnisse. Unberührt bleibt auch eine mögliche Anfechtung der Basisvereinbarung, die den Nachbesicherungsanspruch begründet, sofern die dafür maßgeblichen Voraussetzungen gegeben sind.

Abgesehen vom Anfechtungsrecht wurden die sonstigen sachrechtlichen Vorgaben der Richtlinie korrekt umgesetzt: Die Drittschuldneranzeige nach § 1280 BGB sowie die depotrechtliche Eigenanzeige nach § 4 Abs. 2 DepotG sind keine unzulässigen Formerfordernisse im Sinne von Art. 3 Abs. 1 der Richtlinie.[53] Gleiches gilt für eine AGB-Kontrolle der Bestellung am Maßstab der §§ 305 ff. BGB – diese bleibt also möglich.[54] Auch bei der Sicherheitenverwertung lassen sich Umsetzungsfehler nicht

---

50 Art. 8 Abs. 3 a) spricht ganz allgemein davon, dass eine Verpflichtung bestehe, *eine* Finanzsicherheit bzw. eine zusätzliche Finanzsicherheit zu bestellen. Vgl. insoweit auch *Wimmer*, ZIP 2003, 1563, 1565.

51 Nr. 9 Abs. 2 der Sonderbedingungen für Termingeschäfte sollte entsprechend angepasst werden. Derzeit richtet sich der Anspruch der Bank auf Unterhaltung ausreichender Vermögenswerte allgemein auf Sicherheiten und nicht spezifisch auf Finanzsicherheiten.

52 So bereits eindeutig die Kommission in der Begründung ihres Richtlinienvorschlages, vgl. KOM (2001) 168 endg. v. 27.3.2001, S. 11. Ebenso *Kollmann*, WM 2004, 1012, 1022; *Kieper*, ZInsO 2003, 1109, 1110. A.A. *Hölzle*, ZIP 2003, 2144, 2147. Vgl. auch European Financial Markets Lawyers Group, Statement on a Proposal for a Directive on Financial Collateral Arrangements, abrufbar unter <www.efmlg.org>, S. 4 f. (dort wurde eine Erstreckung der geplanten Privilegierung auf diesen Fall [vergeblich] gefordert).

53 Vgl. deren Erwägungsgrund 10 a.E. sowie BT-Drucks. 15/1853, S. 11. Ebenso *Kollmann*, WM 2004, 1012, 1017 f. A.A. *v. Wilmowsky*, in: *Derleder/Knops/Bamberger* (Hrsg.), Handbuch zum deutschen und europäischen Bankrecht, 2004, § 62 Rdn. 44. Nicht zulässig wäre dagegen ein *zwingendes* Registrierungserfordernis (vgl. Erwägungsgrund 10 der Richtlinie). Ein *fakultatives* Registersystem zur Klärung von Prioritätsfragen könnte demgegenüber eingerichtet werden.

54 Eine Bestellung durch AGB liegt im Anwendungsbereich der Richtlinie: Sie ist „schriftlich" gemäß Art. 2 Abs. 3 (vgl. auch Art. 3 Abs. 2).

ausmachen. Von der *opt out*-Möglichkeit im Hinblick auf das Aneignungsrecht des Sicherungsnehmers (Art. 4 Abs. 3)[55] hätte die Bundesrepublik jedenfalls keinen vollumfänglichen Gebrauch machen können, da das deutsche Bankrecht bereits zuvor in einem begrenzten Anwendungsbereich (§ 19 BundesbankG, §§ 13, 17 DepotG) eine entsprechende Aneignung zuließ.[56] § 1259 BGB beschränkt nun zwar die Pfandverwertung durch einen (unreglementierten) freihändigen Verkauf oder durch Aneignung auf Fälle, in denen das Pfand einen Börsen- oder Marktpreis hat. Davon ist in Art. 4 der Richtlinie nicht die Rede. Kapitalmarktfähige Wertpapiere haben jedoch jedenfalls einen Marktpreis, so dass die Beschränkung des § 1259 BGB insoweit unbedenklich erscheint.[57] Von einer Umsetzung des Art. 5 der Richtlinie (Verfügungs- bzw. Aneignungsrecht des Sicherungsnehmers während der Laufzeit der Sicherheit bei einem beschränkten dinglichen Sicherungsrecht, sofern vereinbart) hat der deutsche Gesetzgeber zu Recht abgesehen:[58] Die Zulässigkeit der Vereinbarung eines entsprechenden *irregulären Pfandrechts* ist im deutschen Recht allgemein anerkannt.[59]

Die etwas verspätete und im Anfechtungsrecht auch fehlerhafte Richtlinienumsetzung wird möglicherweise nicht ohne Konsequenzen bleiben. Zwar kommt eine *unmittelbare Anwendung* der Privilegierungen[60] von Finanzsicherheiten nach Ablauf der Umsetzungsfrist nicht in Betracht: Diese regeln Privatrechtsverhältnisse im Sinne der *Faccini Dori*-Doktrin des EuGH.[61] Sie

---

55 Deren Sinn ist zweifelhaft: Zwar können die Beteiligten die Aneignung für die Laufzeit vereinbaren (Art. 5 Abs. 1), bei einem *opt out* jedoch nicht für den Verwertungsfall. Krit. auch *Löber*, BKR 2001, 118, 121; *v. Wilmowsky* (oben Fn. 53), § 62 Rdn. 54.

56 Vgl. auch BT-Drucks. 15/1853, S. 17.

57 Vgl. auch BT-Drucks. 15/1853, S. 17, sowie *Kollmann*, WM 2004, 1012, 1019. Krit. *Keller*, BKR 2003, 481. Entgegen *Keller* verlangt Art. 4 auch nicht, dass entsprechende Verwertungsvereinbarungen AGB-fest sind. Sie müssen nur grundsätzlich zulässig sein. § 1259 BGB geht im Übrigen über die Vorgaben der Richtlinie insoweit hinaus, als auf *beiden* Seiten der Verpfändungsvereinbarung Unternehmer stehen können.

58 Vgl. BT-Drucks. 15/1853, S. 11 f.

59 Vgl. stellv. MünchKommBGB/*Damrau*, 4. Aufl. 2004, § 1204 BGB Rdn. 9 m.w.N. Für wünschenswert hält eine gesetzliche Anerkennung der Verfügungsbefugnis des Pfandnehmers *Kollmann*, WM 2004, 1012, 1019 f. Vgl. auch *Kieper*, ZInsO 2003, 1109, 1114 f., 1119.

60 Sofern sie inhaltlich unbedingt und hinreichend genau sind, vgl. etwa EuGH, Urt. v. 5.4.1979, Rs. 148/78 (*Ratti*), Slg. 1979, S. 1629, Rdn. 18. Zu diesen Voraussetzungen vgl. ferner Streinz/*Schroeder*, EUV/EGV, 2003, Rdn. 108 m.w.N.

61 Vgl. EuGH, Urt. v. 14.7.1994, Rs. C-91/92 (*Faccini Dori*), Slg. 1994, S. I-3325, Rdn. 24. Dahinter steht einerseits die Erwägung, dass die Gemeinschaft Ver-

betreffen – auch soweit sie in einem Offizialverfahren geltend gemacht werden – die Rechtsstellung des Sicherungsnehmers eines Schuldners und verbessern diese relativ zu anderen Gläubigern. Auch die Aufweichung der *Faccini Dori*-Doktrin durch die *Unilever*-Entscheidung ändert daran nichts: In dieser Entscheidung hat der Gerichtshof deutlich gemacht, dass die Unanwendbarkeit einer bestimmten (technischen) Vorschrift, die sich mittelbar auf Privatrechtsverhältnisse auswirkt, nicht mit der Begründung von Rechten oder Pflichten in Privatrechtsverhältnissen zu vergleichen sei.[62] Das Ziel der einschlägigen Richtlinienbestimmungen liegt aber gerade darin, entsprechende Privilegierungen zu begründen.

Eine unmittelbare Anwendung würde im Übrigen voraussetzen, dass eine richtlinienkonforme Auslegung des deutschen Rechts nicht möglich ist. Die §§ 130 ff. InsO lassen sich nach der Umsetzung – wie soeben ausgeführt – allenfalls partiell im Sinne der Richtlinienvorgaben interpretieren. Für den Zeitraum vor Umsetzung ist eine entsprechende Interpretation gar nicht möglich. Auch andere Bestimmungen der Richtlinie, wie etwa Art. 4 über die freihändige Verwertung bzw. Aneignung, können jedenfalls vor der Umsetzung nicht durch Auslegung ins deutsche Recht transferiert werden.

Im Raume steht aber eine *Haftung* Deutschlands, wenn ein Sicherungsnehmer aufgrund der verspäteten bzw. falschen Umsetzung einen Vermögensschaden erleidet.[63] Beide Verstöße gegen das Gemeinschaftsrecht sind hinreichend qualifiziert.[64] Wegen des *opt out*-Rechts beschränken sich die

---

pflichtungen zu Lasten von Bürgern nur begründen kann, wo ihr die Befugnis zum Erlass von Verordnungen zugewiesen ist (vgl. *Faccini Dori* a.a.O.). Zum anderen trägt der hinter der unmittelbaren Anwendung stehende Sanktionsgedanke (vgl. EuGH, Urt. v. 12.7.1990, Rs. C-188/89 (*Foster*), Slg. 1990, S. I-3313, Rdn. 17) nur im Verhältnis Bürger – Staat und nicht in Privatverhältnissen.

62 Vgl. EuGH, Urt. v. 26.9.2000, Rs. C-443/98 (*Unilever*), Slg. 2000, S. I-7535, Rdn. 50 f. Dazu etwa *Gundel*, EuZW 2001, 143.

63 Eine entsprechende Haftung kommt auch dann in Betracht, wenn ein nationales (letztinstanzliches) Gericht eine gebotene richtlinienkonforme Auslegung unterlässt. Vgl. EuGH, Urt. v. 30.3.2003, Rs. C-224/01 (*Köbler*), Slg. 2003 [noch unveröffentlicht], Rdn. 30 ff.

64 Zu diesem Erfordernis vgl. zuletzt EuGH, Urt. v. 30.3.2003, Rs. C-224/01 (*Köbler*), Slg. 2003 [noch unveröffentlicht], Rdn. 51. Bei verspäteter Richtlinienumsetzung liegt allein in der Verspätung ein hinreichend qualifizierter Verstoß, vgl. EuGH, Urt. v. 24.9.1998, Rs. C-319/96 (*Brinkmann*), Slg. 1998,

Mindestgarantie[65] der Richtlinie und damit auch die Haftungsfolgen jedoch auf den Interbankenverkehr. Im ersten Quartal des Jahres 2004 ist es, soweit ersichtlich, glücklicherweise zu keinem Bankenzusammenbruch gekommen. Wollen wir hoffen, dass sich daran vor etwaigen Reparaturarbeiten an dem Umsetzungsakt nichts ändert.

c) Kollisionsrecht: PRIMA-Anknüpfung

Neben Sachregeln enthält die Richtlinie in ihrem Art. 9 auch eine Kollisionsnorm. Diese betrifft nur im Effektengiro übertragbare Wertpapiere (also nicht Barsicherheiten) und unterwirft die Bestellung eines Sicherungsrechts an ihnen sowie dessen Verwertung und weitere Fragen dem Recht des Landes, „... in dem das maßgebliche Konto geführt wird“ (Art. 9 Abs. 1 S. 1). Diese Verweisung ist eine Sachnormverweisung (Art. 9 Abs. 1 S. 2). Maßgeblich ist das Depotkonto, auf dem die Buchung erfolgt, aufgrund deren der Sicherungsnehmer die Sicherheit erlangt (Art. 2 Abs. 1 h)).

Aus Art. 9 geht nicht eindeutig hervor, ob die Kollisionsregel nur das Verhältnis der Mitgliedstaaten untereinander regeln, oder ob sie auch Drittstaatenverhältnisse erfassen soll. Auch der Richtlinienvorschlag der Kommission ist insofern nicht eindeutig. Danach soll die Regel unabhängig davon gelten, ob die Sicherheit in der Gemeinschaft gehalten wird oder nicht.[66] Dies muss nicht zwingend bedeuten, dass die Richtlinie auch Drittstaatenverhältnisse betrifft. Näher liegt vielmehr die Deutung, dass das gemäß Art. 9 – in dem Verhältnis zu einem anderen Mitgliedstaat – ermittelte Recht auch dasjenige eines Drittstaats sein kann. Die Mitgliedstaaten wären dann frei, in Drittstaatenverhältnissen andere Kollisionsnormen aufzustellen.

Deutet man Art. 9 demgegenüber im Sinne einer auch Drittstaatenverhältnisse erfassenden Kollisionsregel, so wäre dies von der Kompetenznorm für die Richtlinie (Art. 95 EGV) gedeckt: Divergierende Kollisionsrechte der Mitgliedstaaten gegen-

---

S. I-5255, Rdn. 28. Die inhaltlich fehlerhafte Umsetzung im Anfechtungsrecht steht in einem offenkundigen Widerspruch zur Richtlinie und ist damit ebenfalls hinreichend qualifiziert (vgl. zu dem Erfordernis des offenkundigen Widerspruchs EuGH, Urt. v. 26.3.1996, Rs. C-392/93 (*British Telecom*), Slg. 1996, S. I-1631, Rdn. 42 f.).

65 Zu Relevanz dieses Gesichtspunktes vgl. EuGH, Urt. v. 19.11.1991, verb. Rs. C-6/90 und C-9/90 (*Francovich*), Slg. 1991, S. I-5357, Rdn. 19; EuGH, Urt. v. 19.11.1982, Rs. 8/81 (*Becker*), Slg. 1982, S. 53, Rdn. 29.

66 KOM (2001) 168 endg., S. 12.

über Drittstaaten stellen für den Bereich der indirekt gehaltenen Wertpapiere jedenfalls eine zumindest mittelbare Beeinträchtigung des Binnenmarktziels dar.

Mit dieser Regelung hat sich der Gemeinschaftsgesetzgeber nach einer ähnlichen Vorschrift in Art. 9 Abs. 2 der Finalitäts-Richtlinie[67] erneut für PRIMA, also den so genannten *place of the relevant intermediary approach* entschieden. Dahinter steht die Erwägung, dass eine Anknüpfung an die *lex rei* bzw. *cartae sitae* bei körperlosen Wertrechten unsinnig, aber auch bei sammelverwahrten Wertpapieren nicht sachgerecht wäre:[68] Der Lageort der Papiere kann schwierig zu ermitteln sein, führt keineswegs zwingend zum sachnächsten Recht und hätte vor allem bei der Übertragung von Wertpapierbeständen, die bei unterschiedlichen Sammelbanken verwahrt werden, regelmäßig eine unerwünschte Aufsplittung des Übertragungsstatuts zur Folge.[69] Bei Einschaltung von Zentral- und Zwischenverwahrern führt PRIMA demgegenüber einheitlich zum Recht des Staates, in dem das Konto geführt wird, auf dem die Gutschrift zugunsten des (benannten) Verfügungsempfängers erfolgt.[70]

Der deutsche Gesetzgeber hatte Art. 9 Abs. 2 der Finalitäts-Richtlinie durch § 17a DepotG „überschießend" umgesetzt: Die Vorschrift betrifft Wertpapierverfügungen allgemein und nicht nur dingliche Sicherheiten an Wertpapieren in der Insolvenz; ferner erfasst sie nicht nur Teilnehmer an Systemen im Sinne der Richtlinie, sondern gilt ohne Beschränkung auf einen bestimmten Personenkreis.[71] Aus diesem Grund sah die Bundesregierung im

---

67 Richtlinie 98/26/EG des Europäischen Parlaments und des Rates v. 19.5.1998 über die Wirksamkeit von Abrechnungen in Zahlungs- sowie Wertpapierliefer- und -abrechnungssystemen, ABl. Nr. L 166 v. 11.6.1998, S. 45.

68 Zur Kritik vgl. stellv. *Schefold*, IPRax 2000, 468, 469 f.; *Benjamin/Yates*, The Law of Global Custody, 2. Aufl. 2002, S. 80.

69 Werden mehrere Globalurkunden bezüglich eines Titels begeben, die in unterschiedlichen Ländern verwahrt werden, führt die Anknüpfung an die *lex cartae sitae* überdies zu keinem eindeutigen Ergebnis.

70 Vgl. *Bernasconi*, Yearbook of Private International Law 3 (2001), 63, 82 f. Nicht relevant sind also die Konten des Verfügenden bzw. diejenigen von Zwischen- und Zentralverwahrern.

71 § 17a DepotG spricht eine Sachnormverweisung aus. Das ergibt sich aus dem europarechtlichen Hintergrund der Vorschrift, der auf eine Vereinheitlichung des mitgliedstaatlichen Kollisionsrechts zielt, vgl. insoweit auch *Schödermeier/Löber/Wortmann*, in: *Potok* (Hrsg.), Cross Border Collateral: Legal Risk and the Conflict of Laws, 2002, S. 264, 275 f. Der Anwendungsbereich des § 17a

Hinblick auf Art. 9 der Finanzsicherheiten-Richtlinie keinen erneuten Handlungsbedarf.[72]

Allerdings ist § 17a DepotG etwas unglücklich formuliert. Die Vorschrift erfasst ihrem Wortlaut nach – ebenso wie Art. 9 Abs. 2 der Finalitäts-Richtlinie – nur Wertpapiere,[73] die mit *rechtsbegründender* Wirkung in ein Register eingetragen oder auf einem Konto verbucht werden.[74]

Nimmt man § 17a DepotG wörtlich, so stellt sich zunächst die kollisionsrechtliche Vorfrage (genauer: Erstfrage), nach welchem Recht die rechtsbegründende Wirkung beurteilt werden soll. Nahe liegt aufgrund des rechtsvereinheitlichenden Hintergrunds der Vorschrift eine unselbständige Anknüpfung, also eine Unterstellung dieser Frage unter das für die Hauptfrage maßgebliche Recht.[75] Nach § 17a DepotG ist das bei Kontobuchungen das Recht des Staates, in dem sich die kontoführende Haupt- oder Zweigstelle des Verwahrers befindet, die dem Verfügungsempfänger die (präsumtiv) rechtsbegründende Gutschrift erteilt.

Nun vollzieht sich beispielsweise im deutschen Recht der Eigentumsübergang bei sammelverwahrten Wertpapieren regelmäßig gemäß § 929 BGB durch Einigung und Übergabe, indem die Wertpapiersammelbank das Besitzmittlungsverhältnis von der Verkäufer- auf die Erwerberbank umstellt und diese wiederum dem Erwerber den Besitz vermittelt (als letztstufigem mittel-

---

DepotG ist nicht auf das Verhältnis zu den anderen Mitgliedstaaten beschränkt. Auch Drittstaatenverhältnisse werden erfasst.

72 Vgl. BT-Drucks. 15/1853, S. 12.

73 Die Auslegung des *Begriffs* „Wertpapier" ist eine Qualifikationsfrage. Aufgrund des rechtsvereinheitlichenden Hintergrunds der Vorschrift ist insoweit primär auf die Finalitäts-Richtlinie und erst sekundär auf die *lex fori* (deutsches Recht) abzustellen (anders *Schödermeier* u.a. (oben Fn. 71), S. 264, 272, die ausschließlich deutsches Recht für maßgeblich halten). Ob ein bestimmtes Papier im Einzelfall die für ein Wertpapier erforderlichen *Merkmale erfüllt*, ist eine kollisionsrechtliche Vorfrage (genauer: Erstfrage). Dem Zweck der Finalitäts-Richtlinie dürfte es am ehesten entsprechen, wenn diese Frage einheitlich (durch alle Mitgliedstaaten) dem Recht des Ausstellers unterstellt würde (anders wohl *Schödermeier* u.a. (oben Fn. 71), S. 264, 272 (Maßgeblichkeit des Wertpapierrechtsstatuts); vgl. insoweit auch Palandt/ *Heldrich*, BGB, 63. Aufl. 2004, Art. 43 EGBGB Rdn. 1).

74 Im englischen Richtlinientext ist demgegenüber von Rechten die Rede, die *legally recorded*, also gesetzlich aufgezeichnet sind.

75 Der Ansicht von *Einsele*, WM 2001, 2415, 2421, darin liege ein Zirkelschluss, vermag ich nicht zu folgen.

barem Besitzer).[76] Verlautbart wird dies durch die jeweiligen Belastungs- bzw. Gutschriftbuchungen, wobei die Gutschrift der Depotbank des Erwerbers den Schlussstein des rechtsgeschäftlichen Erwerbsvorgangs bildet. Diese Gutschrift ist zwar nicht im eigentlichen Sinne rechtsbegründend, aber sie verlautbart das neue, rechtsbegründende Besitzmittlungsverhältnis. So kann man § 17a DepotG lesen,[77] und in diesem Sinne hätte der deutsche Gesetzgeber die Vorschrift klarstellend ändern können. Dass dies bei der Umsetzung der Finanzsicherheiten-Richtlinie nicht geschehen ist, begründet freilich kein schwerwiegendes Versäumnis: Mit dem Abschluss der Arbeiten der Haager Konferenz zeichneten sich bereits weitere mögliche Änderungen im Kollisionsrecht der intermediär verwahrten Wertpapiere ab (dazu sogleich).

Als Zwischenergebnis ist zunächst festzuhalten, dass die Finanzsicherheiten-Richtlinie für einen begrenzten Bereich, nämlich denjenigen der Finanzinstrumente und Barsicherheiten, durch eine Bestätigung der PRIMA-Anknüpfung auf der einen und durch materiellrechtliche Regelungen auf der anderen Seite einen einheitlichen europäischen Rechtsrahmen geschaffen hat, der eine rechtssichere Bestellung und insolvenzfeste Verwertung solcher Sicherheiten ermöglicht. Verwässert wird der Harmonisierungseffekt allerdings durch die *opt out*-Möglichkeit für den Nicht-Interbankenverkehr, die beispielsweise Österreich genutzt hat.[78] Ein europäisches Wertpapier- und Depotrecht im umfassenden Sinne schafft die Richtlinie ohnehin nicht, ebenso wenig wie ein allgemeines europäisches Kreditsicherungsrecht: Sieht

---

76 H.M., vgl. stellv. *Kümpel*, Bank- und Kapitalmarktrecht, 3. Aufl. 2004, Rdn. 11.347 ff., 11.370 ff.; *Canaris*, Bankvertragsrecht, 2. Aufl. 1981, Rdn. 2016 ff. (der freilich a.a.O. Rdn. 2022 die Lebensfremdheit und Sachwidrigkeit der Besitzkonstruktion betont).

77 Zutreffend *Kümpel* (oben Fn. 76), Rdn. 11.435 ff. (insbesondere 11.438) und 11.439 ff.; vgl. auch *Keller*, WM 2000, 1269, 1281 f.; *Schefold*, IPRax 2000, 468, 475 f.; *Horn*, in: *Häuser/Hammen/Hennrichs/Siebel/Steinbeck/Welter* (Hrsg.), Festschrift für Walther Hadding, 2004, S. 893, 897 ff.; *Schödermeier* u.a. (oben Fn. 71), S. 264, 273 f. Anders etwa *Einsele*, WM 2001, 2415, 2421 (Eintragung nicht rechtsbegründend; wenn überhaupt, dann sei der Buchung des Sammelverwahrers – und nicht der Depotbank des Verfügungsempfängers – eine entsprechende Wirkung beizumessen).

78 Vgl. BGBl. I 2003/117 v. 16.12.2003. Auch Frankreich beabsichtigt offenbar, von dieser Möglichkeit Gebrauch zu machen, vgl. die briefliche Stellungnahme der ISDA v. 3.7.2003 gegenüber dem französischen Finanzministerium (abrufbar unter <www.isda.org>).

man von Barguthaben ab, werden beispielsweise Forderungen von der Richtlinie nicht erfasst.[79] Die Finanzsicherheiten-Richtlinie ist deshalb nur ein erster Schritt auf dem Weg zu einem europäischen Kreditsicherungsrecht – nicht mehr, aber auch nicht weniger.

2. *Haager Wertpapier-Übereinkommen*

Zu einem weiteren Meilenstein der Rechtsharmonisierung könnte sich das Haager Wertpapier-Übereinkommen entwickeln. Sein Anwendungsbereich ist einerseits weiter, andererseits aber auch viel enger als derjenige der Finanzsicherheiten-Richtlinie: Weiter ist er insofern, als das Übereinkommen Wertpapierverfügungen allgemein und nicht nur Fragen der Sicherheitenbestellung und -verwertung betrifft; viel enger ist die Reichweite des Übereinkommens, weil es insoweit ausschließlich kollisionsrechtliche und keine sachrechtlichen Regelungen enthält (vgl. Art. 2).[80]

a) Kollisionsrecht: AAA-Anknüpfung

Insoweit ist die gefundene Anknüpfung nun allerdings bemerkenswert, ja man kann sie zumindest aus europäischer Sicht als eine kleine Revolution bezeichnen. Als die Verhandlungen über das Haager Übereinkommen im Jahre 2000 begannen, schien kaum zweifelhaft, dass man auf eine PRIMA-Anknüpfung zusteuern würde, also eine ähnliche Lösung anstrebt, wie sie Art. 9 der Finalitäts- und der Finanzsicherheiten-Richtlinie enthalten.[81] Am

---

79 In ihrer Stellungnahme zu dem Richtlinienvorschlag hatte die Europäische Zentralbank eine Einbeziehung aller refinanzierungsfähiger Sicherheiten, einschließlich Bankkrediten, vorgeschlagen, vgl. ABl. Nr. C 196 v. 13.6.2001, S. 10, 11 Rdn. 10.

80 Ferner ist es nur auf internationale Sachverhalte anzuwenden (Art. 3). Die aufgrund der Finanzsicherheiten-Richtlinie geschaffenen Regelungen greifen aber auch bei rein nationalen Sachverhalten.

81 Vgl. insoweit etwa *Bernasconi*, The Law Applicable to Dispositions of Securities Held Through Indirect Holding Systems (Bericht für die Haager Konferenz), 2000, S. 30 ff. (abrufbar unter <www.hcch.net>); *Bernasconi*, Yearbook of Private International Law 3 (2001), 63, 79 ff., 82 f., 83 ff.; *Bernasconi/ Potok*, in: *Potok* (Hrsg.), Cross Border Collateral: Legal Risk and the Conflict of Laws, 2002, S. 615, 619 f.

Ende kam es anders: Gemäß Art. 4 Abs. 1 S. 1 des Übereinkommens ist Wertpapierstatut das Recht des Staates, „... dessen Rechtsordnung in der Kontovereinbarung ausdrücklich als ... maßgebend vereinbart wurde ...“.[82]

Damit wird eine Wahl des auf Wertpapierverfügungen anwendbaren Rechts ermöglicht. Zwar knüpft das Übereinkommen die Zulässigkeit dieser Wahl an gewisse objektive Faktoren (Art. 4 Abs. 1 S. 2 – so genannter *reality test*). Diese werden in der Praxis jedoch keine signifikante Hürde aufrichten, so dass man davon ausgehen kann, dass marktmächtige Finanzintermediäre ungehindert „ihr“ Recht durchsetzen können und werden. Auch die in dem Übereinkommen vorgesehenen subsidiären Anknüpfungen (Art. 5) dürften keine praktische Bedeutung gewinnen.

Die Rechtswahl muss nach dem eindeutigen Wortlaut des Art. 4 Abs. 1 S. 1 ausdrücklich erfolgen, eine konkludente Wahl scheidet also aus. Möglich ist allerdings eine Wahl in AGB. Das Zustandekommen und die Wirksamkeit der Rechtswahl beurteilen sich dann aus deutscher Sicht gemäß Art. 27 Abs. 4, 31 Abs. 1 EGBGB grundsätzlich nach dem *gewählten Recht*. Gemäß Art. 31 Abs. 2 EGBGB kann sich aber eine Partei für die Behauptung, sie habe dem Vertrag nicht zugestimmt, auf das Recht ihres gewöhnlichen Aufenthaltsortes berufen, wenn sich aus den Umständen ergibt, dass es nicht gerechtfertigt wäre, die Wirkung des Verhaltens dieser Partei nach dem in Art. 31 Abs. 1 EGBGB bezeichneten Recht zu bestimmen. Praktische Bedeutung hat dieser Vorschrift vor allem für die Entscheidung, ob das bloße Schweigen einer Partei, etwa bei der Bezugnahme der jeweils anderen auf ihre AGB, als Zustimmung zu werten ist.[83] Art. 31 Abs. 2 EGBGB kann damit bei der Wahl ausländischen Rechts durch ein deutsches Institut in AGB gegenüber ihrem deutschen Kunden kumulativ zur Anwendung der §§ 305 ff. BGB führen. Für die *übrigen* vorformulierten Klauseln einer Kontovereinbarung (außer derjenigen über die Rechtswahl) kommt deutsches Recht (einschließlich der §§ 305 ff. BGB) im Verhältnis zu Verbrauchern evtl. über Art. 29 EGBGB bzw. Art. 29a EGBGB zur Anwendung.[84] Im unternehmerischen Geschäftsverkehr gilt dasselbe bei – abgesehen von der Rechtswahl – reinen Binnensachverhalten, Art. 27 Abs. 3 EGBGB.

Zutreffend ist im Hinblick auf diese Lösung von einer „triple A“-Anknüpfung gesprochen worden: Dem Übereinkommen liegt ein *account agreement*

---

82 Es handelt sich, wie bei Kollisionsnormen in internationalen Übereinkommen üblich, um eine Sachnormverweisung (vgl. Art. 10).

83 Vgl. BGHZ 135, 124, 137; Palandt/*Heldrich* (oben Fn. 73), Art. 31 EGBGB Rdn. 5 m.w.N.

84 Zum Verhältnis der beiden Vorschriften vgl. Palandt/*Heldrich* (oben Fn. 73), Art. 29 EGBGB Rdn. 1 m.w.N.

approach zugrunde.[85] Sein Vorbild findet sich im US-amerikanischen *Uniform Commercial Code* (§ 8-110(e) UCC),[86] und es war in den Verhandlungen über das Übereinkommen wohl auch maßgeblich die amerikanische Delegation, die auf die AAA-Anknüpfung gedrungen hat. Was ist von ihr zu halten?

Zunächst steht außer Frage, dass die Zulässigkeit einer Rechtswahl für internationale Wertpapierverfügungen die Privatautonomie in diesem Sektor stärkt und es erlaubt, transaktionsspezifisch optimale Rechtsregime zu vereinbaren. Vor allem aber wird *prima facie* auch die Rechtssicherheit erhöht, insbesondere im Vergleich mit der *lex cartae sitae*-Regel: Die betroffenen Institute werden offenbar in die Lage versetzt, ihr Depotgeschäft an einer bestimmten Rechtsordnung auszurichten und dieses damit einfach, stabil und kosteneffizient zu strukturieren. Es ist reizvoll, dies mit der Aufgabe der Sitztheorie im internationalen Gesellschaftsrecht Europas und ihrer Ersetzung durch eine (grundsätzliche) Gründungsanknüpfung zu vergleichen:[87] Dort wie hier wird das „Lagerecht" durch ein frei wählbares „Korporations-" bzw. „Transaktionsrecht" ersetzt.

Den Vorteilen, die sich daraus für die unmittelbar Transaktionsbeteiligten ergeben (bzw. zu ergeben scheinen, dazu sogleich), stehen allerdings Nachteile gegenüber, insbesondere im Verhältnis zu Dritten: Diese können nicht oder jedenfalls nicht ohne weiteres erkennen, welche Rechtsordnung für einen bestimmten Vorgang maßgebend ist (Bankgeheimnis!). Transparenz und Publizität im Vergleich mit einer objektiven Anknüpfung sind geringer.

---

85 Vgl. *Mankowski*, ZBB 2003, 258.

86 Vgl. dazu etwa *Guynn/Rogers*, in: *Potok* (Hrsg.), Cross Border Collateral: Legal Risk and the Conflict of Laws, 2002, S. 603, 608 f. Maßgeblich begünstigt wird dieser *approach* durch die nach dem UCC im Vergleich etwa mit dem deutschen Recht andersartige Konstruktion der Rechtsstellung eines Wertpapierinhabers bei sammelverwahrten Wertpapieren: Dieser ist danach nicht direkt (Mit-)Eigentümer der bei dem Verwahrer lagernden Papiere, sondern hat ein *securities entitlement* im Verhältnis zu dem Intermediär inne, mit dem er in Geschäftsbeziehung steht. Vgl. insoweit auch *Einsele*, RIW 1997, 269, 273.

87 Vgl. insoweit EuGH, Urt. v. 5.11.2002, Rs. C-208/00 (*Überseering*), Slg. 2002, S. I-9919; EuGH, Urt. v. 30.9.2003, Rs. C-167/01 (*Inspire Art*), NJW 2003, 3331; ausführlich *Eidenmüller* (Hrsg.), Ausländische Kapitalgesellschaften im deutschen Recht, 2004 (dort §§ 1, 2 und 3 mit einer ausführlichen Diskussion der maßgeblichen EuGH-Entscheidungen).

Es kommt hinzu, dass die schlussendlich gefundene Lösung nur scheinbar zu einer rechtssicheren Anknüpfung führt. In Art. 4 Abs. 1 S. 1 wird nämlich nicht bestimmt, auf *welche* Kontovereinbarung es für die Ermittlung des Verfügungsstatuts ankommt. Sind in die Transaktion diverse Intermediäre involviert, und wurden in den jeweiligen Kontovereinbarungen unterschiedliche Rechte gewählt, dann ist die Kollisionsnorm des Übereinkommens *unbestimmt.*[88] Selbst wenn man sie so interpretiert, dass das Verfügungsstatut nach dem jeweils betrachteten Teil der Verfügung *aufzuspalten* und für jeden Teil das Recht der jeweils relevanten Kontoverbindung maßgeblich ist,[89] ergeben sich potentiell gravierende materiellrechtliche Probleme:[90] So könnte es bei einer deutsch-amerikanischen Transaktion beispielsweise sein, dass der deutsche Verkäufer sein Eigentum nach deutschem Recht nicht verloren, der amerikanische Käufer nach US-amerikanischem Recht jedoch ein wirksames *securities entitlement* erworben hat. Denkbar ist auch, dass bei konkurrie-

---

88 Der in Art. 4 Abs. 1 S. 1 relevante Begriff der Kontovereinbarung wird in Art. 1 Abs. 1 e) legal definiert als Vereinbarung mit dem maßgeblichen Intermediär über ein Depotkonto. Der Begriff des maßgeblichen Intermediärs wiederum wird in Art. 1 Abs. 1 g) bestimmt als der Intermediär, der das Depotkonto für den Depotinhaber führt – die Definitionen gehen also ins Leere. Vgl. auch *Pöch*, ÖBA 2004, 507, 515: „Ungeregelt bleibt die Frage, welches das anzuwendende Recht ist, wenn an einem Rechtsgeschäft zwei 'maßgebliche Intermediäre' beteiligt sind ..." (Hervorhebungen im Original weggelassen).

89 So etwa das ständige Büro der Haager Konferenz, An Explanatory Note on the Functioning of PRIMA within the Framework of the Preliminary Draft Convention on the Law Applicable to Certain Rights in Respect of Securities Held with an Intermediary (vorläufiges Dokument Nr. 12, Mai 2002, abrufbar unter <www.hcch.net>), S. 5: „In other words, the answer to the question 'who is he relevant intermediary?' differs depending on the portion of the overall transfer which is under consideration." In diesem Sinne wohl auch *Einsele*, WM 2003, 2349, 2354.

90 Vgl. auch *Than*, in: *Ekkenga/Hadding/Hammen* (Hrsg.), Bankrecht und Kapitalmarktrecht in der Entwicklung (FS Kümpel), 2003, S. 543, 558; *Horn*, in: *Häuser/Hammen/Hennrichs/Siebel/Steinbeck/Welter* (Hrsg.), Festschrift für Walther Hadding, 2004, S. 893, 902; *Girsberger*, in: *Berti/Girsberger* (Hrsg.), FS Anton K. Schnyder, 2002, S. 77, 88. Alle drei Autoren erwähnen mögliche Probleme, nehmen zu den dadurch aufgeworfenen Fragen jedoch nicht (näher) Stellung. Ausführlicher demgegenüber *Einsele*, WM 2003, 2349, 2354 f. Nicht gesehen werden die Probleme von *Goode*, Legal Problems of Credit and Security, 3. Aufl. 2003, S. 235: "Nevertheless, the solution has a number of advantages. It subjects the determination of all proprietary rights to the same law ...".

renden Verfügungen des deutschen Verkäufers dieser sein Eigentum zwar verloren, gleichzeitig aber sowohl Investor A als auch Investor B – nach dem jeweils für sie maßgeblichen Recht – Eigentum erworben haben.[91] Die delikate Frage, wie man sich in beiden Fällen eine solche „Eigentumsverdoppelung" erklären kann und welcher Intermediär für sie einzustehen hat, ist nicht leicht zu beantworten.

Das ständige Büro der Haager Konferenz schlägt insoweit folgende Lösung vor:

> „The fact that both Investor A and Investor B have securities purportedly credited to their respective accounts does not mean that additional *securities* have been validly created ... The intermediary which has insufficient securities to back validly *created rights* will itself need to purchase securities to eliminate the discrepancy."[92]

Es ist offensichtlich, dass diese Lösung nur auf dem Hintergrund des US-amerikanischen Rechts zu verstehen ist (dazu sogleich)[93] und etwa versagt, wenn etwa ausschließlich Rechtsordnungen involviert sind, die – wie das deutsche Recht – den beteiligten Investoren sachenrechtliches Miteigentum an einem sammelverwahrten Bestand einräumen.

Die vorgeschlagene Aufspaltung des Verfügungsstatuts kann aber noch aus einem weiteren Grund nicht befriedigen: Es müsste nämlich klar sein, *welches* die jeweils relevanten Teile des Verfügungsstatuts sind, um die es geht. Wenn etwa der *Rechtserwerb* vollständig an die Kontovereinbarung des Verfügungsempfängers mit seiner Depotbank angeknüpft wird und der *Rechtsverlust* an die Kontovereinbarung des Verfügenden mit seiner Depotbank,[94] dann geht es im Grunde nicht um *Teile* des Verfügungsstatuts, sondern um das *gesamte Verfügungsstatut*, das doppelt angeknüpft wird. Nach welchen Gesichtspunkten eine sinnvolle kollisionsrechtliche Teilung des Verfügungsstatuts erfolgen könnte (und durch das Haager Übereinkommen erfolgt ist), bleibt im Dunkeln.

---

91 Vgl. dazu *Einsele*, WM 2003, 2349, 2354 f.

92 Ständiges Büro der Haager Konferenz (oben Fn. 89), S. 8 (Hervorhebungen von mir).

93 Vgl. insoweit auch *Schefold*, in: *Mansel/Pfeiffer/Kronke/Kohler/Hausmann* (Hrsg.), Festschrift für Erik Jayme, Band I, 2004, S. 805, 809, 815.

94 So etwa das ständige Büro der Haager Konferenz (oben Fn. 89), S. 4 f.

Die Probleme, die sich aus der Rechtswahlmöglichkeit des Art. 4 ergeben, sind also gravierend. Erklären lässt sich die gefundene Lösung nur vor dem Hintergrund des materiellen US-amerikanischen Rechts, nach dem es sachenrechtlich auf die Rechtsbeziehung der Beteiligten zu dem jeweils für sie tätigen (maßgeblichen) Intermediär ankommt und dem die deutsche Konstruktion des Miteigentums an einem sammelverwahrten Bestand fremd ist.[95] Besser wäre es gewesen, wenn sich in den Verhandlungen als Kollisionsnorm der zwischenzeitlich auch erwogene Vorschlag durchgesetzt hätte, dass es für die Wertpapierverfügung *einheitlich* auf das zwischen dem *Verfügungsempfänger* und dem für ihn tätigen Intermediär gewählte Recht ankommt.[96]

Das Übereinkommen enthält detaillierte Regeln zum „Bestandsschutz bei Wechsel der anzuwendenden Rechtsordnung" (Art. 7), die hier nicht näher erörtert werden können.[97] Ihr Zweck ist ein Vertrauensschutz für die Fälle, in denen eine Kontovereinbarung nachträglich so geändert wird, dass dies einen Wechsel der nach dem Übereinkommen anzuwendenden Rechtsordnung zur Folge hat. Zwar gilt dann für alle Fragen grundsätzlich neues Recht (Art. 7 Abs. 3). Die alte Rechtsordnung bleibt jedoch in weitem Umfang maßgebend, um erworbene Rechte zu schützen, sofern ein Betroffener dem Wechsel der Rechtsordnung nicht zugestimmt hat (Art. 7 Abs. 4).

b) Verhältnis zu Richtlinien der EU

Art. 4 steht im Widerspruch zur PRIMA-Anknüpfung der Finalitäts- und der Finanzsicherheiten-Richtlinie, und zwar in doppelter Hinsicht: zum einen aufgrund der eingeräumten Rechtswahlmöglichkeit; zum anderen, weil die Richtlinien einheitlich auf das Recht am Ort der Buchung für den Verfügungsempfänger abstellen. Die Kommission der EU hat dem Rat gleichwohl im Dezember 2003 eine Zeichnung des Übereinkommens empfohlen. Dessen Ratifikation solle erfolgen, nachdem Vorschläge zur Anpassung der Richtlinien vorgelegt wurden.[98]

---

95 Darüber hinaus wurde offenbar angestrebt, den jeweils involvierten Intermediären das Risiko einer Fehleinschätzung des einschlägigen Rechts abzunehmen, vgl. das ständige Büro der Haager Konferenz (oben Fn. 89), S. 6 f.

96 Insoweit wurde von „Super-PRIMA" gesprochen, vgl. das ständige Büro der Haager Konferenz (oben Fn. 89), S. 6 f.

97 Vgl. insoweit ausführlich *Reuschle*, IPRax 2003, 495, 501 ff.

98 KOM (2003) 783 endg. v. 15.12.2003, S. 4 f. Diese Anpassung könnte so aussehen, dass die in den Richtlinien enthaltenen Kollisionsregeln einfach gestrichen werden.

Völkerrechtlich steht der Gemeinschaft nach der Rechtsprechung des EuGH eine ausschließliche Vertragsschlusskompetenz zu, wenn eine entsprechende Binnenkompetenz besteht und diese ausgeübt wurde.[99] Dies ist im Hinblick auf das Wertpapierkollisionsrecht der Fall.[100] Dass die Gemeinschaft ihre Binnenkompetenz bisher nur für einen beschränkten Bereich, nämlich im Hinblick auf Kollisionsregeln für *Sicherungsgeschäfte*, in Anspruch genommen hat, ist nicht entscheidend. Das Haager Übereinkommen betrifft Wertpapierverfügungen allgemein und damit auch die Bestellung von Wertpapiersicherheiten. Die Mitgliedstaaten können eine Zeichnung und Ratifikation des Haager Übereinkommens auch nicht mit dem Vorbehalt verbinden, dass dieses für sie nur im Verhältnis zu *Drittstaaten* gelten solle: Ein entsprechender Vorbehalt ist unzulässig (vgl. Art. 21).[101] Damit setzten sich die Mitgliedstaaten in Widerspruch zu ihrer Verpflichtung aus den Richtlinien, würden sie das Übereinkommen zeichnen und ratifizieren. Zum Handeln ist vielmehr die Gemeinschaft selbst aufgerufen.[102]

Trotz der Zeichnungsempfehlung der Kommission scheint der diesbezügliche politische Wille letzthin allerdings etwas ermattet zu sein. Das mag daran liegen, dass die europäischen Banken, nachdem sie die Ausarbeitung des Übereinkommens ursprünglich begrüßten, durch den Schwenk von der

---

99 Vgl. EuGH, Urt. v. 3.3.1971, Rs. 22/70 (*AETR*), Slg. 1971, S. 263, Rdn. 15 ff.; EuGH, Gutachten v. 15.11.1994, GA 1/94 (*GATS und TRIPs*), Slg. 1994, S. I-5267, Rdn. 77: „Nur in dem Maße, wie gemeinsame Vorschriften auf interner Ebene erlassen werden, wird die externe Zuständigkeit der Gemeinschaft zu einer ausschließlichen.“ Vgl. auch Streinz/*Mögele* (oben Fn. 60), Art. 300 EGV Rdn. 24 ff. m.w.N.

100 Die Vertragsschlusskompetenz der EU liefe leer, wenn das Haager Übereinkommen eine Zeichnung bzw. Ratifikation durch die EU nicht zuließe. Art. 18 des Haager Übereinkommens öffnet dieses jedoch auch für Organisationen der regionalen Wirtschaftsintegration, zu denen die EU zählt.

101 *Europarechtlich* wäre dies im Übrigen nur dann zulässig, wenn man der im Text für die Finanzsicherheiten-Richtlinie vertretenen Auffassung folgt, dass diese keine Kollisionsnorm für Drittstaatenverhältnisse vorgibt (dasselbe gilt für die Finalitäts-Richtlinie).

102 In der Tendenz ähnlich *Merkt/Rossbach*, ZVglRWiss 102 (2003), 33, 48 (Vertragsschlusskompetenz der Mitgliedstaaten „sehr zweifelhaft"); *Löber*, BKR 2003, 265, 266. Aus diesem Grunde ist es misslich, dass die EU nicht Mitglied der Haager Konferenz ist, sondern nur einen Beobachterstatus hat, vgl. *Basedow*, Rev. dr. unif. 2003-1/2, 31, 35 f., 40 f., 43 ff.

PRIMA-Anknüpfung hin zu der eingeräumten Rechtswahlmöglichkeit etwas überrascht wurden und nunmehr fürchten, dass mit der zu erwartenden Dominanz des amerikanischen Rechts mittelbar auch Handelsvolumina in die USA verloren gehen.[103] Auch aus wissenschaftlicher Sicht wäre es aufgrund der erörterten rechtskonstruktiven Schwächen des Übereinkommens jedenfalls kein großes Unglück, wenn dieses nicht die Akzeptanz findet, die man sich vor einigen Jahren noch erhofft hatte.

Keine Kollisionsprobleme ergeben sich im Verhältnis von Haager Übereinkommen und EuInsVO.[104] Nach deren Art. 5 Abs. 1 werden dingliche Rechte, die sich bei Verfahrenseröffnung im Gebiet eines anderen Mitgliedstaats befinden, von dieser Eröffnung nicht berührt. Ob ein Recht ein *dingliches* Recht ist, muss nach Kriterien beurteilt werden, die einerseits aus den Beispielen in Art. 5 Abs. 2 EuInsVO und andererseits aus einer wertenden Vergleichung der Sachenrechte der Mitgliedstaaten zu gewinnen sind.[105] Ob ein dingliches Recht im Einzelfall tatsächlich *besteht*, ist nach der EuInsVO letztlich nach dem allgemein geltenden Kollisionsrecht des Eröffnungsstaats zu beurteilen.[106] An dieser Stelle kommt nun das Haager Übereinkommen ins Spiel, nach dessen Art. 8 Abs. 1 sich der Bestand eines entsprechenden Rechts auf der Basis der durch das Übereinkommen berufenen Rechsordnung(en) beurteilt.

3. *UNIDROIT-Projekt zu indirekt gehaltenen Wertpapieren*

Das Haager Übereinkommen ist ein rein kollisionsrechtliches Abkommen. Die materiellrechtlichen Regeln der Finanzsicherheiten-Richtlinie gelten nur

---

103 So hat sich die französische Bankenvereinigung inzwischen *gegen* eine Revision der Finalitäts- und der Finanzsicherheiten-Richtlinie im Lichte des Haager Übereinkommens ausgesprochen, vgl. French Banking Federation (FBF), Banking and Financial Europe 2005-2010: Principles (abrufbar unter <www.fbf.fr>), S. 12: "It would also not be advisable to revise the various European directives concerning financial guarantee contracts, payment finality and collateral, to include the conflict rules adopted by the La Hague Convention of 13 December 2002 concerning the law that applies to certain rights on securities held through an intermediary."

104 Vgl. insoweit auch *Bernasconi*, Yearbook of Private International Law 3 (2001), 63, 96 f.; *Merkt/Rossbach*, ZVglRWiss 102 (2003), 33, 49 f.; *Reuschle*, IPRax 2003, 495, 504 f.; *Reuschle*, BKR 2003, 562, 572.

105 Vgl. *Eidenmüller*, IPRax 2001, 2, 6 Fn. 29.

106 Vgl. *Eidenmüller*, IPRax 2001, 2, 6 Fn. 29.

innerhalb Europas, und sie gelten auch nur für Sicherungsgeschäfte. Die Lücke zwischen beiden soll das UNIDROIT-Projekt zu materiellrechtlichen Regeln für indirekt gehaltene Wertpapiere schließen. Angestrebt wird eine internationale Konvention. Diese soll nicht eine Total-, sondern lediglich eine Mindestharmonisierung des Rechts der Vertragsstaaten bewirken.[107]

Ein Bedarf hinsichtlich der Vereinheitlichung des materiellen Wertpapierrechts wird auch von anderen Institutionen bzw. Organisationen gesehen. So erwägt die Kommission der EU die Schaffung eines „harmonisierten Wertpapierkodex", mit dem eine einheitliche rechtliche Behandlung von Wertpapieren in der Gemeinschaft sichergestellt werden könnte.[108] Die so genannte „Giovannini-Gruppe", welche die Kommission berät, hat sich – als Vorstufe – für ein *EU Securities Account Certainty Project* mit einer limitierteren Zielsetzung ausgesprochen.[109] Auch die *European Financial Market Lawyers Group* hat eine Harmonisierung des Rechtsrahmens für indirekt gehaltene Wertpapiere vorgeschlagen und insoweit auch bereits zentrale Elemente einer entsprechenden Regelung identifiziert.[110]

Der Nutzen einer solchen Mindestharmonisierung ist allerdings nicht ganz einfach zu erkennen: Sollte das Haager Übereinkommen in Kraft treten, dann würde dadurch ein Wettbewerb der materiellen Wertpapierrechte in Gang gesetzt, den langfristig vermutlich das US-amerikanische Recht für sich entscheiden würde – auf diesem Weg käme es also wohl ebenfalls (indirekt) zu einer Vereinheitlichung. Allerdings ist bei indirekt gehaltenen Wertpapieren zumindest kurz- und mittelfristig noch zu erwarten, dass auf eine Transaktion bei einer Vielzahl von Intermediären unterschiedliche Rechtsordnungen zur Anwendung gelangen – mit negativen Folgen für die Rechtssicherheit.[111] Auch mag man das geplante Übereinkommen als ein Angebot für solche Staaten verstehen (und rechtfertigen), die bisher noch keine oder nur unzu-

107 Vgl. die *Explanatory Note* zu Art. 24 des vorläufigen Diskussionsentwurfs (abrufbar unter <www.unidroit.org>).

108 Vgl. KOM (2002) 257 endg. v. 28.5.2002, S. 13.

109 The Giovannini Group, Second Report on EU Clearing and Settlement Arrangements, 2003, S. 12 ff.

110 European Financial Markets Lawyers Group, Harmonisation of the Legal Framework for Rights Evidenced by Book-Entries in Respect of Certain Financial Instruments in the European Union, 2003 (abrufbar unter <www.efmlg.org>).

111 The Giovannini Group (oben Fn. 109), S. 14.

reichende Regelungen in diesem durch hohe Innovationskraft, Technizität und Internationalität geprägten Bereich besitzen.[112]

Der bereits vorliegende, vorläufige Diskussionsentwurf enthält Vorschriften zur Rechtsstellung von Depotinhaber und Intermediär (Art. 3 ff.), zu Verfügungen über Wertpapiere (Art. 9 ff.) einschließlich eines Schutzes gutgläubiger Erwerber (Art. 14 ff.) sowie über die Verwertung von Wertpapiersicherheiten (Art. 21 ff.). Vorbildfunktion für die vorgeschlagenen Regelungen hat eindeutig § 8 des bereits erwähnten *Uniform Commercial Code* (UCC). Details können an dieser Stelle nicht dargestellt werden. Besonders bemerkenswert erscheint mir vor allem, dass Rechte an indirekt gehaltenen Wertpapieren durch bloße *Buchungen* auf Depotkonten mit Intermediären begründet bzw. aufgegeben werden können (Art. 3 Abs. 1, 9 Abs. 1 und 3).[113] Dieses Prinzip ist Ausdruck der sich vollziehenden Entmaterialisierung des Depotgeschäfts. Es wird auch von der die EU-Kommission beratenden *Giovannini*-Gruppe für das von ihr angestoßene, europäische *Securities Account Certainty Project* verfochten.[114] Damit werden andere Verfügungsformen, die das anwendbare Recht vorsieht, nach dem Entwurf zwar nicht ausgeschlossen (Art. 9 Abs. 6, 12 Abs. 2). Prioritär im Falle konkurrierender Verfügungen ist jedoch eine buchmäßig vollzogene (Art. 13 Abs. 3). Auf ein Registersystem soll wohl verzichtet werden: Die Buchung erscheint als ausreichender Publizitätstatbestand.

Das Übereinkommen sieht ferner einen Schutz des Depotinhabers bei Zwangsvollstreckungsmaßnahmen gegen seinen Intermediär bzw. bei dessen Insolvenz (*intermediary risk*) vor: Unabhängig davon, wie ein Staat die Rechtsstellung des Depotinhabers sachenrechtlich ausgestaltet – dazu macht der Entwurf keine Vorgaben –, darf dessen Berechtigung jedenfalls durch entsprechende Ereignisse nicht tangiert werden (Art. 6 Abs. 2, 8 Abs. 1). Das ist ökonomisch vernünftig, um Anlegervertrauen zu gewinnen, aus deutscher

112 In diese Richtung wohl *Paech*, Unif. L. Rev. 2002-4, 1140, 1154.

113 Bei der Einräumung eines *Sicherungsrechts* an Wertpapieren oder einem ganzen Depot sieht der Entwurf daneben vor, dass dies auch dadurch geschehen kann, dass einer anderen Person die Kontrolle über die Papiere bzw. das Depot eingeräumt wird (Art. 9 Abs. 4, Art. 11).

114 The Giovannini Group (oben Fn. 109), S. 12 ff.

Sicht aber auch gänzlich unproblematisch, weil aufgrund der Miteigentümerstellung des Depotinhabers geltendes Recht.[115]

Darüber hinaus enthält der Entwurf ein grundsätzliches Verbot so genannter *upper tier attachments* (Art. 4 Abs. 3, vgl. aber auch die Ausnahme in Art. 8 Abs. 2). Das hauptsächliche Ziel dieses Verbots ist es, Vollstreckungsmaßnahmen durch Gläubiger eines Investors in das Depot von dessen Intermediär bei einem *übergeordneten* Intermediär zu verhindern, die dieses Depot zu Lasten anderer Investoren blockieren würden. Auch dieses Problem kann unter dem geltenden deutschen Recht nicht auftreten.[116]

Schließlich sieht der Entwurf auch die Insolvenzfestigkeit von Wertpapiersicherheiten vor (Art. 21 Abs. 4 (b)), ebenso wie ein Aneignungsrecht des Sicherungsnehmers (Art. 22). Die maßgeblichen Bestimmungen ähneln denjenigen der Finanzsicherheiten-Richtlinie, mit der wichtigen Ausnahme, dass die Natur der gesicherten Verbindlichkeit keine Rolle spielt. Sie muss nur einen finanziellen Charakter besitzen (vgl. Art. 21 Abs. 2). Aufgrund der Sensibilität dieser Materien soll den Vertragsstaaten jedoch die Möglichkeit eingeräumt werden, das zukünftige Übereinkommen ohne diese Bestimmungen zu ratifizieren (Art. 23).

Ob und gegebenenfalls wann die geplante Konvention angenommen wird, ist derzeit ganz ungewiss. Ebenso wie bei der Haager Konvention ist auch hier die Dominanz des US-amerikanischen Einflusses unübersehbar, und das Schicksal der Haager Konvention determiniert möglicherweise auch die Erfolgschancen für das UNIDROIT-Projekt: Scheitert das kollisionsrecht-

---

115 Ausführlich zum *intermediary risk* und seiner Bewältigung etwa *Schwarcz*, 50 Duke L. J. 1541 (2001); *Schwarcz*, Rev. dr. unif. 2001-2, 283. Neben dem im Text genannten Gesichtspunkt gibt es noch weitere Gründe, warum es sinnvoll ist, dass die Gläubiger des Intermediärs und nicht der Depotinhaber das Risiko von dessen Insolvenz tragen sollten: Zum einen können sich zumindest Vertragsgläubiger selbst schützen; zum anderen würde eine Zuweisung des Risikos an den Depotinhaber Kontrollaufwendungen (*monitoring costs*) erhöhen – dieser würde ja dann *neben* den Gläubigern des Intermediärs dessen finanzielle Verhältnisse beobachten (müssen).

116 Zur deutschen Rechtslage vgl. etwa *Gößmann*, in: *Schimansky/Bunte/Lwowski* (Hrsg.), Bankrechts-Handbuch Band I, 2. Aufl. 2001, § 72 Rdnr. 116 f. Ebenfalls aus deutscher Sicht nicht relevant ist die in Art. 5 des Entwurfs thematisierte Verpflichtung eines Intermediärs, immer ausreichende Effekten zur „Bedienung" der Rechte der Depotinhaber zur Verfügung zu haben.

liche Übereinkommen, dann sind die Aussichten für das materiellrechtliche mehr als unsicher. Bei einem Erfolg der Haager Konvention könnte demgegenüber das, was innerhalb Europas für einen bestimmten Personenkreis und für bestimmte Sicherungsgeschäfte bereits gilt, in naher Zukunft auf der Basis zweier internationaler Konventionen weltweit in einem erweiterten Rahmen (Wertpapierverfügungen allgemein und nicht nur Sicherungsgeschäfte) geltendes Recht sein.

IV. Forderungen: UN-Abtretungskonvention

Im Hinblick auf Forderungen, dem zweiten wichtigen, körperlosen Sicherungsgegenstand, wird die internationale Entwicklung in den nächsten Jahren vor allem davon abhängen, ob die UN-Abtretungskonvention in Kraft tritt. Forderungen aus Geschäften mit indirekt gehaltenen Wertpapieren sowie Barguthaben werden von ihr nicht erfasst (Art. 4 Abs. 2 (e) und (f)), der Bereich der Finanzsicherheiten ist also ausgeklammert. Das Ziel der Konvention liegt darin, die grenzüberschreitende Nutzbarkeit von Forderungen als Finanzierungs- und Sicherungsinstrument durch ein einheitliches Rechtsregime zu steigern.

1. Sachrechtliche Regeln: Optionales Register

Sachrechtlich finden sich zu diesem Zweck in dem Übereinkommen zunächst eine Reihe von Vorschriften, welche die möglichst umfängliche *Abtretbarkeit* von Forderungen sicherstellen sollen. Dazu gehört die Zedierbarkeit zukünftiger Forderungen ebenso wie die Zulässigkeit von Globalzessionen (Art. 8). Dazu gehört aber auch die grundsätzliche „dingliche" Unwirksamkeit rechtsgeschäftlicher Abtretungsverbote bei Geldforderungen (Art. 9). Sie lässt sich mit Informationsasymmetrien auf dem Markt für Forderungen jedenfalls so lange rechtfertigen, wie ein Registersystem nicht besteht: Entsprechende Informationsasymmetrien können zu Ineffizienzen aufgrund adverser Selektion führen – sie steigern das Risiko opportunistischer Mehrfachzessionen.[117] Für das gegenwärtige deutsche Recht bringen diese Vorschriften kaum

117 Ausführlich *Eidenmüller*, AcP 204 (2004), 457, 475.

Neues: Bis auf den zuletzt genannten Aspekt, der auf eine sinnvolle Ausdehnung des § 354a HGB hinausläuft (allerdings unter Verzicht auf ein besonderes Schuldnerschutzregime nach dem Vorbild des § 354a S. 2 HGB), handelt es sich schon lange um geltendes Recht.

Ähnliches ist über das *Schuldnerschutzregime* zu sagen, das die Konvention etabliert. Hinsichtlich des Einwendungserhalts und verwandter Fragen weichen die Regelungen des Übereinkommens nur in Einzelpunkten von den §§ 404 ff. BGB ab (das gilt etwa für Art. 20 Abs. 2, der Zedent und Schuldner auch nach dessen Kenntnis von der Abtretung noch die Befugnis zu bestimmten, die Forderung beeinflussenden Vertragsänderungen zugesteht).[118] Soweit es um die Befreiung durch Leistung geht, ist das gemischt objektiv-subjektive deutsche System, in dem es neben objektiven Faktoren (wie etwa dem Erhalt einer Abtretungsanzeige) auf den Kenntnisstand des Schuldners ankommt (subjektive Komponente), dem rein objektiven System der Konvention sogar klar überlegen: Letzteres blendet die praxiswesentliche Konstellation einer nur vermeintlich wirksamen Abtretung aus und erfasst so nur einen Teilbereich der für den Schuldnerschutz relevanten Umstände.[119]

Innovativ und wegweisend ist die Konvention demgegenüber, soweit es um die Ausgestaltung des Abtretungstatbestands geht. Direkt geregelt wird dieser in dem Übereinkommen zwar nicht. Allerdings können die Vertragsstaaten zur Lösung von *Prioritätsproblemen* für unterschiedliche Systeme optieren, und das ambitionierteste ist die Teilnahme an einem *internationalen Forderungsregister* (vgl. Art. 42 Abs. 1).[120] Ebenso wie bei der Kapstadt-Konvention steht Art. 9 UCC hier Pate. Ein entsprechendes Register schafft einen Publizitätstatbestand, der eine rechtssichere und leicht erkennbare Zuordnung von Forderungen gewährleistet und damit die bereits erwähnten Informationsasymmetrien beseitigt. Zessionen außerhalb des Registers bleiben möglich. Bei Kollisionsproblemen gehen eingetragene Zessionen jedoch vor. Die Bedenken gerade in Deutschland gegen ein solches Register, das sinnvollerweise dann natürlich nicht nur für Forderungen, sondern auch für andere, sonst publizitätslose Sicherungen zur Verfügung stehen müsste – insbesondere die Sicherungsübereignung nach §§ 929, 930 BGB –, sind groß. Sie haben aber in den letzten Jahren deutlich an Gewicht verloren.

118 Ausführlich *Eidenmüller*, AcP 204 (2004), 457, 483 ff.
119 Ausführlich *Eidenmüller*, AcP 204 (2004), 457, 488 ff.
120 Ausführlich *Eidenmüller*, AcP 204 (2004), 457, 473 ff.

Dank der Fortschritte der Informationstechnologie sind die System- und Nutzungskosten dieses Publizitätstatbestandes inzwischen gering. Die Kapstadt-Konvention zeigt, dass ein elektronisches Register realisierbar ist, bei dem sämtliche Eintragungen dezentral durch zugangsberechtigte Nutzer vorgenommen werden. *Summa summarum* spricht die Kosten/Nutzen-Analyse daher heute eindeutig für die Einrichtung eines optional nutzbaren Registers für alle sich sonst publizitätslos vollziehenden Verfügungsgeschäfte.

2. *Kollisionsrecht: Anknüpfung an den Zedentensitz*

Ähnlich innovativ wie hinsichtlich der Ausgestaltung des Abtretungstatbestands ist die Konvention im Kollisionsrecht. Die noch h.M. in Deutschland geht derzeit bekanntlich davon aus, dass sich die Voraussetzungen einer wirksamen Abtretung und insbesondere auch das Rangverhältnis konkurrierender Zessionen gemäß Art. 33 Abs. 2 EGBGB und damit nach dem Recht beurteilen, dem die abgetretene Forderung untersteht (Forderungsstatut).[121] Die Probleme dieser Anknüpfung liegen auf der Hand: In dem rechtspraktisch wichtigen Fall einer Globalabtretung zukünftiger oder gegenwärtiger Forderungen können der Zessionar oder Dritte nicht oder allenfalls zu sehr hohen Kosten ermitteln, nach welchen Rechtsordnungen sich die Verfügungswirksamkeit beurteilt und ob diese danach gegeben ist.

Die UN-Abtretungskonvention enthält demgegenüber eine wesentlich sinnvollere Kollisionsregel. Nach ihrem Art. 22 ist die Prioritätsfrage nach dem Recht des Staates zu entscheiden, in dem der Geschäftsort des Zedenten bzw. sein gewöhnlicher Aufenthalt liegt (vgl. Art. 5 (h)). Dieser Anknüpfungspunkt sollte meines Erachtens über die Prioritätsfrage hinaus generell für die Verfügungswirksamkeit maßgeblich sein.[122] Er ist auch für Dritte

---

121 Vgl. BGH NJW 1991, 637, 638; BGH NJW 1999, 940; Palandt/*Heldrich* (oben Fn. 73), Art. 33 EGBGB Rdn. 2 m.w.N.

122 Ausführlich *Eidenmüller*, AcP 204 (2004), 457, 494 ff. m.w.N. zum Diskussionsstand. Im Ergebnis übereinstimmend *Kieninger/Schütze*, ZIP 2003, 2181, 2184 f.; *Mäsch*, Abtretung und Legalzession im Europäischen Kollisionsrecht, in: *Leible* (Hrsg.), Das Grünbuch zum Internationalen Vertragsrecht, 2004, S. 193, 203 ff.; *Magnus/Mankowski*, ZVglRWiss 103 (2004), 131, 182 ff. (*Magnus* und *Mankowski* wollen allerdings die Verfügungswirksamkeit im Verhältnis zum Schuldner dem Forderungsstatut unterstellen (a.a.O. 186) – das

leicht und rechtssicher erkennbar,[123] gewährleistet die Einheitlichkeit des Statuts bei Globalabtretungen und bewirkt praktisch einen Gleichlauf des Verfügungsstatuts mit dem prospektiven Insolvenzstatut eines Hauptinsolvenzverfahrens über das Vermögen des Zedenten (vgl. insoweit etwa Art. 3 Abs. 1 S. 1 EuInsVO bzw. Art. 2 (b) und 17 Abs. 2 (a) UNCITRAL-Modellgesetz[124]). Berechtigten Schutzinteressen des Schuldners lässt sich dadurch Rechnung tragen, dass die Materien der §§ 404 ff. BGB, nämlich der Erhalt von Einwendungen und die Befreiung durch Leistung, dem Forderungsstatut unterstellt werden.

Eine Anknüpfung der Verfügungswirksamkeit an den Zedentensitz widerspricht Art. 12 des Römischen Schuldvertragsübereinkommens bzw. Art. 33 EGBGB entgegen der h.M. derzeit nur insoweit, als es um die Verfügungswirksamkeit im Verhältnis zum Schuldner geht.[125] Indes stehen die Umwandlung des Schuldvertragsübereinkommens in einen Gemeinschaftsrechtsakt und dabei auch seine Revision auf der Tagesordnung.[126] Es ist zu erwarten, dass dabei entsprechende Korrekturen vorgenommen werden.

Nach alledem wäre es im Ergebnis zu begrüßen, wenn sich Deutschland dazu entschließen würde, der UN-Abtretungskonvention beizutreten und damit einen wichtigen Beitrag zu dem Erfolg dieses bedeutenden und für das internationale Kreditsicherungsrecht wegweisenden Übereinkommens zu leisten.

---

ist unter Schuldnerschutzgesichtspunkten nicht erforderlich; es genügt, wenn die Materien der §§ 404 ff. BGB entsprechend angeknüpft werden, vgl. dazu im Text).

123 Den maßgeblichen Wertungsgesichtspunkt hat schon früh *Rabel* mit bemerkenswerter Klarheit herausgearbeitet: "The only suitable contact of accounts receivable is with the business place where the books are conducted" (*Rabel*, The Conflict of Laws III, 2. Aufl. 1964, S. 442).

124 Volltext abrufbar unter <www.uncitral.org>.

125 Ausführlich *Kieninger*, RabelsZ 62 (1998), 678, 689 ff.; *Eidenmüller*, AcP 204 (2004), 457, 493 f.

126 Vgl. das diesbezügliche Grünbuch der Kommission, KOM (2002) 654 endg. v. 14.1.2003.

V. Perspektiven

Lässt man die Ergebnisse der Untersuchung in den Abschnitten II. bis IV. Revue passieren, so können zusammenfassend einige wichtige Perspektiven identifiziert werden, welche sich aus den diversen legislatorischen oder gesetzesvorbereitenden Aktivitäten supranationaler Institutionen ableiten lassen.

1. Koordination der Regelgeber und Regelungsvorhaben

An erster Stelle ist zunächst zu konstatieren, dass wir es mit einer Vielzahl von unmittelbaren oder mittelbaren Regelgebern sowie mit sehr unterschiedlichen sektoralen oder regionalen Vorhaben, also mit „Insellösungen", zu tun haben.[127] Diese „Inselhaftigkeit" erklärt sich daraus, dass der Nutzen einer Harmonisierung in bestimmten Sektoren – nämlich insbesondere bei hochbeweglichen oder körperlosen Wirtschaftsgütern – bzw. in bestimmten Regionen – nämlich vor allem in Entwicklungsgebieten,[128] aber auch in solchen mit einer angestrebten hohen ökonomischen Integration – am größten ist. In diesem Beitrag standen sektorale Ansätze im Vordergrund.

Aufgrund der Inselhaftigkeit des bisherigen Vorgehens hat *Roy Goode* kürzlich eine stärkere Koordinierung der diversen Vorhaben angemahnt.[129] Ich stehe dem eher skeptisch gegenüber. Zum einen ist ein Wettbewerb auch der Regelgeber – wie Wettbewerb generell – durchaus befruchtend. Die Diskussion um die „richtige" Anknüpfung des Verfügungsstatuts bei Wertpapieren zeigt dies beispielsweise deutlich. Zum anderen aber ist die spontane Koordination der Regelgeber, die wir beobachten, wohl ausreichend. Die Projekte der EU, der Haager Konferenz sowie von UNIDROIT etwa im

127 Überblick bei *Buxbaum*, Rev. dr. unif. 2003-1/2, 321, 328 ff., 332 ff.

128 Ein typisches Beispiel hierfür wäre etwa der OHADA Uniform Act Organizing Securities, abrufbar unter <www.ohada.com>.

129 *Goode*, Rev. dr. unif. 2003-1/2, 341, 344 f. Dabei bezieht er sich auf das Vorbild von *Harold Gutteridge*, der bereits vor fast sechzig Jahren für ein *international clearing house* für Rechtsvereinheitlichungsvorhaben plädiert hatte, vgl. *Gutteridge*, Comparative Law, 1946, S. 183 f. Für eine differenzierende Sichtweise vgl. etwa *Garro*, Rev. dr. unif. 2003-1/2, 357, 367 f.

Bereich der Wertpapierrechtsvereinheitlichung sind in den wesentlichen Fragen komplementär zu einander angelegt.[130]

2. *Berechenbare kollisionsrechtliche Anknüpfungen*

Der wichtigste Trend im Kollisionsrecht, den wir beobachten können, ist die Suche nach berechenbaren Anknüpfungen. Die *lex rei sitae* als kollisionsrechtlicher „Generalsatz" des internationalen Sachenrechts ist ebenso auf dem Rückzug wie die Maßgeblichkeit des Forderungsstatuts für die Verfügungswirkung einer Zession. Anknüpfungen, welche bei beweglichen oder körperlosen Sicherheiten keine vorhersehbare Abschätzung der Wirksamkeit der Sicherheit erlauben oder diese Abschätzung unnötig verteuern, können nicht mehr überzeugen. Stattdessen gewinnen zum einen berechenbare und stabile *objektive Anknüpfungen* an Bedeutung, wie etwa „PRIMA" für das Wertpapiersachstatut oder aber die Maßgeblichkeit des Zedentensitzes bei der Zession. Zum anderen zeigt sich aber auch ein noch weitergehender Trend in Richtung einer *Rechtswahlmöglichkeit* im internationalen Sachenrecht, wie etwa bei dem Haager Wertpapier-Übereinkommen. Dieser Trend ist einfach zu erklären: Werden Sachen durch Buchungen ersetzt, wird Sachenrecht also immer mehr zum Schuldrecht, dann ist die Einräumung von Rechtswahlfreiheit nur ein konsequenter Schritt. Nicht überzeugen kann freilich die konkrete Lösung der Haager Konvention, die auf eine „Mehrfachrechtswahl" hinausläuft und Normenhäufungen provoziert. Ähnlich wie heute schon im europäischen internationalen Gesellschaftsrecht mag am Ende dieser Entwicklung auch im internationalen Sachenrecht ein neuer „Generalsatz" stehen: Die Wirksamkeit einer Kreditsicherung richtet sich nach dem Recht, das die Begründer der Sicherheit für maßgeblich erklären.[131]

---

130 UNCITRAL betätigt sich mit Rücksicht auf diese Projekte *bewusst* nicht im Bereich der Wertpapierrechtsvereinheitlichung – auch insofern könnte man von einer funktionierenden spontanen Koordination sprechen.

131 Vgl. zu dieser Parallele auch *v. Wilmowsky* (oben Fn. 53), § 62 Rdn. 12, der bereits *de lege lata* aus den Grundfreiheiten des EGV die Notwendigkeit einer entsprechenden Entwicklung ableitet.

3. *Publizität durch Registersysteme*

Im materiellen Recht ist es vor allem der unter starkem US-amerikanischem Einfluss stehende Trend in Richtung einer Publizität durch *Registersysteme*, der die diversen Regelungsvorhaben prägt. Publizitätslose Sicherheiten sind die Quelle von potentiell erheblichen Ineffizienzen. Das gilt für die Sicherungszession ebenso wie für die Sicherungsübereignung mittels Besitzkonstitut. Registersysteme nach dem Vorbild von Art. 9 UCC, die eine eindeutige und rechtssichere Zuordnung von Kreditsicherheiten ermöglichen, bringen hier einen wirklichen Fortschritt.[132] Wir finden sie etwa in der Kapstadt-Konvention oder, wie zuletzt gesehen, in der UN-Abtretungskonvention. In beiden Fällen handelt es sich um optional nutzbare Register: Eine Eintragung ist nicht konstitutiv für die Entstehung des Rechts, entscheidet aber über dessen Priorität im Konfliktfall. Ein solches System könnte und sollte auch einer Reform des deutschen materiellen Kreditsicherungsrechts zugrunde gelegt werden. Damit wären natürlich tief greifende Einschnitte in das gesamte Sachenrecht verbunden. Es müsste – wie innerhalb des UCC – ein einheitliches Sicherungsrecht definiert werden, zu dem etwa auch der (einfache) Eigentumsvorbehalt gehört. Nach der Schuldrechtsmodernisierung 2002 liegt hier die große Herausforderung einer nationalen Sachenrechtsmodernisierung. Im Augenblick können wir sie noch autonom gestalten und damit gegebenenfalls auch internationale Rechtssetzungsprozesse beeinflussen.

Es ist interessant zu sehen, mit welchen Mitteln das US-amerikanische Kollisionsrecht die weltweite Verbreitung von Registersystemen fördert. Die Reform des UCC vor einigen Jahren hat unter anderem dazu geführt, dass sich *perfection* und *priority* eines Sicherungsrechts grundsätzlich nach dem Heimatrecht des Schuldners richten (§ 9-301(1) UCC). Wenn dieses Heimatrecht jedoch kein *qualifying public notice system* vorweisen kann, wird eine Ansässigkeit des Schuldners in dem *District of*

---

132 Ebenso etwa *Goode*, Rev. dr. unif. 2003-1/2, 341, 343. Charakteristisch auch *Rehbein* (Mitglied der deutschen Delegation der Arbeitsgruppe *security interests* von UNCITRAL) in einem vorbereiteten Diskussionsbeitrag auf dem Bankrechtstag am 25.6.2004 in Berlin: „Der Eigentumsvorbehalt … und insbesondere die Sicherungsübereignung sind nach Auffassung des UNCITRAL-Sekretariats sowie der meisten Delegationen … und Beobachter … als funktionale Sicherheiten bloße Rechtsbehelfe solcher Staaten, die (noch) über kein modernes Kreditsicherungsrecht verfügen."

Columbia, also in den USA, fingiert (§ 9-307(c) UCC). Vereinfacht formuliert bedeutet dies, dass sich *perfection* und *priority* nach US-amerikanischem Recht richten, wenn das Heimatrecht des Schuldners nicht „amerikanisiert“ wurde.[133]

4. *Insolvenzfestigkeit als Aufgabe*

Registerlösungen sind freilich als solche zunächst nur hilfreich, soweit es um die wirksame Begründung eines bestimmten Kreditsicherungsrechts geht. Eine andere Frage ist, ob und inwieweit dieses Recht dann in der Insolvenz des Sicherungsgebers auch tatsächlich zu einer vorrangigen Befriedigung des Sicherungsnehmers berechtigt. Ökonomisch ist dies die Gretchenfrage – eine Sicherheit, die in der Krise nicht hält, ist nichts oder nicht viel wert. Die Vereinheitlichungsfortschritte, die insoweit gemacht wurden, sind höchst begrenzt. Die EuInsVO schiebt zwar *forum shopping* einen Riegel vor. Sie spart jedoch die Sicherheitenfrage aus, soweit es um Sicherheiten geht, die im Eröffnungsstaat belegen sind (vgl. Art. 5 EuInsVO), und das ist der Regelfall. Die Finanzsicherheiten-Richtlinie löst das Problem nur für eine bestimmte Region und nur für ganz spezifische Sicherheiten. Das UNCITRAL-Modellgesetz über grenzüberschreitende Insolvenzen aus dem Jahre 1997 enthält keine Regelungen zur Insolvenzfestigkeit von Kreditsicherheiten und wurde bisher auch von den großen Industrienationen mit Ausnahme Japans nicht übernommen.[134] Der fast fertige UNCITRAL-Gesetzgebungsleitfaden zum Insolvenzrecht schreibt die Insolvenzfestigkeit von Kreditsicherheiten im Grundsatz fest. Gleiches gilt für den in Arbeit befindlichen Leitfaden für Sicherungsgeschäfte. Angesichts der geringen Resonanz, die das UNCITRAL-Modellgesetz über grenzüberschreitende Insolvenzen bisher gehabt hat, scheinen mir die Aussichten für eine größere Akzeptanz eines bloßen Gesetzgebungsleitfadens zum materiellen Recht allerdings eher düster zu sein.

Die internationale Insolvenzfestigkeit von Kreditsicherheiten bleibt also eine, wenn nicht *die* große rechtspolitische Aufgabe. Gelöst werden muss und wird sie eines Tages mit einem europäischen Rechtsinstrument, später dann vielleicht mit einer internationalen Konvention. Vielleicht ist es in einiger Zeit aber auch hier zunächst der EuGH, der – ähnlich wie im internationalen

---

133 Vgl. dazu *Mooney*, in: *Bridge/Stevens* (oben Fn. 8), S. 187, 190 ff., 196 ff.
134 Überblick bei <www.uncitral.org>.

Gesellschaftsrecht – die Dinge voranbringt und unter Berufung auf die Grundfreiheiten nicht nur die Sicherheitenbestellung, sondern auch deren Effekt in Insolvenzverfahren einem Herkunftslandprinzip unterwirft[135] – „… die Eule der Minerva beginnt erst mit der einbrechenden Dämmerung ihren Flug.“[136]

135 In diese Richtung etwa *v. Wilmowsky* (oben Fn. 53), § 62 Rdn. 19 f.

136 *Hegel*, Grundlinien der Philosophie des Rechts (mit einer Einleitung herausgegeben von G. J. P. J. Bolland), 1902, S. CC (Ende der Vorrede).

Tagungsbericht

I. Einleitung

Der diesjährige Bankrechtstag der Bankrechtlichen Vereinigung – Wissenschaftliche Gesellschaft für Bankrecht e.V. fand am 25. Juni 2004 in Berlin statt. Fast 250 Teilnehmer trafen sich, um aktuelle Fragestellungen der bankrechtlichen Praxis aus rechtlicher und ökonomischer Perspektive zu diskutieren.

Den Schwerpunkt der ersten Abteilung bildeten das interne und das externe Rating. Dieses Thema war durch die endgültige Verabschiedung der Rahmenvereinbarung über die neue Eigenkapitalempfehlung für Kreditinstitute (Basel II) durch den Baseler Ausschuss für Bankenaufsicht, die ebenfalls am 25. Juni 2004 erfolgte, von besonders hoher Aktualität. Das neue Regelwerk zeichnet sich – gegenüber dem früheren Eigenkapitalakkord – durch einen flexibleren Ansatz aus. Das ermöglicht den Banken zukünftig, in den drei zentralen Risikobereichen (Kreditgeschäft, Marktpreisrisiko und operationales Risiko) die für ihre jeweilige Institutsgröße und Geschäftsstruktur adäquaten Risikomessansätze zu wählen. Zur Absicherung einer kohärenten Anwendung der Vorgaben von Basel II in Europa hat die EU-Kommission am 14. Juli 2004 einen Vorschlag für neue Eigenkapitalrahmenanforderungen für Banken und Wertpapierfirmen vorgelegt. Dem Rating kommt als Instrument der Risikobewertung im Rahmen von Basel II eine zentrale Rolle zu, weil es dazu geeignet ist, die für die Festlegung des Preises eines Kredits erforderlichen Parameter zu liefern. In diesem Zusammenhang wurde insbesondere auch das Problem bonitätsorientierter Zinsanpassungsklauseln erörtert.

Die II. Abteilung war den aktuellen Entwicklungen im Recht der Kreditsicherheiten sowohl in nationaler als auch in internationaler Hinsicht gewidmet. Auf nationaler Ebene erlangt dieses Thema seine Aktualität durch neuere Entwicklungen in der Rechtsprechung des BGH zur Haftung des Bürgen sowie zur anfänglichen und nachträglichen Übersicherung bei Kreditsicherheiten. In internationaler Hinsicht ergibt sich die Aktualität des Themas aus der zunehmenden Internationalisierung des Handels. Der grenzüberschreitende Handel bringt es mit sich, dass Kredite über die nationalen Grenzen hinweg der Absicherung bedürfen. Vor diesem Hintergrund sind die zunehmenden Regelungsaktivitäten der EU, von UNIDROIT, UNCITRAL sowie der Haager Konferenz für Internationales Privatrecht zu sehen, deren gemeinsames Ziel die Stabilisierung von Kredittransaktionen sowie die Verbesserung der Finanzierungsmöglichkeiten für Unternehmen sei. Kollisionsrechtlich geht es dabei um eine rechtssichere Anknüpfung, materiell-rechtlich um die Schaffung eines einheitlichen Regelwerks für die Bestellung und Übertragung sowie die Insolvenzfestigkeit von Kreditsicherheiten.

II. Begrüßung

Die Begrüßung der knapp 250 Teilnehmer des diesjährigen Bankrechtstags erfolgte durch Prof. Dr. Dr. Dr. h. c. mult. *Klaus J. Hopt*, Direktor am Max-Planck-Institut für ausländisches und internationales Privatrecht, Hamburg, als Mitglied des Vorstands der Bankrechtlichen Vereinigung. Dabei würdigte er die Verdienste des aus dem Kuratorium der Bankrechtlichen Vereinigung ausscheidenden *Stephan Steuer*, Chefsyndikus und stellvertretender Hauptgeschäftsführer des Bundesverbandes deutscher Banken e.V., Berlin, für das Bankrecht, die Bankpraxis und die Bankrechtlichen Vereinigung. Anschließend stellte er kurz die einzelnen Themen der Referate sowie die jeweiligen Referenten vor.

Stephan Steuer hob bei seiner Begrüßung der Teilnehmer vor allem die historische und speziell die bankhistorische Bedeutung des Standorts Berlin hervor. Danach ging auch er auf die aus seiner Sicht hochaktuellen und spannenden Referatsthemen ein.

III. Internes und externes Rating (1. Abteilung)

Die Einführung in den ersten Tagungsabschnitt übernahm Prof. Dr. *Wolfgang Wiegand*, Institut für Bankrecht, Universität Bern und Kuratoriumsmitglied der Bankrechtlichen Vereinigung.

1. Dr. *Lutz Krämer*, Rechtsanwalt, Frankfurt a.M., erörterte in seinem Vortrag „Aktuelle Rechtsfragen des externen Ratings“. Hierzu erläuterte er zunächst die Bedeutung und die Konsequenzen des externen Ratings, bevor er sich anschließend mit zivilrechtlichen Rechtsfragen beschäftigte. Im Rahmen der rechtlichen Analyse untersuchte er sodann die Rechte und Pflichten der

Vertragsparteien eines Ratingvertrags, die Haftung der Ratingagentur beim beantragten beziehungsweise beim auftraglosen Rating sowie die Haftung der Ratingagentur gegenüber Investoren.

[Beitrag *Krämer* S. 3 ff.]

In der Diskussion ergriff zunächst Chefsyndikus Dr. *Hans-Dirk Krekeler*, Frankfurt a.M., das Wort. Er sprach sich für mehr Transparenz im Ratingprozess aus und verlangte, dass es Emittenten ermöglicht werden müssen, das eigene Rating vorab anhand objektiver Kriterien nachzuvollziehen. *Krämer* erwiderte darauf, dass die Transparenz des Ratingprozesses jedenfalls beim beantragten Rating kein Problem sei, da aufgrund des vom Unternehmen zur Verfügung gestellten Datenmaterials, das der Bewertung zugrundegelegt werde, eine relativ genaue Vorhersehbarkeit der Ergebnisse gewährleistet sei. Allerdings stelle sich das strukturelle Problem, die weltweite Vergleichbarkeit der Ratings zu gewährleisten. Dieses könne nach seiner Ansicht nur durch international zusammengesetzte Komitees gesichert werden.

Prof. Dr. *Gudula Deipenbrock*, Fachhochschule für Technik und Wirtschaft, Berlin, fragte nach dem anwendbaren Recht und danach, ob in der Praxis tatsächlich gar keine ausdrückliche Rechtswahl vorkomme. Dazu antwortete *Krämer*, dass nach seinen Erfahrungen gerade in jüngster Zeit eben doch ausdrückliche Rechtswahlklauseln in die Ratingverträge aufgenommen würden. Auf die Nachfrage von *Deipenbrock*, ob denn die deutschen Niederlassungen der Ratingagenturen überhaupt die Verträge mit den Emittenten abschließen würden, stellte *Krämer* klar, dass die Vertragskonzeption zwar stark nach US-amerikanischen Vorbild gesteuert werde, aber die deutschen Niederlassungen nach seiner Meinung zumindest als face to the Customer auftreten würden und damit eine Anknüpfung an das deutsche Recht, insbesondere nach Art. 28 EGBGB, hinreichend gegeben sei.

Im Hinblick auf die Konkretisierung der Pflichten von Ratingagenturen regte Prof. Dr. Dr. Dr. h.c. mult. *Klaus J. Hopt*, Direktor am Max-Planck-Institut für ausländisches und Internationales Privatrecht, Hamburg an, auf ausländische Judikatur zurückzugreifen. Angesichts der großen Bedeutung des Ratings für die betroffenen Unternehmen gab *Hopt* außerdem zu bedenken, ob der erforderliche Qualitätsstandard nicht durch eine Beaufsichtigung der Ratingagenturen gesichert werden könne. Im Hinblick auf den ersten Teil der Frage verwies *Krämer* darauf, dass in den USA bereits einzelne Entscheidungen insbesondere zum aufgedrängten Rating ergangen seien, die auch bei der gegenwärtigen Diskussion um die rechtlichen Rahmenbedingungen des Ratings in Deutschland Berücksichtigung finden könnten. Zu dem zweiten Teil der Frage nach der Beaufsichtigung von Ratingagenturen äußerte *Krämer* die Vermutung, dass weder in Deutschland noch in Europa Aufsichtsbehörden errichtet würden. Vielmehr sei zu erwarten dass die Kontrolle über die Ratingagenturen von einem Gremium wie z.B. der IOSCO übernommen würde, das einen Code of Conduct erstellen könne. Ein solcher Code of Conduct könne dann im Rahmen des § 823 II BGB in Form eines Schutzgesetzes auch schadensersatzrechtliche Bedeutung erlangen.

2. Prof. Dr. rer. pol. *Andreas Pfingsten*, Westfälische Wilhelms-Universität, Münster, nahm in seinem Vortrag „Kreditzinsanpassung in der Bankpraxis" aus Sicht der Bankbetriebslehre zur Problematik einer bonitätsorientierten Zinsanpassung auf der Grundlage Ratings und Ratingveränderungen Stellung. Hierbei erläuterte er zunächst die einzelnen Bausteine, aus denen sich der Preis eines Kredits zusammensetzt. Im folgenden befasste sich *Pfingsten* mit den Gründen für Ratingveränderungen und stellte in der Folge Möglichkeiten der Banken dar, auf Bonitätsänderungen der Darlehensnehmer zu reagieren.

[Beitrag *Pfingsten* S. 43 ff.]

3. Prof. Dr. *Katja Langenbucher*, Philipps-Universität, Marburg, stellte im abschließenden Referat des Vormittags die Thematik der „Umsetzung von Basel II gegenüber dem Kunden, insbesondere beim internen Rating" dar. Nach einem kurzen Überblick über die Grundzüge von Basel II ging sie zunächst auf die Frage ein, welche Anforderungen Basel II an die Banken stelle. Im Anschluss daran erläuterte sie die aufgrund von Basel II nahe liegenden vertraglichen Gestaltungsmöglichkeiten der risikoadjustierten Konditionen im Darlehensvertrag und deren Zulässigkeit.

[Beitrag *Langenbucher* S. 63 ff.]

In der Diskussion der Vorträge von *Pfingsten* und *Langenbucher* ergriff zunächst Prof. Dr. *Norbert Horn*, Universität zu Köln, das Wort. Er stimmte *Langenbucher* zu, dass es eine große Bandbreite an kautelartechnischen Gestaltungsformen für ratingbasierte Preisänderungsklauseln gebe. *Horn* vertrat die Ansicht, dass es keine Möglichkeit gebe, das zwingende Kündigungsrecht des Darlehensnehmers nach § 489 BGB auszuhebeln. Vielmehr dürfe die Gefahr der Kündigung nach § 489 BGB nicht überschätzt werden. Zwar könne der Schuldner im Fall eines negativen Ratings, das auf einer Verschlechterung seiner wirtschaftlichen Situation beruhe, mit einer Kündigung drohen, da er aber auf Liquidität angewiesen sei und er erst einen anderen Kreditgeber finden müsse, sei das Risiko für die Bank kalkulierbar.

Rechtsanwalt Prof. Dr. *Carsten P. Claussen*, Düsseldorf, gab zu bedenken, dass im Rahmen der Umsetzung von Basel II auch die ökonomischen Auswirkungen auf den deutschen Mittelstand berücksichtigt werden müssten. Innerhalb des Baseler Ausschusses habe Deutschland die höchste Quote an Mittelstandsunternehmen. Diese seien in besonderer Weise von den Auswirkungen des neuen Eigenkapitalakkords betroffen. In seiner Antwort nahm *Pfingsten* auf mehrere Studien zu den Auswirkungen von Basel II auf den Mittelstand Bezug. Die Ergebnisse dieser Studien seien nicht einheitlich. Umstritten sei insbesondere, wie sich die Finanzierungskonditionen für den Mittelstand ändern würden. Allerdings, gab *Pfingsten* zu bedenken, dass die Frage, ob sich eine Verschlechterung der Finanzierungssituation für den Mittelstand als Folge von Basel II ergebe, impliziere, dass die gegenwärtige Finanzierungssituation optimal sei. *Pfingsten* äußerte aber die Hoffnung, dass sich in dem durch Basel II angestoßenen Prozess letztlich eine Verbesserung der Finanzierungssituation für den Mittelstand daraus ergebe, dass eine breitere Palette von Produkten von den Banken zur Verfügung gestellt werde.

Im Anschluss wies *Wiegand* darauf hin, dass die Schweiz eine noch höhere Mittelstandsquote als Deutschland aufweise. Die Eidgenössische Bankenkommission habe gleichwohl errechnet, dass keine Kreditverteuerung für schweizerische Unternehmen durch Basel II eintrete. Das sei allerdings auch darauf zurückzuführen, dass die Vorgaben, die nunmehr durch Basel II aufgestellt würden, bereits durch das „Swiss Finish" zu Basel I vorweggenommen seien.

Prof. Dr. *Horst Eidenmüller*, LL.M., Universität München, wies auf die polyzyklischen Wirkungen von Zinsanpassungen bei einem verschlechterten Rating hin und stellte die Frage, ob dieser Effekt nicht noch verstärkt werde, wenn man die Anreize für Ratingagenturen einbeziehe. Für die Ratingagenturen bestehe ein Anreiz, die Unternehmen tendenziell etwas schlechter zu bewerten. Sei nämlich das Unternehmen in einer schlechten Verfassung, entspreche das schlechte Rating der Realität; sei das Unternehmen hingegen in einem guten Zustand, werde es jedenfalls als Folge des Ratings schlechter und passe sich somit der Bewertung an. Vor diesem Hintergrund stelle sich die Frage nach der Notwendigkeit einer Regulierung von Ratingagenturen. *Pfingsten* stimmte damit nicht ganz überein, schließlich sei dieser Effekt auch in der umgekehrten Richtung denkbar. Grundsätzlich sehe aber auch er die Prozyklizität als wesentliches Problem bei der Kreditzinsanpassung an.

Prof. Dr. *Peter Derleder*, Universität Bremen, warf die Frage auf, ob dem Darlehensnehmer bei der Preisfestlegung aufgrund eines externen Ratings nicht die Möglichkeit eingeräumt werden müsse, dieses z.B. durch Beweisführung hinsichtlich der tatsächlichen Grundlagen oder der Einhaltung der Methodik erschüttern. Dazu bemerkte *Langenbucher*, dass dem Kunden vertraglich Möglichkeit zur Erschütterung des externen Ratings eingeräumt werden könne, eine solche Regelung sei aber nach ihrer Ansicht nicht zwingend, damit die Klausel einer Inhaltskontrolle standhalte. Die weitere Frage von *Derleder* nach der rechtlichen Qualität der beim internen Rating zum Einsatz kommenden Rechnungsmodelle sowie der in diesem Zusammenhang regelmäßig mit den Kunden geführten Ratinggespräche beantwortete Langenbucher dahin, dass es sich bei den mit den Kunden geführten Gesprächen nicht um Hauptpflichten, sondern lediglich um schadensersatzbewehrte Nebenpflichten handele, die aber vereinbart werden müssten, damit die Klausel einer Inhaltskontrolle nach AGB-Recht standhalte. Schließlich vertrat *Derleder* zu § 489 IV BGB die Auffassung, dass dem Kunden die Möglichkeit gegeben werden müsse, sich am Markt nach günstigeren Konditionen umzuschauen, auch wenn mit einem Wechsel des Kreditgebers Transaktionskosten verbunden seien. Daher sei es nicht möglich, dem Darlehensnehmer diese Reaktionsmöglichkeiten durch eine einschränkende Auslegung von § 489 BGB abzuschneiden. Dieser Ansicht trat *Langenbucher* unter Hinweis auf den Grundsatz pacta sunt servanda entgegen, wonach es kein jederzeitiges Kündigungsrecht des Darlehensnehmers geben könne. Sie nahm Bezug auf die Diskussion zu § 609a BGB a.F. sowie der Vorgängerregelung in § 247 BGB a.F., die auch im Anwendungsbereich von § 489 IV BGB Geltung beanspruchen müsse. Aus § 489 IV BGB lasse sich nicht ableiten, dass der Kunde eine jederzeitige Reaktionsmöglichkeit bei Marktveränderungen haben müsse. Hierzu ergänzte *Pfingsten*, dass ein Kündigungsrecht, unabhängig davon, ob gesetzlich vorgesehen oder vertraglich vereinbart, wirtschaftlich eine Option sei, die einen Wert habe und dementsprechend im Rahmen der Bankkalkulation bereits eingekreist sei.

Krämer beklagte, dass es einen eklatanten Wertungswiderspruch zwischen externen Rating und internen Rating gebe. So bestehe einerseits beim externen Rating die Forderung nach größtmöglicher Transparenz, obwohl die Ratingagenturen hinsichtlich der Unternehmensbewertung überhaupt keinen eigenen Anreiz hätten. Dagegen bestehe andererseits beim internen Rating durch die Banken aufgrund der Festsetzung der Kreditkosten ein institutioneller Konflikt. Diesbezüglich sei darauf verwiesen, dass die Ratinggrundlagen geschütztes Know-how seien. Dazu erwiderte *Langenbucher*, dass es nach ihrer Ansicht einen Wertungswiderspruch nicht gebe. Bei der Frage, ob externe Ratingagenturen Publizitätsanforderungen unterliegen und ihre Verfahren transparent machen sein sollten, gehe es darum, die Marktmacht der Agenturen zu kanalisieren. Davon zu trennen sei das interne Rating, bei dem sich Bank und Kunde darauf einigten, die Höhe der Zinsen in Abhängigkeit von der Bewertung variabel zu gestalten, so dass lediglich der (vereinbarte) Konnex kontrolliert werden müsse.

Prof. Dr. *Hans-Peter Schwintowski*, Humboldt-Universität, Berlin, verwies in Bezug auf die von *Pfingsten* herangezogene Übergangsmatrix und die Problematik gedächtnisloser Anpassungen auf die Kautions- und Kreditausfallversicherungen, bei denen durch Berücksichtigung erfahrungsbasierter Korrekturfaktoren eine Berichtigung der gedächtnislosen Software vorgenommen werde. Unter Bezugnahme auf die Verwendung solcher erfahrungsbasierter Korrekturfaktoren bei Versicherungen verwies *Pfingsten* darauf, dass die Prozesse hier einfacher seien als bei komplexen Bankgeschäften. Daher sei auch das Auffinden von Korrekturfaktoren, z.B. in Form von Sterbetafeln, im Versicherungsgewerbe leichter möglich. Weiter warf *Schwintowski* die Frage auf, ob die Möglichkeit der AGB-Kontrolle des Ratings mittels der Kombination von Kreditzinsanpassung und Rating überhaupt zulässig sei. *Langenbucher* kombiniere die Preisanpassung mit dem Rating und gelange daher über das AGB-Recht zu einer Möglichkeit, die für ein Rating erforderlichen Strukturmerkmale zu kontrollieren. Dagegen sprach sich *Schwintowski* dafür aus, die Kriterien für ein internes Rating entsprechend den DIN- und ISO-Normen zu vereinheitlichen sowie anerkannte Regeln des Ratings europa- und weltweit festzulegen. *Langenbucher* stellte daraufhin klar, dass es nicht darum gehe, das Rating selbst einer Inhaltskontrolle zu unterwerfen, sondern nur darum, den Konnex zwischen Kreditzinsanpassung und Rating der Inhaltskontrolle zu unterziehen. Ziel sei es, den Preis (Zins) an das Ergebnis des Ratings zu knüpfen.

Dr. *Andreas Früh,* HypoVereinsbank AG, München, stellte die Frage, welche Unternehmensgruppen durch die von *Pfingsten* vorgeschlagenen

Basisratings durch die BaFin oder die Bundesbank geratet würden. Dazu antwortete *Pfingsten,* dass, wenn man mit einem solchen System vorginge, alle bilanzierten Unternehmen geratet werden müssten. Auf die Frage nach der Aussagekraft entsprechender Basisratings räumte *Pfingsten* ein, dass ein nur auf Jahresabschlusszahlen basierendes Rating lediglich eine sehr grobkörnige Lösung sein könne; sie hätte allerdings den Vorteil, dass prinzipiell alle bilanzierenden Unternehmen berücksichtigt werden könnten. Die Aussagekraft entsprechender Basis-Ratings werde aber in der Tat durch die fehlende Individualität beeinträchtigt. In Bezug auf die von *Langenbucher* angesprochenen Alternativen zur Zinsanpassung gab *Früh* zu Bedenken, dass z.B. auch eine Nachbesicherung nur auf der Grundlage einer entsprechenden vertraglichen Regelung, die regelmäßig in Form einer Generalklausel vorliegen werde, zulässig sei. Dabei ergebe sich das Erfordernis, genaue ökonomische Kriterien für eine solche Nachbesicherung festzulegen. *Früh* vertrat die Ansicht, dass es nicht sinnvoll sei, die fehlende Gleichwertigkeit von Leistung und Gegenleistung durch zusätzliche Sicherheiten zu kompensieren. Das gelte insbesondere, weil diese Sicherheiten nicht beliebig vermehrbar seien und somit die Finanzierungsalternativen des Unternehmens eingeschränkt würden. Zur Volumenverringerung äußerte *Früh* die Meinung, dass es sich hierbei um eine Teilkündigung handele, die nur auf der Grundlage entsprechender vertraglicher Regelungen zulässig sei. *Langenbucher* erwiderte dazu, dass Nachbesicherung und Volumenverringerung nur Optionen gegenüber einer Zinsanpassung seien. Sie stellte klar, dass Basel Il keine Anpassung der Kreditkonditionen fordere, sondern den Banken die Möglichkeit gebe, bei Bonitätsänderungen des Kunden auf verschiedene Art und Weise zu reagieren. Im Rahmen des von *Langenbucher* bevorzugten ergebnistransparenten Modells qualifizierte *Früh* die Ratinggespräche juristisch als Aufklärungspflichten. Dadurch würden ernorme Bearbeitungskosten entstehen. *Langenbucher* stimmte dem insoweit zu, dass durch das ergebnistransparente Modell natürlich auch Bearbeitungskosten verursacht würden. Diese würden aber ohnehin durch die aufsichtsrechtliche Forderung von Basel II, ein schuldnerindividuelles Modell vorzuhalten, entstehen.

Im Zusammenhang mit der Zinsanpassung bei Bonitätsänderungen sprach sich *Hopt* für das ergebnistransparente Modell aus. Dabei stellte er aber in Frage, ob durch die weitreichenden Offenlegungspflichten (Parameter, Funktionsbedingungen, Musterrechnungen) nicht der Wettbewerbsvorteil, den ein internes Rating biete, aufgegeben werde. Soweit die Bank hierbei preissensitive Informationen offenlegen müsse, könne dieses Problem auch durch die Einschaltung externer Sachverständiger gelöst werden. *Hopt* regte in diesem Zusammenhang an, die BaFin für die Beurteilung heranzuziehen, ob bei ratingbasierten Preisänderungsklauseln die AGB-rechtlich erforderliche Transparenz gewahrt sei. *Pfingsten* stimmte *Hopt* zu, dass durch die Offenlegung sämtlicher für das interne Rating erforderlichen Informationen die Geheimhaltungsinteressen der Banken berührt sein könnten. Am Beispiel der unzureichenden Eigenkapitalausstattung deutscher Unternehmen erläuterte er, dass den Kunden aber hauptsächlich die Möglichkeit interessiere, wie er z.B. durch eine Kapitalerhöhung sein Rating und damit den Kreditzins verbessern könne. *Pfingsten* forderte, dass die Ratingsysteme der Banken darauf eingestellt sein müssten, solche Alternativen zu berücksichtigen. Er verwies darauf, dass insbesondere auch die Beurteilung der Managementqualität wesentlich für die Bonität eines Unternehmens sei. Er kritisierte, dass bei guten Unternehmenszahlen ein schlechtes Management häufig nicht hinreichend berücksichtigt werde, während bei schlechten Zahlen demgegenüber die Qualität des Managements herangezogen werde, um die Vergabe des Kredits noch zu rechtfertigen.

Syndikus *Walther Schmidt-Lademann,* Bayrische Landesbank, München, verwies zu der von *Pfingsten* verwandten Übergangsmatrix darauf, dass infolge der Abwanderungstendenz in zehn Jahren kein mit „A“ geratetes Unternehmen mehr vorhanden wäre. Er warf die Frage auf, ob das Modell auf tatsächlichen Zahlen basiere. Weiter wies er darauf hin, dass die Kreditkonditionen nicht nur vom Rating des Darlehensnehmers, sondern auch vom einzelnen Kredit, der Laufzeit, dem Umfang der Besicherung und der Bewertung dieser Sicherheiten abhängen. Hier herrsche ein Marktwettbewerb mit entsprechenden Arbitragemöglichkeiten des Darlehensnehmers, der bei verschiedenen Banken Kunde sei. Diesen Wettbewerb gebe es auch jetzt schon über Financial Covenants, wo ähnlich dem Rating die Konditionen an den Eintritt oder Nichteintritt bestimmter Umstände geknüpft würden. *Pfingsten* erwiderte, dass die in der Übergangsmatrix verwendeten Zahlen nicht völlig fiktiv seien, auch gebe es bei Ratingübergangsmatrizen in der Tat eine Tendenz zur Verschlechterung.

Dr. *Helmut Merkel,* Dresdner Bank AG, Frankfurt a.M., teilte in Bezug auf das von *Langenbucher* präferierte ergebnistransparente Modell die Bedenken, im Dialog mit dem Kunden die dem Rating zugrunde liegenden Kriterien offenzulegen. Er warf zudem die Frage auf, ob die Bank beim Rating des Kunden über einen (nur begrenzt nachprüfbaren) Ermessensspielraum verfüge. *Langenbucher* wies hinsichtlich der Transparenz des Ratings darauf hin, dass die Bank ein durchaus berechtigtes Interesse daran habe, die Gewichtung der einzelnen Faktoren nicht offenzulegen, dass der Kunde indes auch weniger an der Gewichtung als vielmehr am Ergebnis interessiert sei. Die Anregung zur Einschaltung externer Sachverständiger in Form z.B. eines Rating-Ombudsmannes wurde von *Langenbucher* grundsätzlich begrüßt. Sie verwies aber auf die dann bestehende Notwendigkeit einer näheren inhaltlichen Konkretisierung. Im Hinblick auf die von *Schmidt-Lademann* angesprochenen Financial Covenants führte sie aus, dass sich hierdurch keine Änderung in den grundsätzlichen Fragen ergebe. Soweit entsprechende Regelungen dem Verwender die Möglichkeit geben, seine Marktmacht auszuspielen oder ihm ein Ermessen bei der Preisfestsetzung eingeräumt werde, müsse im Wege der AGB-rechtlichen Inhaltskontrolle eingegriffen werden, um die Interessen der wirtschaftlich schwächeren Vertragspartei zu wahren.

Zum Abschluss der Diskussion forderte *Pfingsten* im Hinblick auf die Themen Offenlegung und Sensitivitätsanalysen, dass die Systeme der Banken auch auf ein overriding des Ratingurteils angelegt sein müssten, wenn im Einzelfall Tatsachen bestünden, die zur Zeit der Erstellung des Ratings noch nicht existierten.

IV. Aktuelle Entwicklungen im Recht der Kreditsicherheiten – national und international (2. Abteilung)

In seiner Funktion als Kuratoriumsmitglied der Bankrechtlichen Vereinigung und Leiter der 2. Abteilung führte Prof. (em.) Dr. *Walther Hadding* in die Thematik aktueller nationaler wie internationaler Entwicklungen im Recht der Kreditsicherheiten ein und stellte die hierzu vortragenden Referenten vor.

1. Zunächst war es Dr. *Henning Wassermann*, Richter am BGH, der als Mitglied des für Bankrecht zuständigen XI. Zivilsenats aus erster Hand über „Bürgschaften und Garantien – neue Entwicklungen in der Rechtsprechung des Bundesgerichtshofes" berichten konnte. Dabei ging er zunächst auf eine Entscheidung des BGH vom März 2004 ein, die die Abgrenzung des Bürgen oder Mithaftenden zum Mitdarlehensnehmer sowie die diesbezügliche Verteilung der Darlehens- und Beweislast zum Gegenstand hatte. Weiterhin

erörterte *Wassermann* die Rechtsprechung des BGH zu Vorauszahlungsbürgschaften gemäß § 7 Makler- und Bauträgerverordnung (MaBV), Prozessbürgschaften zum Zweck der Aufhebung von Zwangsvollstreckungsmaßnahmen und zur Nichtigkeit von Arbeitnehmerbürgschaften für Verbindlichkeiten des Arbeitgebers.

[Beitrag *Wassermann* S. 85 ff.]

2. Prof. Dr. *Hans-Jürgen Lwowski*, Commerzbank AG, Hamburg, wandte sich in seinem Vortrag der „Anfänglichen und nachträglichen Übersicherung bei Kreditsicherheiten" zu.

Dabei ging er zunächst auf die Problematik der nachträglichen Übersicherung ein. Dazu schilderte er kurz die Entwicklung der Rechtsprechung des BGH in den letzten 15 Jahren. Den Abschluss habe diese Rechtsprechung im Herbst 1997 durch einen Beschluss des Großen Senats gefunden. Durch den Beschluss sei klargestellt worden, dass, was immer auch in Formularen über die Freigabe von Sicherheiten und deren Bewertung stehe, dies die Wirksamkeit der Sicherheitsbestellung als solche nicht berühre. Als Ausgleich dafür stehe dem Sicherungsgeber ein vertragsimmanenter Freigabeanspruch zu. Anschließend verdeutlichte *Lwowski* die beiden von der Rechtsprechung bei einer nachträglichen Übersicherung bemühten Deckungsgrenzen. Anschließend wandte sich *Lwowski* der anfänglichen Übersicherung zu.

[Beitrag *Lwowski* S. 107 ff.]

3. Im Anschluss an den Vortrag von *Lwowski* richtete Prof. Dr. *Horst Eidenmüller*, LL.M., Ludwig-Maximilians-Universität, München, das Augenmerk auf die „Internationalen Entwicklungen im Recht der Kreditsicherheiten". Dabei zeigte er zunächst die zwei zentralen Fragen dieses Rechtsgebiets auf, nämlich die Anerkennung von in einem Land bestellten Sicherheiten in einem anderen Staat sowie deren grenzüberschreitende Insolvenzfestigkeit. Hätten sich hier die Grundsätze der lex rei sitae sowie der lex fori concursus lange Zeit großer Beliebtheit erfreut, würden diese angesichts der Internationalisierung des Kreditsicherungsrechts sowie der steigenden Bedeutung hochmobiler und körperloser Sicherheiten zunehmend in Frage gestellt. Das habe zu zahlreichen supranationalen Regelungsaktivitäten geführt, als deren gemeinsames Ziel die Stabilisierung von Kredittransaktionen, die Verbesserung der Finanzierungsbedingungen für die Unternehmen und damit letztlich die Förderung des Wirtschaftswachstums auszumachen seien.

Kollisionsrechtlich gehe es um rechtssichere Anknüpfungen, materiellrechtlich um die Schaffung eines einheitlichen Regelwerks für die Bestellung, Übertragung und vor allem Insolvenzfestigkeit von Kreditsicherheiten. Nach einem kurzen Überblick über die zahlreichen internationalen Vorhaben bzw. Regelwerke im Bereich des Kreditsicherungsrechts wandte sich *Eidenmüller* speziell den Finanzsicherheiten sowie den Forderungen zu.

[Beitrag *Eidenmüller* S. 117 ff.]

4. Diskussion

Hadding dankte *Eidenmüller* für dessen Vortrag und rief als Erstes einen Diskussionsbeitrag von Rechtsanwalt Dr. *Dieter Rehbein,* Sankt Augustin, auf, der zur UNCITRAL-Entwicklung aus eigener Erfahrung, nämlich als Mitglied der deutschen Delegation, berichtete. UNCITRAL habe im Jahre 2000 ein übergreifendes Vereinheitlichungsprojekt, den Legislative Guide on Secured Transactions (Gesetzgebungsleitfaden für Sicherungsgeschäfte), angestoßen, das sich allerdings noch im Beratungsstadium befindet. Der Leitfaden sehe keine verbindlichen Empfehlungen vor und sei damit unterhalb eines Modellgesetzes angesiedelt. Er enthalte neben sachrechtlichen auch kollisionsrechtliche Regelungen für sämtliche Sicherungsrechte, wobei im Hinblick auf die Aktivitäten der Haager Konferenz sowie von UNIDROIT Sicherungsrechte an Wertpapieren und beweglicher Ausrüstung ausgeklammert worden seien. Den Schwerpunkt des Leitfadens bildeten Regelungen über die Begründung und die Publizität von Sicherungsrechten sowie deren insolvenzrechtliche Behandlung. *Rehbein* wies darauf hin, dass die in Deutschland gebräuchlichen Rechtsinstitute des Eigentumsvorbehalts mit all seinen Verlängerungs- und Erweiterungsformen (z.B. Globalzession) und insbesondere die Sicherungsübereignung international weitgehend auf Unverständnis und Ablehnung stießen. Deshalb, aber auch vor dem Hintergrund von „Basel IV, sei es keineswegs auszuschließen, dass die EU-Kommission das UNCITRAL-Modell adaptieren und damit für alle Mitgliedstaaten verbindlich vorschreiben werde. Ein Registersystem, das sich an Art. 9 UCC orientiere, solle über die Drittwirksamkeit und Priorität von Sicherungsrechten entscheiden. Dabei solle das Sicherheitenregister, anders als etwas das Grundbuch oder das Handelsregister, keinen öffentlichen Glauben genießen. Dritte könnten daher nicht auf die Richtigkeit einer Registrierung vertrauen. Angesichts der schnellen Entwicklung der EDV und des Internet sah er in der

Einführung elektronischer Register eine praktisch durchaus lösbare Aufgabe, wenngleich der Zeit- und Kostenaspekt im Auge behalten werden müsse. Insbesondere den deutschen Bank- und Wirtschaftsjuristen riet *Rehbein*, ihre Neigung zum Beharren auf bekannten und bewährten Rechtsfiguren und -strukturen zu überwinden und sich rechtzeitig auf das neue, bereits jetzt von einigen östlichen EU-Nachbarn eingeführte und praktizierte Recht einzustellen. Wenngleich für die UNCITRAL-Beratungen das Einstimmigkeitsprinzip gelte, seien amerikanische und kanadische Juristen bereits jetzt in einigen Staaten des ehemaligen Ostblocks tätig, um dort zu einer Einführung des Registerpfandrechts beizutragen. Vor diesem Hintergrund stelle sich der deutschen Wirtschaft die Frage, ob sie sich dieser Entwicklung nicht besser öffnen und diese für sich nutzen solle.

Vor dem Hintergrund des geplanten Gesetzgebungsleitfaden von UNCITRAL verwies auch *Wiegand* auf die Notwendigkeit einer Revision des deutschen Kreditsicherungsrechts, da das zugrunde liegende Konzept mit seinen dogmatischen Verästelungen im internationalen Vergleich kaum verständlich sei.

Danach richtete Rechtsanwalt *Pawel Kuglarz,* Warschau, an *Eidenmüller* die Frage, ob der Prozess einer 'Amerikanisierung des Kreditsicherungsrechts' nicht aufzuhalten sei. Immerhin gebe es nicht nur, aber eben auch positive Beispiele des kontinentalen Einflusses. *Eidenmüller* wandte sich gegen einen unreflektierten Widerstand gegen den US-amerikanischen Einfluss. Die entscheidende Frage sei vielmehr, ob und in welcher Hinsicht der Prozess der Amerikanisierung des Kreditsicherungsrechts aufgehalten werden solle. So sei das Registersystem, das auf die Vorschriften des UCC zurückgeht, positiv zu beurteilen. Dagegen sei etwa die kollisionsrechtliche Lösung des Haager Übereinkommens mit der AAA-Anknüpfung kritischer zu sehen. Er verwies darauf, dass für die Frage, in welche Richtung sich das europäische und damit mittelbar auch das internationale Kreditsicherungsrecht entwickeln werde, nicht zuletzt die Europäische Kommission die entscheidende Stelle sei.

In Bezug auf die anfängliche Übersicherung warf *Kuglarz* die Frage auf, wie der Fall zu beurteilen sei, wenn für eine Forderung von 10 Mio. € fünf Hypotheken über je 10 Mio. € bestellt werden. *Lwowski* wies darauf hin, dass für die Beurteilung des Wertes von Grundpfandrechten der Rang entscheidend sei, so dass nicht auf den Nominalbetrag abgestellt werden könne. Rechtsanwalt Dr. *Klaus Rellermeyer,* Düsseldorf, wandte sich dagegen, zur

Feststellung einer anfänglichen Übersicherung nur auf die Wertrelationen abzustellen. Er führte aus, dass es bei Besicherung eines Kredits von 100 viele Gründe geben könne, eine Sicherheit von 200, 400 oder gar 700 zu bestellen. Sofern die Bestellung von Sicherheiten in Höhe von 700 z.B. auf einen Wunsch des Darlehensnehmers zurückgehe, der von einem weiteren künftigen Kreditbedarf ausgehe, müsse dieser Parteiwille auch bei der Beurteilung einer Nichtigkeit nach § 138 Abs. 1 BGB berücksichtigt werden. *Lwowski* stellte klar, dass für eine Nichtigkeit nach § 138 Abs. 1 BGB auch der subjektive Tatbestand erfüllt sein müsse, der bei einer entsprechenden Parteivereinbarung über die Bestellung überhöhter Sicherheiten vielfach nicht erfüllt sein werde.

Prof. Dr. *Peter Bydlinski,* Karl-Franzens-Universtität, Graz, griff zunächst die von *Wassermann* referierte Abgrenzung von Mithaftendem und Mitdarlehensnehmer auf. Dabei stellte er in Frage, ob für die Qualifikation als Mitantragsteller ein eigenes wirtschaftliches Interesse erforderlich sei. Er halte dies nicht für zwingend. Er bildete als Beispiel den Fall einer Mutter, die aus persönlicher, emotionaler Verbundenheit eine rechtliche Bindung gegenüber einem Strafverteidiger eingehe, damit dieser ihrem kriminell gewordenen Sohn helfe. Weiterhin gab *Bydlinski* zu bedenken, ob Formerfordernisse bei Mithaftungserklärungen (z.B. § 766 Satz 1 BGB) auch dann gewahrt seien, wenn der Unterzeichnende zwar einen Kreditvertrag unterschreibe, aber davon ausgehe, es handele sich nur um eine Sicherheitenbestellung. Aufgrund der im Kreditvertrag regelmäßig enthaltenen Hinweise zur Rückzahlungspflicht vertrat *Bydlinski* die Ansicht, dass etwaige Formvorschriften erfüllt seien. Zu den Arbeitnehmerbürgschaften bemerkte *Bydlinski*, dass eine Drucksituation auch dann bestehe, wenn der Arbeitnehmer ohne die Bürgschaft ganz einfach seinen Arbeitsplatz verliere. Dazu wies er auf die Rechtslage in Österreich hin, wo das Kautionsschutzgesetz Darlehensverträge für nichtig erklärt, wenn ein Arbeitnehmer dem Arbeitgeber Kredit gewährt, damit er seinen Arbeitsplatz nicht verliert. In diesem Zusammenhang ging er auf eine Entscheidung des Obersten Gerichtshofs (OGH) ein, der diesbezüglich eine Analogie für den Fall gezogen habe, dass der Arbeitnehmer nicht einen Kredit aufnehme, sondern lediglich eine Bürgschaftsverpflichtung eingehe. Hiernach sei die Unwirksamkeit der Verpflichtung zu bejahen, wenn die Bank bei Entgegennahme der Bürgschaft um die Arbeitnehmereigenschaft gewusst habe. An diese Ausführungen knüpfte *Johann Becher,* Hypo-Vereinsbank, München, an. Er verwies auf das in § 3 Nr. 1 KWG geregelte

Verbot von Betriebssparkassen. Hieraus ergebe sich, dass ein Arbeitgeber keine Einlagen der Arbeitnehmer entgegennehmen dürfe; diesen Gedanke könne man evtl. auch für Arbeitnehmerbürgschaften fruchtbar machen. Weiterhin warf *Becher* die Frage nach der Verjährung einer Bürgschaftsforderung auf. Seit der Verkürzung der Regelverjährungsfrist auf 3 Jahre sei in der Literatur umstritten, ob die Verjährung mit der Inanspruchnahme des Bürgen oder aber mit der Fälligkeit der Hauptschuld beginne. Diesbezüglich vertrat *Wassermann* die Ansicht, dass die Bürgschaftsverbindlichkeit mit der Fälligkeit der Hauptschuld entstehe und zu diesem Zeitpunkt auch die Verjährung beginne. Denkbar sei zwar, die Fälligkeit der Bürgschaft an eine Zahlungsaufforderung des Gläubigers zu knüpfen, dies habe aber den Nachteil, dass es dieser in der Hand habe, den Beginn der Verjährungsfrist hinauszuschieben.

Nach der anregenden Diskussion nahm *Hadding* die Gelegenheit wahr, zum Abschluss der Tagung allen Beteiligten für die vielfältigen Anregungen, Informationen und Erkenntnisse zu danken und ihnen eine gute Heimreise zu wünschen. Er äußerte die Hoffnung, den einen oder anderen spätestens beim nächsten Bankrechtstag in Hamburg wieder zu sehen.

Stichwortverzeichnis